예비교사를 위한
한국어교육론

예비교사를 위한 한국어교육론

1판 1쇄 발행	2016년 8월 22일
2판 1쇄 발행	2019년 9월 25일

지은이	송향근 외
펴낸이	박민우
기획팀	송인성, 김선명, 박종인
편집팀	박우진, 김영주, 김정아, 최미라, 전혜련
관리팀	임선희, 정철호, 김성언, 권주련
펴낸곳	(주)도서출판 하우
주소	서울시 중랑구 망우로68길 48
전화	(02)922-7090
팩스	(02)922-7092
홈페이지	http://www.hawoo.co.kr
e-mail	hawoo@hawoo.co.kr
등록번호	제475호

값 19,000원
ISBN 979-11-90154-34-5 93710

이 책은 저작권법에 따라 보호받는 저작물이므로 무단전재와 무단복제를 금지하며,
이 책 내용의 전부 또는 일부를 이용하려면 반드시 저작권자와 (주)도서출판 하우의 서면 동의를 받아야 합니다.

예비교사를 위한

한국어 교육론

송향근 외 지음

머리말

외국어로서의 한국어 교육은 꾸준한 성장을 하고 있다. 국내뿐만이 아니라 국외에서도 한국어를 배우고자 하는 학습자는 해를 거듭해 증가하고 있다. 한국어 교육기관의 확대와 한국어 교육 관련 학회들의 연구 활동, 대한민국 정부를 중심으로 한 유관 기관의 정책적 지원은 한국어 교육의 발전을 뒷받침하고 있다. 이러한 한국어 교육의 발전과 함께 한국어 교사를 희망하는 사람들 또한 늘고 있다는 것은 한국어 학습자에게 매우 희망적인 일이라 하겠다.

단지 한국어를 말할 줄 안다고 해서 한국어를 능히 가르칠 수 있다는 인식은 근래 들어 많이 사라지고 있다. 그만큼 언어를 가르치는 일은 사전에 충분한 교육이 필요한 일이며, 전문성을 갖추어야 하는 일이다. 그러나 비전공자가 관련 교재만을 통해 전문성을 얻기란 힘들고 부담스러운 과정이다. 이 책은 한국어 교사를 희망하는 예비 교사를 위해 보다 쉬운 설명과 유용한 자료로써 용이하게 한국어 교육 전반을 이해할 수 있도록 기획되었다.

한국어 교육 발전에 가장 핵심적인 요소는 훌륭한 교사의 양성에 있다고 해도 과언이 아니다. 2000년대 들어와 전국의 많은 대학에서 한국어 교사 양성을 위해 외국어로서의 한국어교육 전공 과정을 학부와 대학원에 개설하였고, 여러 기관에서 비학위 양성과정을 통해서도 한국어 예비교사를 배출해 내고 있다.

이 책은 한국어 교사를 희망하는 예비교사와 지금 한국어 교사가 되기 위한 과정을 밟고 있는 학생들을 위한 개론서이다. 그동안 한국어 교사를 위한 한국어 교육 개론서가 여럿 출판되어 도움을 주고 있는 것은 매우 고무적인 일이다. 그러나 국어학이나 국어교육 전공 또는 언어학 전공자가 아닌 사람들이 접근하기에는 어려운 감이 있었다. 따라서 집필진은 이 책의 기획에 있어 "누구나 쉽게 접근하여 이해하고 실행할 수 있는" 책을 만들기에 초점을 두었다.

이 책의 집필 방향은 기존의 한국어 교육계의 교육과 연구 성과를 바탕으로 한국어 교육 현장에서 실질적으로 필요한 내용을 최대한 담되 쉬운 설명과 예로 이해가 쉽도록 한 점이다. 한국어 교육 석·박사 과정을 거치고 한국어 교육 현장에서 오랜 기간 가르쳐온 경력을 가진 집필진의 연구 성과와 현장 경험에서 나온 고민은 한국어 예비교사들에게 유용한 도움이 되리라 생각한다. 아울러 책에서 공부한 것을 바탕으로 각 수업의 실제를 구성하여 현장에의 적용이 용이하도록 하였다. 또한 〈생각해 봅시다〉를 통해 질문을 던지고 스스로 생각해 볼 수 있는 공간을 마련하였다.

이 책은 한국어 교육학, 교육과정, 교수법, 어휘, 문법, 발음, 듣기, 말하기, 읽기, 쓰기, 문화,

교재, 평가 영역의 각각 독립적인 장으로 구성되어 있다. 한국어 교육 현장에서 맞닥뜨리는 상황을 고려하여 필요한 영역들을 되도록 모두 다루어보고자 하였다. 각 영역에 해당하는 이론과 실제 그리고 수업의 준비와 적절한 운영도 살펴보았다. 집필 작업은 영역별로 팀을 이루어 진행하였는데 한국어 교육학(송향근·김장식), 교육과정(김은령), 교수법(신은경·이정), 어휘(이양금), 문법(김장식), 발음(배정선), 듣기(김령·주서연), 말하기(박인애), 읽기(김유선), 쓰기(권혜경), 문화(배고은), 교재(김양순·담결), 평가(차숙정)로 각각 나누어 집필하였다.

한국어 교육학에서는 한국어 교육의 현황, 목표, 정책 그리고 한국어 교사에 관한 기본적인 정보를 정리하였고 교육과정에서는 교사가 기본적으로 이해해야 할 교육 활동이나 프로그램에 대해 살펴보고 교수법에서는 한국어 교수 학습에 영향을 주는 교수법을 소개하였다. 어휘·문법·발음 교육론에서는 언어적 특징과 효과적인 교육 방안 그리고 활동 유형을 살펴보았다. 듣기·말하기·읽기·쓰기 교육론에서는 이해·표현 교육에 필요한 교수법과 각각의 유용한 활동 유형을 소개하고 실제 사례를 소개하였다. 교재론에서는 한국어 교재의 개념과 유형을 정리하고 한국어 교재의 흐름과 한국어 교재의 구성 원리, 교재 분석 등에 대해 살펴보았다. 문화는 언어와 함께 교육해야 할 중요한 요소로 무엇을 그리고 어떻게 가르쳐야 할 것인가에 대해 서술하였다. 끝으로 평가론에서는 평가의 개념과 유형을 소개하고 평가도구 개발과 기능별 평가 및 채점 과정을 실제 자료를 통해 설명하였다.

이 책의 발간에 도움을 준 모든 분들께 감사의 마음을 전한다. 기획과 집필의 시작부터 끝까지 책의 전반을 맡아 애써준 신은경 선생과 영역별로 팀장을 맡아 수고해준 권혜경, 김은령, 이양금 선생에게도 고마움을 전한다. 그리고 책의 간행을 기꺼이 맡아 준 도서출판 하우의 박민우 대표께도 감사의 마음을 표한다.

훌륭한 한국어 교사가 되기 위해 애쓰는 모든 예비 한국어 교사에게 이 책이 부족하나마 큰 도움이 되기를 바라는 마음이다.

2016년 8월
필자들을 대표하여
송향근

■ 2판에 붙여

이 책이 처음 나온 후 3년이 흘렀다. 2판에서는 우선 1장 한국어 교육학에 실린 내용 중 한국어교육의 현황을 수정 및 보완하였다. 초판 이후 지난 3년간 국내외로 많은 변화와 발전이 있어 왔고 여러 통계 자료의 수치에 증감이 있어 보완이 필요하였기 때문이다. 특히 한국어 학습 수요와 다문화 사회의 변화를 현재(2019년)에 맞게 반영하였다. 그리고 13장 한국어 평가론 부분을 전면 개고하였다. 또한 전체에 걸쳐 초판 발간 후 발견된 오탈자 및 많은 분들의 여러 소중한 지적에 따른 내용의 보완이 이루어졌음을 밝힌다.

2019년 9월

송향근

차례

머리말 _____ 005

1장. 한국어 교육학 _____ 011

2장. 한국어 교육과정론 _____ 031

3장. 한국어 교수법 _____ 067

4장. 한국어 어휘 교육론 _____ 099

5장. 한국어 문법 교육론 _____ 125

6장. 한국어 발음 교육론 _____ 143

7장. 한국어 듣기 교육론 _____ 165

8장. 한국어 말하기 교육론 _____ 191

9장. 한국어 읽기 교육론 _____ 213

10장. 한국어 쓰기 교육론 _____ 239

11장. 한국어 문화 교육론 _____ 267

12장. 한국어 교재론 _____ 287

13장. 한국어 평가론 _____ 323

1장

한국어 교육학

송향근·김장식

1. 들어가며

1.1. 한국어 교육의 개념

일반적으로 국어라 함은 '한 나라의 국민이 쓰는 말'을[1] 의미한다. 따라서 중국의 국어는 중국어, 미국의 국어는 영어가 된다. 이 용어는 상대적인 개념으로 우리나라의 국어를 대외적으로 사용할 때는 '한국어'라는 용어를 사용한다.

이런 용어의 차이는 언어 교육의 대상에서 더 명확해진다. 국어 교육은 교육 대상이 한국어 모어[2] 화자가 되고, 한국어 교육은 그 대상이 한국어 비모어 화자, 즉 외국어 화자라고 할 수 있다. 이를 다시 정리하면 한국어 교육이란 한국어가 모어가 아닌 재외동포나 외국인에게 한국어를 듣고, 말하고, 읽고, 쓸 수 있도록 체계적으로 가르치는 행위를 말한다.

한국어 교육의 교육 대상은 한국어 모어 화자가 아니다. 따라서 이들은 한국어를 외국어나 제2언어로서 배우는 것이다. 우리가 주목해야 하는 점은 바로 제2언어로서의 특징이나 외국어로서의 개념이다. 제2언어는 다른 언어를 모어로 가진 사람이 자신이 속한 환경에서 사용되는 언어를 배울 때, 그 목표 언어를 지칭한다. 예를 들어 제2언어로서의 한국어란 한국에서 중국인 또는 일본인이 한국어를 배울 때 그 한국어를 의미한다. 반면 중국인 또는 일본인이 중국이나 일본에서 한국어를

---

[1] 국립국어원, 표준국어대사전(2000)
[2] "자라나면서 배운, 즉 습득한 말(mother tongue)"을 한국어 교육 분야에서 일반적으로 '모국어'라 지칭하나 모국어의 사전적 정의는 "자기 나라의 말"이란 점에서 이 책에서는 모국어 대신 '모어'라는 용어로 통일하여 지칭한다.

배울 때는 외국어로서의 한국어를 의미한다고 할 수 있다.

국어 교육과 한국어 교육은 그 학습 목표와 대상이 다르기에 교육의 내용과 방법이 다를 수밖에 없다. 따라서 여기에서 우리가 지속적으로 관심을 가져야 할 것은 제2언어로서의 한국어, 혹은 외국어로서의 한국어 교육의 학습 목표와 대상, 교육 내용과 방법에 관한 것이다.

1.2. 한국어 교육의 현황

한국어 교육이란 한국어를 모어로 하지 않는 사람들을 대상으로 한국어 의사소통 능력의 배양을 위해 한국어를 가르치고 배우는 모든 활동을 의미한다. 현대적 의미의 한국어 교육은 국내에서는 60여 년의 역사를 지닌다. 한국어 교육의 초기에는 교육 현장의 필요에 의해 경험적으로 교육이 이루어지다가, 한국의 국제적 지위가 향상되면서 한국어에 대한 국제적 관심과 한국어 교육에 대한 수요가 급증하게 됨에 따라 한국어 교육 역시 발전하게 되었다. 특히 1990년대 중반 이후에는 한국어 학습자의 폭발적인 증가와 함께 한국어 교육 기관과 한국어 교육자 및 한국어 교육 전문가 양성 기관이 크게 늘어나고, 외국인 고용허가제, 국어기본법 시행 등이 실시되고 한류로 대표되는 한국문화에 대한 관심이 급증하면서 한국어 교육이 급속한 변화와 발전을 거듭하고 있다.

1) 국내 한국어 교육 현황

국내에서의 한국어 교육은 대학 부속기관을 중심으로 이루어져 왔다. 1959년 연세대학교 한국어학당을 시작으로 1990년대 이후 많은 대학에서 한국어 교육기관을 설립, 운영하고 있다. 2000년 이후 대학들의 적극적인 유학생 유치와 정부의 외국인 장학 사업(GKS) 등으로 학습자의 수는 꾸준히 증가 추세에 있다.

학문 목적 학습자 외에도 특수 목적 학습자를 위한 한국어 교육 기관도 다양해지고 있다. 다문화가족지원센터[3], 외국인근로자지원센터[4], 다문화 교육지원센터, 이주민센터 등에서 정부 부처, 민간단체의 지원으로 다양한 프로그램의 한국어와 한국 문화 교육이 이루어지고 있다.

현재 지속적인 정부의 장학 사업과 다양한 국가 학생의 유입으로 국내 대학의 한국어 학습 외국인은 꾸준히 증가하고 있다. 또한 세종학당재단, 한국국제교류재단[5], 한국국제협력단[6], 국립국제교육원 등의 활발한 지원에 따른 해외 현지 대학[7] 또는 중·고등학교의 학습자의 증가도 한국 유학으로 연결된다는 점에서 주목할 만하다.

2) 국외 한국어 교육 현황

한국어 교육 관련 기관은 1990년대 들어 기관의 성격, 수, 규모 그리고 프로그램 차원에서 매우 다양해졌다. 국내뿐만 아니라 해외에서도 마찬가지로 지역이 계속 확대되고 있다. 이는 정부 차원의 지원 확대와 한국의 위상 상승에 따른 현상이다.

해외의 경우 현지 대학과 초·중·고등학교 이외에도 한글학교, 한국교육원, 한국문화원, 세종학당 등이 한국어 교육을 실시하고 있으며, 과거의 재외동포 중심의 교육에서 현재는 현지 외국인을 대상으로 한 한국어 교육이 주를 이루고 있다. 한국어 교육 유관 기관으로는 국립국어원, 국립국제교육원, 세종학당재단, 재외동포재단, 한국국제교류재단, 한국국제협력단 등이 있다.

---

3 다문화가족이 안정적인 가정생활을 할 수 있도록 도와주는 기관으로 전국에 221개 센터에서 한국어 교육, 가족교육·상담·문화 프로그램 등을 제공한다. (www.liveinkorea.kr, 다문화가족지원포털 다누리 참조, 2019년 8월 현황)

4 외국인 근로자 교육, 상담, 복지, 의료 서비스 등을 제공한다.

5 Korea Foundation, 공공외교 차원에서 한국과 외국과의 각종 교류사업을 하는 기관으로 해외 한국학 진흥 등을 담당한다.

6 KOICA, 정부 차원의 대외무상협력 사업을 담당하고 있다.

7 한국학 강좌를 운영하는 해외 대학은 105개국 1,368개처에 달한다.(www.kf.or.kr 참조)

〈표 1〉 해외 한국어 교육 기관 현황

성격	기관수	비고
한글학교	113개국 1,777개교	재외동포재단 자료 (2018.08 기준)
한국학교	15개국 33개교	교육부 자료 (2018.04 기준)
한국교육원	18개국 41개원	교육부 자료 (2018.03 기준)
세종학당	60개국 180개소	세종학당재단 자료 (2019.06 기준)

한글학교는 비정규 교육기관으로 재외동포 자녀에게 한국어를 가르치고 있으며 한국문화원은 한국어와 한국 문화를 소개하고 교육하고 있다. 이외에도 한국 대사관, 한국교육원에서 직접 한국어 강좌를 개설하여 운영하는 경우도 있다.

세종학당재단은[8] 국외 한국어·한국문화교육 기관인 '세종학당'을 지원하는 공공기관으로 정부의 한국어 및 한국 문화 보급 사업을 총괄·관리하기 위해 '국어기본법 제19조의 2'에 근거해 2012년 10월 설립되었다. 한국어 교육 수요 증가와 한류 확산, 국제결혼 증가, 한국 기업의 해외 진출 확대, 고용 허가제 시행 등으로 국내외 한국어 교육 수요 급증 등 한국어 교육 기관을 대표할 국가 브랜드의 필요성을 배경으로 한다.

외국어 또는 제2언어로서 한국어와 한국 문화를 교육하는 기관이나 강좌를 대상으로 세종학당을 지정 및 지원하며 온라인으로 한국어와 한국 문화를 교육하는 누리집(누리-세종학당)을 개발, 운영 중이다. 이외에 한국어 표준 교육 과정 및 교재 보급과 한국어 교원 양성, 교육 및 파견 지원, 세종학당을 통한 문화 교육 및 홍보 사업을 하고 있다.

세종학당은 2019년 6월 기준 아시아 22개국 105개소, 유럽 23개국 38개소, 아메리카 13개국 29개소, 아프리카 4개국 4개소, 오세아니아 2개국 4개소로 총 60개국 180개소를 운영 중이다[9].

8　세종학당재단 누리집(www.ksif.or.kr) 정보 정리

9　세종학당은 2019년 상반기 56개국 172개소가 운영되다가 지정 취소, 계약 종료 및 신규 학당 지정 등을 통해 2019년 하반기에는 60개국 180개소가 운영 예정이다.

2. 한국어 교육의 목표

　한국어 교육의 목표는 한국어 학습자들이 한국어를 사용하여 유창하고 정확하게 의사소통을 할 수 있도록 하는 것이다. 그렇다면 한국어로 유창하고 정확하게 의사소통을 한다는 것은 무엇을 의미하는지 살펴보자.
　첫째, 한국인과의 기본적인 의사소통에 필요한 능력을 기르는 것이다. 둘째, 한국어를 이용해 자신의 전문 분야에서 필요한 의사소통 기능을 수행하는 것이다. 셋째, 한국어로 된 다양한 정보를 이해하고, 이를 활용할 수 있는 능력을 기르는 것이다. 넷째, 한국 사회와 한국 문화를 이해하여, 한국에 대해 우호적인 태도를 갖는 것이다. 다섯째, 서로 다른 언어를 사용하는 사람들이 한국어를 사용해 친교를 나누고 필요한 정보를 교환할 수 있도록 하는 것이다.(박영순, 2004)
　한국어를 사용하여 유창하고 정확하게 의사소통을 하기 위해서는 이와 같은 다섯 가지의 개념을 바탕으로 구체적인 사용 중심의 교육이 이루어질 때 의사소통 능력 배양이라는 한국어 교육의 목표에 도달할 수 있을 것이다.

2.1. 일반 목적 한국어

　일반 목적 한국어 학습자는 한국어 또는 한국 문화 등에 대한 관심에서 한국어 공부를 시작한다. 따라서 한국인과의 의사소통을 목적으로 하며, 한국 문화를 많이 알아가는 것에 의미를 둔다.

교육 과정에서도 한국어라는 언어에 대한 일반적인 특성을 학습한다. 학습자의 수준이 올라가면서 자연스레 특정 분야의 어휘를 배우는 등 전문성을 띠게 되는데 이는 특수 목적 한국어와는 다르다.

2.2. 특수 목적 한국어

특수 목적 한국어 교육은 원만한 대학 생활이나 학업 수행 또는 취업 등 구체적인 목적을 가지고 한국어를 배우는 학습자를 대상으로 하는 교육이다. 일반 목적 교육과는 달리 학습자의 배경, 특성, 목적을 고려한 맞춤식 교육과정이다. 특수 목적 한국어 교육과정의 분야로 크게 학문 목적, 취업 목적, 이주 목적 그리고 재외 동포와 다문화가정 자녀를 위한 한국어 교육 등이 있다.

1) **학문 목적**

학문 목적 한국어는 국내에서 한국어로 수학 활동을 하는 외국인 학습자에게 필요한 학업 목적에 관련된 전반적인 한국어를 가리킨다. 따라서 일상적인 의사소통 능력을 넘어 학문 활동을 수행할 수 있는 언어 능력을 기르는 데 목적이 있다.

학문 목적 한국어 능력에는 문법적 능력, 담화적 능력, 사회언어학적 능력, 전략적 능력, 과제 수행 능력 그리고 논리사고력이 포함된다. 교육 내용으로 다루어야 하는 것으로 강의 듣고 발표하기, 교양 및 전공 서적 읽기, 보고서 쓰기, 그룹 활동 등이 있다.

2) **취업 목적**

취업 목적 한국어는 이주노동자를 위한 한국어 교육과 전문직 종사자들을 위한 비즈니스 목적 한국어 교육으로 나누어 볼 수 있다. 직장에서 업무를 효과적으로 처리하기 위함이 목적이다.

취업 목적 한국어에서는 기본적으로 직무 능력에 필요한 의사소통 능력과 일상생활에서 필요한 의사소통 능력의 교육이 필요하다. 주로 작업 현장이나 직장 생활에서 사용되는 어휘나 담화표지, 수사적 특징을 학습한다.

3) 이주 목적

이주 목적의 한국어 교육은 취업이나 결혼 등으로 한국에 정착한 이주민을 대상으로 정착 및 생활 유지에 필요한 한국어를 교수 학습하는 교육이다. 다른 교육보다도 문화 전반에 대한 이해가 우선시되어야 하며 일상적인 의사소통 능력을 가지는 것을 목표로 한다. 특히 2000년대 들어 계속 증가하고 있는 여성 결혼이민자와 이주 노동자를 위한 교육이 절실하다.

여성 결혼이민자의 경우 주로 접하는 상황이나 장면, 대화의 주제와 상대자 등을 고려한 말하기, 듣기, 쓰기, 읽기 네 가지 기능을 골고루 향상시킬 수 있도록 교수해야 한다. 또한 한국의 문화와 행동양식 등도 함께 교육해야 한다.

4) 다문화 가정 자녀 대상

국내에 정착하는 국제결혼 가정과 외국인 가정이 증가하면서 그 자녀의 수도 해마다 증가하고 있어 이에 대한 교육이 절실한 상황이다. 다문화 가정 자녀[10]는 국제결혼 가정 자녀와 외국인 가정 자녀로, 그중 국제결혼 가정 자녀는 국내출생 자녀와 중도입국 자녀[11]로 구분할 수 있다. 다문화 가정 자녀를 위한 한국어 교육은 정상적인 언어 발달을 위한 한국어 학습과 문화 교육이 필요하며 부모로부터 배우기 힘든 한국문화나 지식 요소와 통합한 한국어에 대한 체계적인 교수를 교육 내용으로 한다.

한국어와 한국 문화 지식의 부재는 학습 부진으로 이어지고 청소년기 이후 정체성의 혼란으로 이어질 수 있다. 학습에 흥미와 관심을 가질 수 있도록 나이와 학

---

10 초·중등학교에 재학하는 다문화 가정 자녀는 총 137,225명(2019년 4월 기준)으로 이 가운데 중도입국 자녀와 외국인 가정 자녀는 29,156명이다.(교육통계연구센터, 2019 교육통계 분석자료집 참조)

11 국내출생 자녀는 한국인과 결혼한 외국인 배우자 사이에서 태어난 자녀 중 국내에서 출생한 자녀, 중도입국 자녀는 국제결혼가정 자녀 중 외국에서 태어나 부모와 함께 중도에 국내로 입국한 자녀, 외국인가정 자녀는 외국인 사이에서 출생한 자녀(외국인 근로자 자녀, 재외동포 자녀 등)를 뜻한다.

습자 환경을 고려한 학습 활동이나 교수법이 개발되어야 한다.

5) 재외동포 대상

해외에 거주하는 동포들을 대상으로 하는 한국어 교육이다. 재외동포를 위한 한국어 교육은 국외 한국학교, 한국교육원, 한글학교 등에서 이루어지고 있다. 부모의 영향으로 가정 내에 한국어 사용 환경이 형성되는 경우도 많으나 체계적인 교육을 못 받기 때문에 한국어와 한국 문화의 교육이 필요하다. 한민족으로서 한국어와 한국 문화의 이해와 자아 정체성 확립에 목표를 두고 있다.

6) 귀국 자녀 대상

귀국 자녀를 위한 한국어 교육은 일시적으로 국외에 거주했다가 귀국한 학생들이[12] 대상이다. 따라서 학교생활을 하는 데 필요한 한국어 학습과 지식, 문화와 생활 규칙을 가르치는 것에 목표를 두어야 한다. 학생의 원만한 환경 적응과 학업 능력에 영향을 미친다는 점에서 중요한 교육이다.

---

12 일반적으로 중도귀국 자녀라고 지칭한다.

3. 한국어 교사

3.1. 한국어 교사의 역할과 자질

교육의 3대 요소는 학생, 교사, 교재이다. 이 중에서 교사는 가장 중요한 요소이다. 따라서 교사의 질이 교육의 질을 좌우한다고 할 수 있다. 이제 한국어 교육 분야에서도 교육의 질을 좌우하는 중요한 역할을 하는 교사에 대한 논의가 심도 있게 이루어져야 할 시기이다.(강현화, 2010)

훌륭한 한국어 교사가 가져야 할 요건에 대해 살펴보자. 우선 학습자에게 정확한 지식을 전달할 수 있는 전문성을 갖추어야 한다. 단순히 한국어를 한다고 하여 한국어 교사가 되는 것은 아니다. 기본적으로 국어 전공자만큼 한국어의 지식과 이해를 반드시 갖추어야 한다. 또한 국외 한국어 교사는 대조언어학적인 지식을 가져야 한다. 학습자의 모어와 한국어를 비교 및 대조하는 관점으로 꾸준히 연구하고 이를 수업에 반영할 수 있어야 한다.

한국어 교육에서 교사는 수업 운영의 통제자, 학습 촉진자, 상담자, 관찰자의 역할을 수행한다. 교사는 자신이 알고 있는 한국어에 대한 지식을 일방적으로 전달해 주는 것이 아니라, 학습자들이 한국어를 학습할 수 있도록 도와주는 역할을 해야 한다. 즉, 교사는 단순한 지식의 분배자가 아니라, 학습자가 지식을 얻어 활용할 수 있도록 도와주는 편의 제공자이어야 한다.

한국어 교육에서 실제 수업이 적절하게 진행되고 있는지의 여부는 교사의 수업 활동과 태도에 달려 있다. 따라서 수업에서 교사의 태도는 매우 중요하다. 언어 교육에서는 교사와 학습자 사이의 상호 작용이 무엇보다도 중요하게 강조되는데 학습자의 자발적인 참여를 유도하고 한국어 수업을 효과적으로 이끌어가기 위해서는 다음과 같은 교사의 자질이 필요하다.(김중섭, 2008)

① 다른 문화에 대한 열린 자세이다.
② 특수한 형편의 학습자를 배려하는 태도이다.
③ 치밀한 학생 관리가 이루어져야 한다.
④ 편애는 금물이다.
⑤ 한국어 교사로서의 자부심과 긍지를 가져야 한다.
⑥ 새로운 교육 방법에 대한 고민과 노력하는 자세이다.
⑦ 인내심과 순발력이다.
⑧ 소명 의식이다.

학습자는 한국어를 가르치는 교사를 한국을 바라보는 기준으로 생각한다. 따라서 자부심과 긍지를 가지고 좋은 한국인의 표본이 되어야 할 것이다.

3.2. 한국어 교원 자격 제도

현재 한국어 교원 자격을 취득하기 위해서는 학부, 일반대학원, 교육대학원의 학위 과정 또는 학점은행제를 거치거나 비학위 한국어 교원 양성 기관에서 과정을 밟아야 한다.

국어기본법 시행령에 따라 한국어 교원 자격 취득에 필요한 영역별 필수 이수학점 및 필수 이수시간(제13조 제1항 관련)은 아래 표와 같다.

<표 1> 영역별 필수 이수 학점 및 필수 이수 시간

영역	과목예시	대학의 영역별 필수이수학점		대학원의 영역별 필수 이수 학점	한국어 교원 양성과정 필수 이수시간
		주전공 또는 복수전공	부전공		
한국어학	국어학개론, 한국어음운론, 한국어문법론, 한국어어휘론, 한국어의미론, 한국어화용론(話用論), 한국어사, 한국어어문규범 등	6학점	3학점	3~4학점	30시간
일반언어학 및 응용언어학	응용언어학, 언어학개론, 대조언어학, 사회언어학, 심리언어학, 외국어습득론 등	6학점	3학점		12시간
외국어로서의 한국어교육론	한국어교육개론, 한국어교육과정론, 한국어평가론, 언어교수이론, 한국어표현교육법(말하기, 쓰기), 한국어이해교육법(듣기, 읽기), 한국어발음교육론, 한국어문법교육론, 한국어어휘교육론, 한국어교재론, 한국문화교육론, 한국어한자교육론, 한국어교육정책론, 한국어번역론 등	24학점	9학점	9~10학점	46시간
한국문화	한국민속학, 한국의 현대문학, 한국의 전통문화, 한국문학개론, 전통문화현장실습, 한국현대문화비평, 현대한국사회, 한국문학의 이해 등	6학점	3학점	2~3학점	12시간
한국어교육실습	강의 참관, 모의 수업, 강의 실습 등	3학점	3학점	2~3학점	20시간
합계		45학점	21학점	18학점	120시간

한국어 교원 양성과정 이수자는 매년 1회 실시되는 한국어교육능력검정시험(Test of Teaching Korean as a Foreign Language)의 필기시험과 면접을 거쳐 3급을 취득할 수 있다. 시험과 합격 기준은 아래와 같다.

〈표 2〉 한국어교육능력검정시험 내용 및 합격 기준

1차 필기시험 (4개 영역)		1차 합격 기준	2차 면접시험
- 한국어학	90점 (60문항)	1차 합격 기준 - 4개의 각 영역에서 40% 이상 득점하고 총점(300점)의 60%인 180점 이상 득점 시 합격	한국어 교사로서의 태도 및 교사상
- 일반언어학 및 응용언어학	30점 (20문항)		교사의 적성 및 교직관
- 외국어로서의 한국어교육론	150점 (93문항)		인격 및 소양
- 한국문화	30점 (20문항)		한국어능력 평가

    한국어 교원 자격 등급은 1급부터 3급까지 있다. 학위 과정의 경우 학부 또는 대학원 과정에서 한국어교육을 주전공 및 복수전공하여 학위를 취득하면 2급 자격을, 부전공이면 3급 자격을 취득한다. 1급은 2급 자격 취득 후 5년 이상 근무에 2,000시간 한국어교육 경력이 필요하며, 부전공에 의한 3급 자격 취득의 경우는 3급 자격 취득 후 3년 이상 근무에 1,200시간 한국어교육 경력이 있으면 2급으로 승급할 수 있다.

    비학위 과정(양성 과정)은 120시간 양성 과정 이수 후 한국어교육능력검정시험에 합격한 다음, 자격 심사를 거쳐 3급 자격을 취득하며 2급 승급에는 3급 취득 후 5년 이상 근무에 2,000시간의 한국어교육 경력이 필요하다.[13]

    2019년 8월 현재 비학위 한국어 교원 양성 기관은 대학 부설기관과 대학 외의 기관을 포함해 226곳이 있으며 학위 과정(학점은행제 포함)은 239곳이 운영 중이다.[14]

---

[13] 2019년 8월 현재 한국어교원 자격증 소지자는 1급 1,763명, 2급 32,592명, 3급 10,621명으로 총 44,976명이다. 2019년 3월 기준인 총 42,230명(1급 1,611명, 2급 30,123명, 3급 10,496명)과 비교해보면 그 증가의 규모와 속도를 짐작할 수 있다.

[14] 학위과정 총 239개 중 학부 68개, 대학원 125개, 학점은행제 46개이고, 비학위과정 총 226개 중 대학 부설기관 152개, 대학 외 기관 74개이다. (국립국어원 누리집 참고)

4. 한국어 교육 정책

4.1. 한국어 교육 현장의 이해

최근의 한국어 교육계 안팎의 환경 변화를 살펴보자.

첫째, 국제무대에서의 한국 위상의 변화이다. 이런 위상의 상승은 현재 국내의 다양한 나라 출신의 유학생 증가로[15] 나타나고 있다.

둘째, 한국 내의 다문화 사회로의 변화이다. 다문화 사회 변화의 두 축은 외국인 근로자와[16] 여성 결혼이민자로[17] 2000년대 들어 꾸준히 상승하고 있다. 이들의 정착은 필연적으로 한국어와 한국문화 교육을 필요로 한다. 따라서 정부 기관 및 비정부 단체에서 이들을 대상으로 한 한국어 교육에 역점을 두고 있다.

셋째, 한류의 영향이다. 한류 열풍으로[18] 해외 각지에서 한국에 대한 관심이 높

---

15 한국교육개발원 통계자료(2015)에 따르면 고등교육기관 외국인 유학생 수는 2005년 15,577명에서 2015년 91,332명으로 10년 새 약 5배 증가하였다. 이후 2016년 115,927명, 2017년 135,087명을 넘어 2019년 7월 현재 국내 외국인 유학생 수는 총 167,757명으로 이 가운데 35%(58,769명) 정도가 한국어 연수생이다. (법무부 출입국외국인정책 통계월보 2019년 7월호)

16 취업 자격 체류 외국인은 583,315명(2019년 7월 31일 기준)으로 전문인력(48,164명)과 단순기능인력(535,151명)으로 구분된다. (위 각주 15와 같은 자료)

17 국민의 배우자, 즉 결혼이민자는 총 163,104명(2019년 7월 31일 기준)으로 여성 비율이 82.8%이고, 혼인 귀화자(누계)는 132,244명이다. (위 각주 15와 같은 자료)

18 한국국제교류재단에서는 전 세계 한류현황에 대한 종합적인 조사(2012년부터 시작) 차원에서 〈2018 지구촌 한류현황〉을 발간하였는데 이에 따르면 2018년 해외 한류 동호회 규모는 94개국 1,843개에 달하고, 동호회원 수는 8,919만 명으로 전년도에 비해 22% 증가했다.(2017년 현황 92개국, 1,594개, 7,312만 명으로 전년 대비 25% 증가) 이는 한류에 의한 관심이 계속 크게 증가하고 있음을 보여준다.

아졌고, 이는 한국어와 한국문화 배우기 열풍으로 이어지고 있다. 관심을 지속시키는 요인은 아닐 수 있으나 한국 문화를 접하게 하는 첫 번째 요인인 것만은 분명하다.

넷째, 국가 차원의 한국어 교육 지원 정책이다. 교육부, 외교부, 문화체육관광부, 법무부, 여성가족부 등 중앙부처와 그 소속 기관 및 산하 기관의 다양한 사업을 통한 정부의 적극적인 지원과 한국어 교육 유관 기관의 협력은 한국어 교육계에 큰 영향을 끼치고 있다.

4.2. 한국어 교육의 미래

국내외 한국어 학습자의 증가와 교육 기관의 확대, 정부를 중심으로 한 유관 기관의 활발한 활동으로 한국어 교육은 과거에 비해 비약적인 발전을 하고 있다. 그러나 계속해서 늘어나는 한국어 교육 수요와 관련하여 정책적으로 해결해야 할 다양한 과제가 있다. 우선 국내외 한국어 교원의 지속적이고 체계적인 양성과 교원의 재교육이다. 전문성을 갖춘 교사의 양성은 한국어 교육 발전에 가장 핵심적인 요소이다.

지금까지 행해 온 국외 한국어 교육은 주로 유학생이나 재외동포를 대상으로 한 것이라면, 이제는 문화 전파에 따른 대중적 교육이 중시되어야 한다는 관점에서 교육 대상의 수요자 층이 변했다는 사실을 중시해야 한다. 이러한 환경 변화에 따라서 교재나 교육과정 등의 문제를 비롯하여 전반적인 한국어 교육의 틀을 새롭게 검토해야 할 것이다.

한국어 교육의 수요층이 엘리트 층 중심에서 일반 대중으로 확대되고 학문 목적에서 취업 목적으로 나아가 취미 목적으로 한국어 학습의 목적이 다양화된 바에 따라 교육 수요자 수준에 맞는 교육 체제를 구축해야 하고 이에 따른 새로운 언어 정책을 수립해야 할 것이다. 교재와 교육과정, 교원 문제, 교육 평가 등 한국어 교육을 위한 내용과 방식을 이전의 유학생 중심, 재외동포 중심의 교육 방식과 달리 구성하여야 한다는 사실을 깊이 인식해야 한다.

지난 2000년 이래 주로 중국과 몽골 그리고 동남아시아 지역에 거주하는 많은 여성들이 국제결혼으로 한국에 정착하고 있다. 국제결혼의 증가로 여성 결혼이민자의 수가 늘어날 뿐만 아니라 그들의 2세들을 포함한 다문화 가족에 대한 한국어 교육 문제가 매우 주요한 현안으로 떠오르고 있다.

2000년대에 들어와 한국어 교육은 외적 환경의 변화와 내적 요소의 변화로 인해 눈에 띌만한 발전을 이루어 오고 있다. 그러나 이런 발전을, 특히 국외에서 지속하기 위해서는 우선 한국어 국외 보급을 위한 정부 주도의 컨트롤 타워를 구축하고 해당 정부 부처와 그 소속기관 및 유관기관 별로 수행하여 오던 정책과 사업을 통합한 한국어 국외 보급 확대 기본계획을 재수립하여야 한다. 이 계획에는 한국어 교원의 통합 관리를 위한 한국어 전문 인력풀 구축 및 활용, 한국어 교육 자료의 중앙 공급 시스템 구축, 국외 한국어교육 현장에서의 집합 교육체계(클러스터) 구성 및 활동 지원 등의 방안이 포함되어야 한다. 나아가 국외 한국어 보급 지원을 위한 기금 설치도 고려할 필요가 있다.(조항록, 2013)

이제 한국어교육계는 내부적으로 더욱 역량을 모으고 외부적으로 정부 및 유관기관 등과의 협력을 더욱 확대하여 총체적인 역량 강화를 위해 노력하여야 할 것이다.

● 생각해 봅시다

1. 한국어 교육 현장에서 갖추어야 할 바람직한 한국어 교사의 자세에 대해 생각해 보자.

● 풀이

1. 한국어 교육 현장은 학습자가 단일 문화권일 수도, 혼합된 문화권일 수도 있다. 교사의 문화까지 다양한 문화가 공존하는 공간에서 한국어 교사는 보다 열린 자세로 다양한 문화를 이해하고 수용하는 자세가 필요하다. 또한 무엇보다 중요한 것은 한국어 전문 지식과 이를 전달하는 교수 기술이 필요하다. 단순히 직관에 의존하지 않고 수업 준비에서부터 철저한 준비가 필요하다. 교육의 내용을 학습자에게 효과적으로 전달하고 학습자의 질문에 정확하게 답하고 설명할 수 있어야 한다.

참고문헌

강승혜(2003), 한국어교육의 학문적 정체성 정립을 위한 한국어교육 연구 동향분석, 한국어교육 14-1, 국제한국어교육학회.

강승혜(2009), 한국어 교사의 전문성. 국제한국어교육학회 제19차 국제학술대회, 국제한국어교육학회.

강현화(2008), 한국어교육학 내용학의 발전 방향 모색, 한국어교육 19-2, 국제한국어교육학회.

김중섭(2004), 한국어 교육의 이해, 한국문화사.

민현식(2005), 한국어교육학 개관, 한국어교육론, 국제한국어교육학회 편, 한국문화사.

박동호(2009), 한국어 교사 교육학을 위한 내용학, 국제한국어교육학회 제19차 학술대회 발표집.

박영순(2002), 21세기 한국어교육학의 현황과 과제, 한국문화사.

박영순(2004), 외국어로서의 한국어 교육론, 월인.

박영순 외(2008), 한국어와 한국어교육, 한국문화사.

송향근(2011), 한국어 교육의 대조 연구 동향 분석. 이중언어학 47, 이중언어학회.

송향근(2014), 한국 언어지식 교육의 목표와 과제, 한국(조선)어교육연구 9, 중국한국(조선)어교육연구학회.

송향근(2014), 한국어 교육정책 연구의 현황과 과제, 북미한국어교육학회(AATK) 제19회 학술대회 강연 자료, 보스턴대학교.

송향근·김상수(2012), 한국어 교육 연구의 이해, 부산외국어대학교 출판부.

이병규(2008), 국외 한국어 교육 정책론 정립을 위한 탐색, 한국어교육 제19권 3호, 국제한국어교육학회.

이해영(2014), 다문화 배경 학생을 위한 교육 지원 현황과 한국어 교육 개선 방안, 국어교육연구 34, 서울대 국어교육연구소.

조항록(2008), 한국어교육 환경의 변화와 발전을 위한 과제, 한국어교육 19-1, 국제한국어교육학회.

조항록(2013), 한국어 교육 현황 점검 및 교육 지원 전략 연구, 상명대학교 산학협력단.

조현용(2018), 한국어 교육을 위한 한국어 교육 정책 연구, 우리말연구 54, 우리말학회.

최정순(2006), 의사소통적 한국어 구어 능력 개발을 위한 제언, 국어교육연구 제18집, 국어교육학회.

최정순(2007), 한국어교육의 정체성과 발전 방안, 이중언어학회 제20차 전국학술대회 발표 자료집.

최정순(2014), 외국어로서의 한국어교육 정책의 개선 방향, 국어교육연구 34, 서울대 국어교육연구소.

2장

한국어 교육과정론

김은령

1. 교육과정

　교육과정(curriculum)은 교육기관에서 제공되는 교수 학습에 대한 전체적인 설계도로 교육기관에서 이루어지는 의도된 교육 활동이나 프로그램에 대한 총칭이다.
　언어 교수에서 교육과정의 개념은 교수요목의 개념과 비슷하게 사용되기도 하지만 교육과정이 교수요목 보다 더 포괄적인 개념이다. 교수요목은 교육과정의 한 부분으로 교육과정 중 평가를 제외한 부분이 교수요목에 해당한다고 볼 수 있다. 영국에서는 전체와 부분의 개념으로, 교육과정에 교수요목이 포함되는 것으로 보며, 미국에서는 두 용어가 비슷하게 사용되나 교육과정이라는 용어를 더 많이 사용한다(배두본, 2013).
　교육과정에는 교육과정에 영향을 미칠 수 있는 상황요인, 학습자 집단의 요구 결정, 요구를 반영한 목적과 목표, 알맞은 교수요목, 코스 구조(course structure), 교수 학습 방법 및 학습 자료 결정, 이러한 과정을 통해 얻은 결과에 대한 평가까지 포함된다.

2. 교육과정 개발

2.1. 개발 절차

　교육과정 개발 절차에 대한 가장 중요한 언급은 타일러(Tyler, 1949)에서 찾아볼 수 있는데 타일러는 교육과정 개발이 '교육 목적과 목표, 교육 내용, 조직, 평가'에 따라 이루어져야 한다고 하였다. 이후 교육과정 개발에 대해 많은 논의가 있었으며 브라운(J. D. Brown, 1995)에서 체계화되었다. 브라운은 교육과정 개발 절차를 요구 분석, 학습 목적 및 목표 설정, 학습자 언어 능력 평가 도구 개발, 교재 개발, 교수 단계가 서로 유기적으로 연결되어 상호작용을 하는 과정으로 보았다. 또 리처즈(Richards, 2001)는 교육과정 개발 절차를 요구 분석과 상황 분석, 교육 목적과 목표 설정, 교육 자료 선택 및 준비, 효과적인 교육 제공, 평가의 과정으로 보았으며 이들이 서로 영향을 주고받으며 상호 관련되어 있다고 하였다. 이처럼 교육과정 개발은 아래 [그림 1]과 같이 단계별 과정을 거치며 이 과정에서 다양한 요인들과 서로 영향을 주고받는다.[1]

---

[1] 리처즈(Richards, 2001)의 교육과정 개발 절차에 대한 도식화는 정미혜(2012:37)에서 인용하였다.

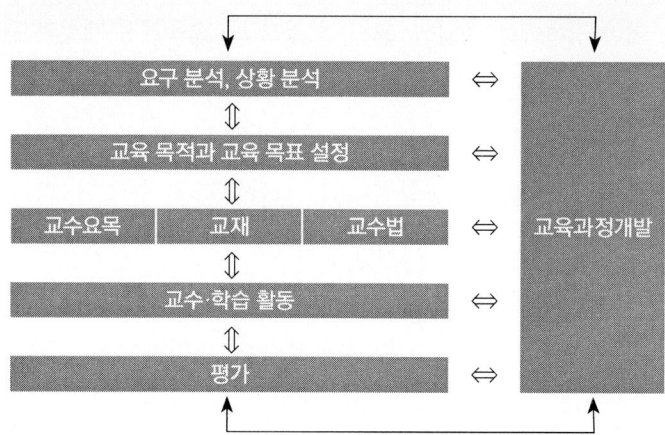

[그림 1] 리처즈(Richards, 2001:41)의 교육과정 개발 절차

　이와 같이 교육과정은 다양한 요구와 상황 분석을 통해 정해진 교육 목적에 따라 교육 내용, 교수요목, 교재, 교수법 등이 정해지고 그에 따라 교수 및 학습 활동이 이루어지며 끝으로 학습자, 교사, 교육과정에 대한 평가가 이루어진다. 그리고 그 결과가 다시 교육과정에 반영되는 구조를 가지게 된다.

　여기에서도 교육과정 개발 절차를 요구 분석, 상황 분석, 교육 목적과 목표 설정, 교육 내용 선정과 조직, 교수 학습 방법 선정, 평가로 나누어 살펴보도록 하겠다.

2.2. 요구 분석(Needs Analysis)

　교육과정이 아무리 좋아도 그것을 필요로 하는 학습자가 없다면 무용지물일 것이다. 따라서 학습 당사자가 필요로 하는 것을 교육 내용과 교재로 구성해야 한다. 이를 위해 교육과정 개발 과정에 있어 학습자의 요구를 조사하고 분석할 필요가 있는데 이를 요구 분석이라 한다. 요구 분석은 교육과정 개발 과정에서 반드시 필요한 단계이다. 대부분의 경우 학습자의 요구를 쉽게 알 수 있지만 그렇지 않은 경우도 있다. 예를 들면 EFL 상황의 중·고등 학습자들의 경우에는 학습자들이 영어 교육의 필요성을 인식하지 못할 수도 있기 때문에 학습자들의 요구를 분명하게 파악할 수 없다. 이런 경우에는 졸업생, 교사, 학부모 등 교육과정 개발과 관계된 사람들을 통해 학습자에게 필요하다고 인식되어지는 것을 요구할 수도 있다. 이처럼 요구 분석의 대상자는 언어 학습을 할 학습 당사자뿐만 아니라 잠재적 학습자, 그리고 요구 분석에 맞는 정보를 제공할 수 있는 사람들도 될 수 있다. 따라서 요구 분석을 위한 정보 수집 대상자에는 학습자 이외에도 교사, 학부모, 고용주, 정책 입안자, 교육부 직원, 교재 집필자, 전문 학자 등도 포함될 수 있다.

브라운(J. D. Brown, 1995:40-41)은 요구 분석 시 파악해야 할 학습자의 요구를 상황적 요구와 언어적 요구, 객관적 요구와 주관적 요구, 언어 내용 요구와 학습 과정 요구로 나누어 제시하였다.[2]

〈표 1〉 브라운(J. D. Brown, 1995)의 학습자 요구 유형

요구	내용
상황적 요구	언어 외적인 부분과 관련된 정보 예) 행정, 인력, 재정, 교육 기관 등과 관련된 정보
언어적 요구	학습자가 학습할 목표 언어와 관련된 정보 예) 언어 사용 환경, 학습자의 동기, 학습자의 현재 언어 능력 등
객관적 요구	교육 내용을 상세화하는 데 필요한 정보 예) 학습자의 연령, 국적, 모국어, 외국어 학습 경험, 교육 배경, 직업 등
주관적 요구	교수 학습 방법을 상세화하는 데 필요한 정보 예) 학습자의 학습 방법, 선호하는 학습 활동 유형, 중요시 하는 언어 기능, 이루고자 하는 목표, 원하는 학습 기간 등
언어 내용 요구	학습해야 하는 내용에 대한 요구로 목표 언어에 대해 객관적으로 분석된 요구
학습 과정 요구	상황 요구의 관점에서 밝혀진 요구로 학습 동기, 자존감 등의 정의적 영역에서 주관적으로 분석된 요구

요구 분석을 시행할 때는 다양한 정보의 출처를 이용해야 하지만 너무 많은 정보를 수집하지 않도록 주의해야 한다. 또 객관적인 사실이 아니라 여러 가지 정보에 대한 주관적인 요구이기 때문에 공정성 확보를 위해 전문가의 자문도 필요하다.

요구 분석 시행 시 정보 수집의 방법으로는 설문지(Questionnaires), 자율 평가(Self-ratings), 면접(Interviews), 회의(Meetings), 관찰(Observation), 학습자 언어 표

---

[2] 최은규(2015:52)의 내용을 정리하였다.

본 수집(Collecting learner language samples), 과제 분석(Task analysis), 사례 연구(Case studies), 관련 자료 검토(Analysis of available information)가 있다(Richards, 2001:60-63).[3]

이러한 요구 분석은 상황에 따라 언어 학습 시행 전이나 시행 중, 또는 시행 후에도 이루어질 수 있으며 요구 분석의 결과는 교육과정뿐만 아니라 교수요목 설계나 교재 개발 등에도 사용할 수 있다.

2.3. 상황 분석(Situation Analysis)

언어 교육과정은 특정 맥락(context)이나 상황(situation) 속에서 이루어지게 된다. 이런 다양한 맥락과 상황 속에는 교육과정에 긍정적이거나 부정적인 영향을 미칠 수 있는 여러 요인들이 존재한다. 따라서 교육과정 설계 전에 교육과정에 영향을 미칠 수 있는 이런 다양한 요인들에 대한 분석이 우선되어야 하는데 이러한 요인들을 분석하는 것이 바로 상황분석이다.

리처즈(Richards, 2001)는 상황 분석에 필요한 요인을 다음과 같이 나누었다(강승혜 외, 2015:105-120).

---

[3] 리처즈(Richards, 2001)의 요구 분석 시 정보 수집 방법(강승혜 외, 2015:67-71).
① 설문지: 가장 흔한 방법, 준비 및 도식화 분석이 상대적으로 용이하며 다수에게 사용 가능
② 자율 평가: 학습자 자신이 자신의 능력을 평가하는 데 사용하는 척도로 구성, 느낌에 기초한 정보만 제공
③ 면접: 설문지보다 깊이 있는 조사는 가능하나 시간이 오래 걸림, 소집단에서만 사용 가능
④ 회의: 정보가 주관적이며 짧은 시간 안에 많은 양의 정보 수집 가능
⑤ 관찰: 목표 상황에서 학습자의 정보를 관찰하는 것으로 관찰 및 분석에 관한 전문적인 교육 필요
⑥ 학습자 언어 표본 수집: 학습자의 언어 과제 수행에 대한 정보 및 문제점 수집, 학습자의 언어적 요구에 대한 직접적이고 유용한 정보
⑦ 과제 분석: 학습자가 미래에 목표로 수행하게 될 과제의 종류 및 언어적 특성에 대해 평가하고 요구 상황을 분석
⑧ 사례 연구: 개인 학습자나 특정 학습자 집단을 대상으로 관련된 과제 및 교육적 경험에 대해 연구
⑨ 관련 자료 검토: 일반적으로 요구 분석의 첫 단계에서 서적, 신문 기사, 보고서 등과 같은 자료들을 조사

〈표 2〉 리처즈(Richards, 2001)의 상황 요인 분류

요인	정의	예
사회적 요인 (societal factors)	해당 지역의 특성과 관련된 요인	• 현재 언어 교육 정책 • 프로젝트의 근거와 지원자 • 사회 각 분야에 미칠 영향 • 관련 교육 전문가들의 의견 • 교육 전문가 단체의 의견 • 부모와 학생의 의견 • 해당 국가의 언어 교수 경험과 전통 • 제2언어와 제2언어 교수에 대한 대중의 의견 • 사업 공동체와 고용주들의 의견 등
기관 요인 (Institutional factors)	해당 지역의 다양한 언어 교육 기관들과 관련된 요인	• 변화를 지원하는 학교 내 지도력 • 학교의 기술적 자원 및 물적 자원 • 교재와 기타 교수 자료의 역할 • 교사의 사기 • 교사가 직면한 문제 • 교내 행정적 지원 • 기관에 대한 평판 등
교사 요인 (Teacher factors)	교사와 관련된 요인	• 교사의 배경, 훈련, 경험, 동기 • 재교육 기회 • 언어 숙달도 및 교육관 • 교수 방법 및 수업량 • 변화에 대한 개방성 • 새 교육과정 및 자료가 교사들에게 제공하는 혜택 등
학습자 요인 (Learner factors)	학습자 개인과 관련된 요인	• 과거 언어 학습 경험 • 학습 동기 및 학습 시간 • 프로그램에 대한 기대 • 학습자 집단의 구성 • 선호하는 학습 유형 및 내용 유형 • 언어 교수에 대한 학습자의 의견 • 일반적으로 이용하는 학습 자원 • 교사 및 교육 자료에 대한 기대 등
프로젝트 요인 (Project factors)	교육과정 개발 팀의 구성원들과 관련된 요인	• 팀의 구성 및 운영 방식 • 구성원 선별 기준 • 최종 목적과 절차의 결정 방법 • 구성원들의 경험 • 자원의 양 및 예산 등
채택 요인 (Adoption factors)	새 교육과정 도입 시 고려해야 할 요인	• 새로운 교육과정의 장점 • 기존의 교육과정과 양립 가능성 여부 • 새로운 교육과정의 실용성 등

상황 분석은 때로는 요구 분석의 일부로 여겨지기도 한다. 하지만 요구 분석이 학습자 및 관련자들의 언어적 요구에 초점을 맞춘 것이라면 상황 분석은 정치, 경제, 사회, 기관 등과 교육과정 시행에 연관된 여러 요인들에 대한 분석이라 할 수 있다.

2.4. 교육 목적 및 목표 설정

교육 목적은 교육 과정을 통해 가르치고 배워야 할 도달점으로 교육이 지향하는 보편적이고 일반적인 목적이라 할 수 있다. 교육과정 개발에 있어 학습자의 목적이 무엇이냐에 따라 교육 내용 선정 및 교육 과정 실행이 크게 달라질 수 있다. 외국어 교육 목적 설정에 참고할 만한 기준으로 1999년 미국에서 발표된 외국어 교육의 목적 5Cs를 들 수 있는데 그 내용은 다음과 같다.[4]

① 의사소통(Communication): 영어 외의 언어, 즉, 구어·문어로 이해하고 표현할 수 있는 소통 수단
② 문화(Culture): 다른 문화를 이해하며 연구한 것을 표현할 수 있는 통로
③ 연계(Connection): 다른 언어문화에 대한 지식의 연계 강화
④ 비교(Comparison): 다른 언어문화의 대조 이해
⑤ 공동체(Community): 다언어 문화공동체 행사에 적극 참여하고 평생 학습으로 수용

위의 다섯 항목 중 ②~⑤ 항목은 모두 문화와 관계된 것으로 외국어 교육에 있어 의사소통 능력 외에 문화 교육도 중요시하고 있음을 알 수 있다. 이처럼 최근 외국어 교육에 있어서 문화 교육에 대한 관심이 언어 능력과 함께 주요 목적으로 기술되고 있다. 이런 경향은 한국어 교육과정에도 많은 영향을 미쳐 최근 한국어 교육과정 전반에도 문화 관련 항목이 적극 반영되고 있는 추세이다.

교육 목적이 교육과정의 최종 도달점이라면 교육 목표는 목적을 이루기 위한 수

---

4 민현식(2008:282-283)에서 인용하였다.

단으로 목적에 도달하기 위한 과정에서 이루어내야 하는 단편적이고 단기적인 지향점을 이르는 것이다. 교육 목표에 포함되어야 할 내용에 대해 리처즈(Richards, 1999:3-8)는 행동 목표, 기술 목표, 내용 목표, 숙달도 목표로 나누어 설명하였다(민현식, 2008:279).

① 행동 목표(Behavioral objectives): 학습 후 도달할 구체적 수행 목표 제시
② 기술 목표(skill-based objectives): 언어 4대 기능 목표에 따른 세부기술(microskill) 목표 기술
③ 내용 관련 목표(content-based objectives): 유럽의회의 Threshold Level English (van Ek & Alexander, 1980)가 제시한 14개 대영역 주제 같은 것을 기술
④ 숙달도 목표(proficiency scale): ACTFL(American Council on the Teaching of Foreign Languages, 1982)에서 제시하는 성취 목표 척도 제시

한국어 교육의 목적과 목표 기술에 있어서도 이런 논의를 바탕으로 각 교육과정마다 아래와 같이 목적과 목표를 기술하고 있다.[5]

① 한국어 교육의 목적(김정숙, 2010)
- 한국인과의 의사소통과 한국 생활에 필요한 의사소통 능력을 기른다.
- 한국어로 된 다양한 정보를 이해하고, 이를 활용할 수 있는 능력을 기른다.
- 한국어를 이용해 자신의 전문분야에서 필요한 기능을 수행할 수 있도록 한다.
- 한국사회와 한국문화를 이해하여, 한국에 대해 우호적인 태도를 갖도록 한다.
- 서로 다른 언어를 사용하는 사람들이 한국어를 사용하여 친교를 나누고 필요한 정보를 교환할 수 있도록 한다.

---

5   한국어 교육의 목적 및 교육목표에 대한 기술의 다른 예는 [부록 1·2] 참조

② '국제 통용 한국어교육 표준 모형' 1급의 교육 목표(김중섭 외, 2010)

주제 영역	화제	1. 일상적인 화제(인사하기, 소개하기 등)로 의사소통할 수 있다. 2. 자신의 관심사(일상적 영역 등)에 대해 최소한의 의사소통을 할 수 있다.
언어 기술 영역	말하기	1. 정형화된 관용구로 인사와 자기소개를 할 수 있다. 2. 짧은 문장으로 자신과 타인의 관심사, 일상 등에 대해 말할 수 있다. 3. 간단하고 직접적인 정보 교환을 할 수 있다.
	듣기	1. 일상생활에 관한 간단한 대화를 듣고 이해할 수 있다. 2. 반복적으로 일어나는 일에서 자주 사용되는 표현이나 문장을 듣고 이해할 수 있다.
	읽기	1. 자주 접하는 표지를 읽고 이해할 수 있다. 2. 일상생활과 관련된 문장을 읽고 내용을 이해할 수 있다.
	쓰기	1. 소리를 듣고 쓸 수 있다. 2. 간단한 메모(목록 작성)를 할 수 있다. 3. 구, 절 단위 혹은 짧은 문장 단위의 일상적인 글을 쓸 수 있다
	과제	1. 일상적인 화제(인사하기, 소개하기 등)로 구성된 과제를 해결 할 수 있다. 2. 기본적인 화제(요일, 시간, 장소 등)로 구성된 과제를 해결할 수 있다.
언어 지식 영역	어휘	1. 일상생활에 필요한 기초적인 어휘를 이해하고 사용할 수 있다. 2. 자신의 생활의 중심이 되는 주변 사물과 장소 등과 관련된 어휘를 이해하고 사용할 수 있다.
	문법	1. 한국어의 기본문장 구조를 이해하고 사용할 수 있다. 2. 정형화된 문장 표현들을 목록화하여 이해할 수 있다.
	발음	1. 자모의 음가를 변별할 수 있다. 2. 자모의 음가를 어느 정도 정확하게 발음할 수 있다. 3. 한국어의 음절 구조를 이해할 수 있다. 4. 한국어의 음절을 어느 정도 정확하게 발음할 수 있다. 5. 평서형, 의문형, 명령형 등의 억양을 어느 정도 구분하여 말할 수 있다. 6. 일상적인 어휘나 표현을 원어민 화자가 알아들을 수 있을 정도로 발음할 수 있다. 7. 기본적인 음운 변화(연음법칙, 자음동화 등)를 이해할 수 있다.
	텍스트	대화문, 독후감상문, 짧은 서술문, 일상대화, 픽토그램
문화 영역		1. 가장 기본적인 한국의 일상생활 문화를 이해할 수 있다. 2. 나이가 많고 적음에 의한 기본적인 위계가 있는 사회라는 것을 이해할 수 있다.

2.5. 교수요목 설계

교수요목(syllabus)은 흔히 교육과정과 유사한 개념으로 사용되기도 하는데 일반적으로 교수요목이 교육과정의 한 측면으로 설명된다. 배두본(2013)에서는 교수요목을 교육과정 내에 주어진 어떤 교과의 전 과정에 대한 학습 항목을 구체화시켜 놓은 계획이라 하였으며, 민현식(2004)에서는 교육과정 중에서 교육 목표, 교육 내용과 교육 방법을 구체적으로 설계해 놓은 계획이라고 하였다. 이와 같이 교수요목은 교육과정 운영을 위하여 교육 내용을 체계적으로 배열하고 구체화시킨 계획이다. 과거에는 교수요목에 무엇을 가르칠 것인가에 대한 교육 내용만이 포함되었으나 과정 중심 교수요목이 등장하면서 교육 방법까지도 포함하게 되었다.

2.5.1. 교수요목 유형과 제시 방법

여기서는 여러 가지 교수요목 중 교수요목이 중심으로 삼고 있는 교육 내용에 따라 그 유형을 나누어 살펴보고[6], 교육 내용 제시 방법에 대해서도 살펴보기로 하겠다.

① 구조 교수요목(Structural Syllabuses)

교육할 문법 사항들을 난이도(difficulty)와 빈도수(frequency)를 중심으로 설계한 교수요목으로 문법적 교수요목(Grammatical Syllabuses)이라고도 한다. 이 교수요목은 언어 학습을 언어의 구조에 대해 배우는 것이라고 보기 때문에 구조적 의미(structural meaning)를 사전적 의미(lexical meaning)와 사회문화적 의미(socio-cultural meaning)보다 더 중요시한다. 또 언어 학습은 문법의 내재화 및 언어 기술의 연습으로 이루어지며, 형식적인 내재화가 이루어진 뒤에는, 자동적으로 실제 상황에서 이를 이용할 수 있다고 본다. 그러나 언어 형태와 의미·기능 사이에 언제나 일대일 관계가 존재하는 것이 아니라는 사실이 간과되었으며, 문법이나 구조를 중심으로 구성된 교재에는 맥락이 결여된 고립된 문장만 나열되어 있어, 실제 의사소통 능력 배양에 도움을 주지 못한다는 비판을 받고 있다. 문법 항목을 배열하는 데 기준으로 삼은 난이도나 빈도도 일반적으로 교육과정 개발자의 직감이나 경험에 의한 것이어서 학습자들이 실제로 인식하는 정도와 차이가 있을 수 있으며, 특정

---

6 Brown, J. D.(1995:7-14), Richards, J. C.(2001, 강승혜 외, 2015:174-189), 민현식(2005:296-301), 김정숙(2010:13-17)을 참고하여 정리하였다.

맥락에서 사용할 문법 항목이 학습자에 따라 필요 시기가 다를 수 있다는 점도 문제점으로 지적받고 있다.

② 상황 교수요목(Situational Syllabuses)

언어는 다양한 상황(situation)이나 사회적 문맥(social context)에서 사용되어지기 때문에 식당, 공항, 은행, 상점 등과 같은 장소에서 실제로 일어날 수 있는 의사소통 상황을 중심으로 언어 자료를 제시하는 교수요목이 바로 상황 교수요목이다. 이 교수요목은 상황을 미리 예상하여 각각의 상황에서 사용될 어휘와 표현으로 내용을 구성하고 제시한다. 형태의 난이도는 고려하지 않으며, 학습자의 요구와 필요에 따라 내용을 재배열하거나 순서를 달리 할 수 있다. 특정 상황에서는 의사소통에 효과적일 수 있으나 특정 상황에서 사용된 언어 표현이 다른 예측 불가능한 상황으로 전이될 가능성이 낮고, 학습한 어휘와 표현 이외의 것은 사용하지 못할 수도 있다. 또 예측 가능한 상황 설정에도 한계가 있으며, 체계적인 기초 문법 학습이 이루어질 수 없다는 단점이 있다.

③ 주제 교수요목(Topical Syllabuses)

상황 중심 교수요목과 비슷하지만 상황보다는 언어 사용에 수반되는 주제나 화제 위주로 학습 내용을 결정하고 순서를 정한다는 점에서 차이가 있다. 가족, 취미, 날씨, 여행, 음식 등과 같이 학습자들에게 필요하다고 판단되는 다양한 주제나 화제를 중심으로 내용을 구성한다. 학습자의 흥미를 고려하여 주제를 정할 수 있지만, 학습자에게 필요한 다양한 주제를 모두 적용시키기에는 한계가 있으며, 주제 선정의 기준을 명확하게 제시하기 어렵다는 단점이 있다.

④ 기능 교수요목(Functional Syllabuses)

'제안, 허락, 요청, 확인하기, 보고하기, 사과하기' 등과 같은 의사소통 기능을 중심으로 구성된 교수요목으로, 언어적 능력(linguistic competence)보다 의사 소통 능력을 중시한다. 학습할 언어 기능들은 학습자의 유용성을 기준으로 선정되며, 시간 순서, 빈도수, 유용성 등에 기초하여 제시한다. 특정한 언어 수행을 중심으로 구성되어 있어서 전반적인 언어 운용 능력을 개발하기 어렵고, 기능의 등급화와 선정 기준도 명확하지 않다는 지적을 받고 있다.

⑤ 개념 교수요목(Notional Syllabuses)

개념은 언어를 통해 표현하는 개념적 의미(conceptual meaning)이다. 이 교수요목은 '거리, 시간, 수량, 질, 위치, 크기' 등과 같은 추상적인 개념 범주를 중심으로 구성된다. 각각의 개념은 시간 순서나 유용성 등에 따라 배열한다.

개념 교수요목과 기능 교수요목은 1970년대 들어 언어의 의사소통적 개념과 기능에 대한 관심이 높아지면서 제안된 교수요목이다. 이 교수요목들은 문법이나 상황을 배제하지는 않지만 교수요목 구성의 기본 요소는 아니며, 학습자와 의사소통 목적을 교육의 중심으로 삼고 있다. 구조 교수요목과 마찬가지로 기능과 개념 목록을 단순히 나열한 것에 지나지 않아 의사소통 능력 향상에 도움을 주지 못한다는 지적을 받고 있다.

⑥ 기술 중심 교수요목(Skill-based Syllabuses)

말하기, 듣기, 읽기, 쓰기와 같은 언어 기술과 학문 연구에 필요한 학문적 기술(academic skills)을 중심 내용으로 하는 교수요목이다. 구체적인 과제와 관련된 행동이나 수행에 초점을 두며, 다양한 상황에 적용할 수 있는 기술을 교육 내용으로 한다. 예를 들어, 언어 기술에는 훑어 읽기(skimming), 찾아 읽기(scanning), 보고서 작성하기, 메모하기, 소개하기, 라디오 뉴스 듣기, 식당에서 주문 받기 등이 있으며, 학문 목적 기술에는 강의 내용 필기하기, 발표하기, 시험 답안 작성법 이해하기 등과 같은 기술이 있다. 학습자에게 필요한 기술을 정할 객관적인 근거가 없고, 통합된 의사소통 능력 개발보다는 각각의 언어 기술 수행에만 초점을 두었다는 비판을 받고 있다.

⑦ 과제 중심 교수요목(Task-based Syllabuses)

과제 중심 교수요목은 학습자가 실생활에서 경험할 가능성이 높은 과제나 활동을 교육 내용으로 구성하는 교수요목이다. 과제(task)는 의사소통 중심적 접근 및 언어 사용이 강조되면서 언어 학습의 주요한 개념으로 자리 잡았다. 과제에는 약속하기, 전화로 음식 주문하기, 모집 공고 보고 전화하기, 이력서 쓰기, 조리법 보고 음식 만들기, 분실물 묘사하기 등과 같은 실제적 과제(real-world tasks)와 문제 해결하기, 정보 차이 찾기, 이야기 조각 맞추기 등과 같은 교육적 과제(pedagogical tasks)가 있다.

언어 학습과 사용의 구체적인 목적을 제시하기 때문에 효과적인 학습을 유도할 수 있다. 또 실생활에서 사용 가능성이 높은 과제를 중심으로 구성되어 있어, 학습자의 의사소통 욕구를 내적으로 동기화하는 데 도움을 줄 수 있을 뿐만 아니라, 실제적인 의사소통 능력 향상에도 도움을 줄 수 있다. 그러나 교사에게 창의적인 교수 자료 개발의 부담감과 학습자들의 자질에 따라 수업이 큰 영향을 받을 수 있다는 문제점이 있다. 언어 사용의 유창성을 중시해 정확성이 떨어질 수 있어, 한국어와 같은 형태적 특성이 강한 언어의 경우에는 문법 교육의 보완이 이루어지거나 형태에 초점을 맞춘(focus on form)교육이 필요하다.

⑧ 혼합 또는 다중 교수요목(Mixed or Layered Syllabuses)

각각의 교수요목은 장단점이 있다. 따라서 각 교수요목에 내재된 역기능과 단점을 보완하고, 장점을 극대화하기 위해 둘 이상의 교수요목을 복합적으로 구성하거나 위계화 하는 방식으로 교수요목을 구성하기도 한다. 이를 혼합 또는 다중 교수요목이라고 한다. 일반적으로 대부분의 교육과정이나 교재들이 단일한 교수요목보다는 이런 혼합 또는 다중적 교수요목을 취하고 있다.

이런 교수요목은 학습 목적이나 교육 환경 등에 따라 적절하게 절충하여 사용될 수 있으며 앞으로 지금까지와는 다른 새로운 형태의 교수요목들이 개발되어 나올 수도 있다.

한국어 교육에 적절한 교수요목의 유형에 대해 김정숙(2010)은 과제(task)를 교육 내용의 핵심으로 삼기는 하되, 문법이나 형태를 필요한 경우에만 암시적으로 교육하는 원형의 과제 중심 교수요목이 아니라, 형태를 중요한 교육 내용의 범주로 설정하여, 과제 수행 이전에 형태를 명시적으로 교육함으로써 과제 수행 능력을 높일 수 있도록 하는, '형태를 고려한 과제 중심 교수요목'을 설계하는 것이 필요하다고 하였다.

교육 내용을 전개하는 방법에는 일반적으로 선형(linear type), 조립형(modular type), 나선형(cyclical/spiral type), 기본 내용 제시형(matrix type), 줄거리 제시형(story line type)이 있다.[7]

<표 3> 교수요목 전개 유형

전개 유형	특징
선형	• 문법과 같은 언어 요소를 제시할 때 많이 사용함. • 언어학적·교육학적 원칙에 근거하여 각 항목의 위계와 순서를 결정함. • 교사가 마음대로 언어 항목의 제시 순서를 바꾸거나 어떤 항목을 가르치지 않고 넘어갈 수 없음. • 앞서 학습한 내용은 다시 반복되지 않고 새로운 내용이 전개됨.
조립형	• 주제나 상황과 관련된 언어 내용과 언어 기능을 통합한 유형. • 학습하게 될 단원을 집단으로 구성하고 필요한 언어 기능을 순서대로 제시하여 한 단원을 설계함.
나선형	• 한 과정에서 교사와 학습자가 한 가지 언어 구성 요소와 주제를 두 번 이상 다루도록 내용을 반복적으로 배열하여 제시함. • 어떤 주제가 다시 배열될 때는 처음보다 언어 구조나 과제의 난이도가 좀 더 높은 것을 제시해야 함. • 이전에 학습했던 것을 언급하면서 그것을 새로 배울 내용과 연관성을 가지게 구성함.
기본 내용 제시형	• 학습해야 할 과제나 여러 가지 상황을 표나 매트릭스로 만들어 제시함. • 학습자가 자의적으로 주제를 선택하여 학습할 수 있도록 함. • 교육 내용을 임의로 선택할 수 있기 때문에 교육과 학습의 융통성을 최대한 제공함.
줄거리 제시형	• 전체 내용이 유기적으로 연결되며 주제의 일관성과 계속성을 유지하여 앞의 이야기의 흐름을 알고, 순서에 따라 문제를 해결하는 데 도움이 되도록 구성함. • 동화나 단편 소설을 이용해 교재를 제작하거나 실용적인 이야기를 중심으로 회화 교재를 제작할 때 이용됨.

---

7 배두본(2013:171-179)의 내용을 참고하여 정리하였다.

2.5.2. 교육 내용 선정 및 조직

교육 목적과 목표를 정하고 난 뒤에는 교육 내용을 정해야 하는데 이에 앞서 먼저 교육 내용의 범주부터 정해야 한다. 그레이브스(Graves, 1996)는 교수요목 내용 범주를 다음과 같이 설정하였다(김정숙, 2005:38).

〈표 4〉 그레이브스(Graves, 1996)의 교수요목 내용 범주

참여 과정 Participatory processes ⑩ 문제 제기, 경험적 학습 기술	학습 전략 Learning strategies ⑩ 자기 모니터링, 문제 파악하기, 노트 필기(note-taking)	내용 Content ⑩ 학과목, 기술과목
문화 Culture ⑩ 문화 인식, 문화 행위, 문화 지식	과제 및 활동 Tasks and activities ⑩ 정보 차이 활동, 프로젝트, 스피치, 프레젠테이션 등의 기술 혹은 화제 중심의 과제	일상적, 업무적 기술 Competencies ⑩ 직장에 지원하기, 아파트 빌리기, 집 구하기
듣기 기술 Listening skills ⑩ 요점 찾기, 특정 정보 찾기, 화제 추론하기, 적절한 반응 선택하기	말하기 기술 Speaking skills ⑩ 발화 교체하기, 이해 부족 부문 보완하기, 응집 장치 (접속사) 사용하기	읽기 기술 Reading skills ⑩ 특정 정보 빠르게 찾기, 요점 찾기 위해 빠르게 읽기, 수사적 장치 이해 하기
쓰기 기술 Writing skills ⑩ 적절한 수사적 문체 사용하기, 응집 장치 사용하기, 문단 구성하기		
기능 Functions ⑩ 사과하기, 거절하기, 설득하기	개념과 화제 Notions and topics ⑩ 시간, 양, 건강, 개인 신상	의사소통 상황 Communicative situations ⑩ 음식점에서 주문하기, 우체국에서 우표 사기
문법 Grammar ⑩ 구조(시제, 상), 패턴(질문)	발음 Pronunciation ⑩ 분절음(음운, 음절) 초분절음(강세, 리듬, 억양)	어휘 Vocabulary ⑩ 단어 형식 규칙 (접미사, 접두사), 연어, 어휘 세트

※ 표의 쓰기 기술 칸은 실제로는 듣기/말하기/읽기와 같은 행에 위치함

위의 〈표 4〉에서 언어 구조에 대한 지식 습득이 교육 목표였던 시기에는 문법, 발음, 어휘 등이 주요 교육 내용 범주였다. 그러나 의사소통 능력 향상이 언어 교육의 목표가 되면서는 기능, 개념과 화제, 의사소통 기술 등이 주요 범주로 등장하였다.

리처즈(Richards, 2001)는 교육 내용 범주는 언어의 본질은 무엇이고 어떻게 사용할 것이며 효과적인 학습을 위해 이것들을 어떻게 조직할 것인가 등에 따라 결정된다고 하였다. 예를 들어, 쓰기에서는 문법, 기능, 주제, 기술, 과정, 텍스트 유형 등을 범주로 삼을 수 있으며 말하기에서는 기능, 상호작용 기술, 화제 등을 내용 범주에 포함시킬 수 있다(강승혜 외, 2015:169-171).

교육 내용 범주가 결정되면 교육 내용을 선정해야 한다. 교육 내용을 선정할 때는 교육과정의 목적과 목표, 내용 범주, 요구 분석 결과 등을 기준으로 학습자나 교육 환경의 변인을 고려하여 정해야 한다. 또 학습 목적과 목표에 알맞은 교육 자료와 학습 목표에 도달하는 데 가장 효과적이고, 학습자에게 의사소통의 기회를 많이 제공할 수 있는 교육 활동도 함께 정해야 한다.

교육 내용이 정해지면 각 등급별로는 물론이고 같은 등급 내에서도 교육 내용의 순서를 어떻게 조직할지 생각해야 한다. 교육 내용을 조직할 때는 다음과 같이 리처즈(Richards, 2001)의 기준에 따라 조직할 수 있다(강승혜 외, 2015:171-173).

① 단순한 것 → 복잡한 것

단순한 항목에서 복잡한 항목으로, 쉬운 항목에서 어려운 항목으로 난이도에 따라 배열한다. 일반적이고 전형적인 배열 방식으로 문법 관련 항목을 배열할 때 많이 사용한다.

② 순차적 단계

사건이 일어나는 시간의 순서에 따라 배열한다. 예를 들어, 작가들이 '브레인스토밍 → 초고 쓰기 → 교정하기 → 편집'의 순서로 글을 쓰는 것과 마찬가지로 쓰기의 교육 내용도 이렇게 조직할 수 있다.

③ 학습자 요구

학습자의 요구에 따라 학습자가 교실 밖의 실제 생활에서 필요로 하는 것부터 배열한다.

④ 선수 학습

학습자가 다음 단계의 학습을 위해 필요한 것이 무엇인지에 따라 학습 내용을 배열한다.

⑤ 전체 → 부분 / 부분 → 전체

내용에 따라 전체 구조를 먼저 학습한 후 개별적인 것을 학습하거나 반대로 개별적인 것을 학습하고 전체를 학습할 수 있도록 배열한다. 예를 들어, 단편을 전체 텍스트로 읽고 어떤 구성 요소들이 효과적인 텍스트를 구성하는지 생각해 보게 하는 것이 전자에 해당하고, 쓰기에서 문단 쓰기를 먼저 배우고 문단을 모아 한 편의 글을 쓰는 순서로 배열하는 것이 후자의 경우에 해당한다.

⑥ 나선형 배열

학습자들이 학습한 내용을 잘 익히도록 학습한 내용을 계속해서 반복적으로 제시하여 학습 내용을 더욱 단단하게 다질 수 있도록 한다.

2.6. 교수 학습 방법

교수 학습 방법은 학습자의 수준, 배경 지식, 사회적 환경, 학습 상황, 교육과정의 교수철학, 교사의 선호도 등에 따라 다양하게 적용될 수 있다. 교수 학습 방법은 상황에 따라 어느 한 가지 방법만 사용하는 것이 아니라 여러 가지를 절충하여 사용할 수 있다.

최근 외국어 교수 학습 방법은 의사소통 중심·학습자 중심·과정 중심· 과제 중심으로 이루어지고 있으며, 한국어교육에서도 이런 교수 학습 방법 중심으로 교수 학습이 이루어지고 있다. 김정숙(2013)에서는 효과적인 한국어교육을 위해서는 학습자 변인, 교사 변인, 학습 환경 변인에 따라 다양한 교수 학습 방법이 상호보완적 관계로 절충되어 사용되어야 한다고 하며, 한국어 교수 학습 방법에 대해 다음과 같은 기본 원리를 제시하였다.

① 한국어교육 목적에 맞게 교육목표를 설정하고 교육과정을 설계해야 한다.
② 사용 중심으로 한국어교육을 실시해야 한다.
③ 형태에 대한 이해와 연습에 기반해 과제 수행이 이루어질 수 있도록 해야 한다.
④ 과정 중심의 한국어교육을 실시해야 한다.
⑤ 언어 기술 간 통합 교육을 실시해야 한다.
⑥ 문장 단위를 넘어 담화차원에서 한국어교육을 실시해야 한다.
⑦ 한국어의 담화 특성을 고려한 교육을 실시해야 한다.
⑧ 한국 문화에 대한 교육을 실시해야 한다.
⑨ 학습자의 의사소통 전략이나 학습 전략의 개발 및 배양에도 관심을 기울여야 한다.

교육과정에서 교수 학습 방법은 교육 목표에 도달하기 위한 중요한 수단이므로 각각의 상황을 종합적으로 고려하여 알맞은 방법을 택해야 한다.

2.7. 평가

평가의 대상은 학습자뿐만 아니라 교육과정도 평가의 대상이 된다. 학습자를 대상으로 한 평가에는 배치 평가, 진단 평가, 성취도 평가, 숙달도 평가 등이 있다.[8]

교육과정 평가는 교육과정이 이루려고 하는 교육 목표를 어느 정도 이루었는지 알아보기 위한 것이다. 교육과정 평가는 교육과정의 목표 달성 여부와 교육과정의 효용성을 평가하고, 문제점을 찾아 교육과정을 발전시키고 향상시키기는 데 도움을 주기 위한 것이다. 교육과정에 대한 평가에는 학습자뿐만 아니라 교사, 관리자, 학생, 학부모, 고용주 등 다양한 사람이 참여할 수 있으며 학습자 요구, 최종 목적,

---

8 학습자를 대상으로 한 평가는 13장에서 자세히 다루고 있으므로 여기에서는 교육과정 평가에 대한 것만 다루도록 하겠다.

교수요목, 자료 등 교육과정의 다양한 측면이 평가의 대상이 될 수 있다.

리처즈(Richards, 2001)는 교육과정 평가를 목적에 따라 다음과 같이 나누어 설명하였다(강승혜 외, 2015:323-330).

① 형성평가(Formative Evaluation)

교육과정 개발 중에 실시하는 평가로 프로그램의 원만한 운영 여부와 개선이 필요한 문제점이 무엇인지 알아보기 위한 평가이다. 평가 결과에 근거해 프로그램의 문제점을 개선하는 데 주목적이 있다.

② 조명적 평가(Illuminative Evaluation)

프로그램의 다양한 측면이 어떻게 작용되고 시행되는지 알아보기 위한 평가이다. 프로그램 내의 교수 학습 과정에 대한 심도 깊은 이해가 목적이므로 프로그램을 변화시킬 필요는 없다.

③ 총괄평가(Summative Evaluation)

교육과정 시행 후 교육과정의 다양한 가치와 중요성에 대해 평가하는 것으로, 교사와 프로그램 관리자들에게 익숙한 평가이다. 총괄평가는 프로그램의 효과, 효용성, 수용성에 초점을 두고 교육과정의 가치를 판단하는 평가이다.

3. 한국어 교육과정

3.1. 한국어 교육과정의 실례

여기에서는 실제로 학교를 비롯한 다양한 기관에서 개발되어 운영되고 있는 한국어 교육과정을 살펴보고자 한다. 과거에는 대학 부설 한국어 교육기관에서 일반 목적 학습자 위주로 한국어 교육과정이 운영되었으나, 학습자의 다변화와 학습 목적의 다양화로 기존의 정규과정 외에 학습자의 다양한 요구를 충족시켜 줄 특별과정들과 학문 목적 학습자들을 위한 교육과정들도 개설되어 운영되고 있다. 여기서는 크게 일반 목적 한국어 교육과정, 학문 목적 한국어 교육과정, 그리고 사회통합 프로그램의 한국어 교육과정에 대해 살펴보고자 한다.[9]

3.1.1. 일반 목적 한국어 교육과정

일반 목적 한국어 교육과정은 각 대학교 부설 한국어 교육기관에 개설되어 운영되고 있다. 일반적으로 '정규과정'으로 개설된 교육과정이 이 과정에 해당된다. 정규과정은 대부분 6급 과정으로 구성되어 있으며, 각 과정마다 하루 4시간씩, 주 5일 10주 과정으로 200시간의 교육이 이루어지도록 설계되어 있다. 여기에서는 서울대학교 한국어교육센터의 정규과정에 대해 살펴보고자 한다.

---

9 [부록 3]에 '국제 통용 한국어교육 표준 모형 개발'(김중섭 외, 2010)의 표준교육과정을 적용한 교육과정 예시 모형을 실었다.

〈표 5〉 서울대학교 한국어교육센터의 정규과정[10]

	일반 정규 과정의 한국어 교육과정	연구반 한국어 교육과정
등급	1~6등급(초급, 중급, 고급)	7급
교육 기간	1년 4학기제	1년 4학기제
학기 당 수업 시수	10주(200시간)	10주(160시간)
과목(수업) 구성	일반 과정의 과목	일반 과정과 구별되는 과목
	한국어 1~6	쓰기(대학한국어)
		말하기(사회탐사)
		듣기(강의듣기)
		읽기(한국문화)
교재	서울대 한국어 시리즈	자체 교재
수업 일	주 5일 수업(월요일 ~ 금요일)	주 4일 수업(월요일 ~ 목요일)
수업 시간	1일 4시간	1일 4시간
공통	한국어 수업뿐만 아니라 다양한 문화 체험 활동 실시	
특징		• 각 수업에서 한 기능을 중심으로 타 기능이 연계됨. • 보고서 쓰기(최소 7쪽 이상으로 과정 중심적 쓰기)

서울대학교 한국어교육센터의 정규과정은 통합적인 의사소통능력을 배양하여, 한국의 대학이나 대학원에 진학하거나, 한국 관련 비즈니스나 취업을 목적으로 하는 학습자들을 위해 개설되었다. 학습자들은 한국어 수준에 따라 등급별로 수업을 받게 되며, 6급을 수료한 학습자는 전문적인 영역의 고급 한국어 능력 배양을 목표로 운영되는 연구반에서 공부할 수 있다. 연구반은 정규반 6급 수준 이상의 한국어 교육을 받았거나, 그에 준하는 한국어 능력을 가진 성인 학습자를 대상으로 학업 수행이나 취업 시 필요한 한국어 능력을 기르고, 한국 사회 및 문화에 대한 이해의 폭을 넓힐 수 있도록 교육과정이 설계되어 있다.

3.1.2. 학문 목적 한국어 교육과정

학문 목적 한국어 교육과정의 실제 교육과정은 부산외국어대학교 한국어문화

10　서울대학교 한국어교육센터 홈페이지와 박석준(2015:41)을 참고하여 정리하였다.

학부·한국어문학부의 교육과정을 예로 살펴보고자 한다.

부산외국어대학교 한국어문화학부·한국어문학부에 개설되어 있는 트랙 중 '외국인을 위한 한국어 트랙'이 외국인 학습자를 위해 개설된 학문 목적 교육과정이며 다음과 같이 구성되어 있다.[11]

〈표 6〉 부산외국어대학교 외국인을 위한 한국어 트랙 교육과정

학년	제1학기			제2학기		
	교과구분	교과목명	학점	교과구분	교과목명	학점
1	전공기본	회화와 표현 I ★ 독해와 이해 I ★ 실용한국어문법 I ★	3 3 3	전공기본	회화와 표현 II ★ 독해와 이해 II ★ 실용한국어문법 II ★	3 3 3
2	전공기본	화법과 의사소통 I 과제와 작문 I	3 3	전공기본	화법과 의사소통 II 과제와 작문 II	3 3
	전공 심화실무	실무한국어연습 I 시사한국어 I 한국의 현대문화 한국 한자어의 이해	3 3 3 3	전공 심화실무	실무한국어연습 II 시사한국어 II 영화 속의 한국어 한국어 어휘의 이해	3 3 3 3
3	전공 커뮤니티	전공커뮤니티III★	1	전공 커뮤니티	전공커뮤니티IV★	1
	전공 심화실무	현대한국어의 이해 한국문학의 이해 매체한국어의 이해 한국이야기와 노래문학	3 3 3 3	전공 심화실무	한국어 구조의 이해 한국어 텍스트의 이해 문화 간 의사소통의 이해 한국문학읽기	3 3 3 3
4	전공 커뮤니티	전공커뮤니티V★	1			
	전공 심화실무	한국사회와 한국어 한국소설의 이해	3 3 3	전공 심화실무	한국어의 역사 한국의 전통문화 한국시의 이해	3 3 3

외국인을 위한 한국어 트랙은 외국인 유학생 전용 교육과정으로 한국어 능력 향상 및 한국의 역사·문화·사회에 대한 이해, 전공 한국어 능력 함양을 위한 과정으로 구성되어 있다. ★ 표시 과목은 이수지정 과목으로 반드시 이수하여야 하는 과목이며 전공커뮤니티III★, 전공커뮤니티IV★, 전공커뮤니티V★는 취업커뮤니티I, II 수업으로 대체하여 들을 수 있다.

---

11 부산외국어대학교 홈페이지의 내용을 인용하였다.

3.1.3. 사회통합 프로그램 교육과정

사회통합 프로그램은 재외한국인, 귀화자와 그 자녀 및 국민 등(이하 "이민자 및 국민" 등이라 한다)이 서로를 이해하고 존중하는 다문화사회를 만들어 이민자의 대한민국 사회 적응을 지원하고 개인의 능력을 최대한 발휘하도록 하기 위한 한국어, 한국사회 이해 등에 대한 교육 및 정보 제공 등의 제반 활동을 말한다.[12] 현재 법무부에서 시행하고 있는 사회통합 프로그램의 단계별 교육과정 구성 및 이수 시간은 다음 〈표 7〉과 같다.

〈표 7〉 사회통합 프로그램 교육과정[13]

단계 구분	0단계	1단계	2단계	3단계	4단계	5단계
과정	한국어					한국 사회의 이해
	기초	초급1	초급2	중급1	중급2	
이수 시간	15시간	100시간	100시간	100시간	100시간	70시간
사전평가	구술 3점미만 (지필점수무관)	3점 ~20점	21점~40점	41점 ~60점	61점 ~80점	81점 ~100점

사회통합 프로그램의 교육과정은 이민자가 한국 생활에 필요한 한국어, 경제, 사회, 법률 등 기본소양을 체계적으로 습득할 수 있도록 개발되어 있으며 총 5단계로 구성되어 있다. 교육과정 중 기초 수준인 0단계부터 중급 수준인 4단계까지는 한국어 교육으로 구성되어 있으며 마지막 5단계는 한국사회의 이해로 구성되어 있다. 중급 수준의 능력을 가진 학습자의 경우에는 한국어과정 이수 없이 한국사회 과정을 이수하도록 하고 있다.

---

12 이민자 사회통합 프로그램 및 그 운영 등에 관한 규정, 제1장 제2조
13 법무부 사회통합정보망 홈페이지에서 인용하였다.

◎ 생각해 봅시다

1. 언어 교수에서 교육과정과 교수요목의 차이점은 무엇인지 생각해 봅시다.
2. 과제 중심 교수요목의 개념과 한국어 교육에서의 적용 시 문제점에 대해 생각해 봅시다.

◎ 풀이

1. 언어 교수에서 교육과정은 교수요목과 같은 개념으로 사용 되기도 하나 교육과정이 교수요목보다 포괄적인 개념이다. 교수요목은 교육 내용 선정과 배열에 관한 것으로 교육과정의 한 부분이다.
2. '과제 중심 교수요목'은 학습자가 실생활에서 경험할 가능성이 높은 과제나 활동을 교육 내용으로 구성하는 교수요목이다. 실제적인 의사소통 능력 향상에 도움을 줄 수 있다는 장점이 있지만, 언어 사용의 유창성만을 중시해 정확성이 떨어질 수 있다. 따라서 한국어와 같은 형태적 특성이 강한 언어의 경우에는 문법 교육의 보완이 이루어지거나 형태에 초점을 맞춘(focus on form)교육이 필요하다.

참고문헌

강현화 외(2009), 여성 결혼 이민자 대상 한국어 교육과정, 국립국어원.
강승혜(2005), 교육과정의 연구사와 변천사, 한국어교육론 1, 한국문화사.
김명광(2012), 외국어로서의 한국어 교육과정 개론, 대구대학교출판부.
김정숙(1992), 한국어 교육과정과 교과서 연구, 고려대학교 박사학위논문.
김정숙(2005), 한국어 교수요목 설계와 교재 구성, 21세기 한국어교육학의 현황과 과제, 한국문화사.
김정숙(2010), 외국어로서의 한국어 교수법, 외국어로서의 한국어교육학, 한국방송통신대학교출판부.
김정숙(2013), 한국어 교수법과 평가, 한국어와 한국어교육, 한국문화사.
김정숙(2014), '세종한국어 1~8'의 교수요목 설계 및 단원 구성 방안, 이중언어학 57호, 25-47쪽, 이중언어학회.
김중섭 외(2010), 국제 통용 한국어교육 표준 모형 개발, 국립국어원.
김중섭 외(2011), 국제 통용 한국어교육 표준 모형 개발 2단계, 국립국어원.
민현식(2004), 한국어 표준과정 기술 방안, 한국어교육 15-1, 51-92쪽, 국제한국어교육학회.
민현식(2005), 언어교육과정의 구성요소와 교수요목(syllabus)의 유형, 21세기 한국어교육학의 현황과 과제, 한국문화사.
민현식(2008), 한국어 교육을 위한 문법 기반 언어 기능의 통합 교육과정 구조화 방법론 연구, 국어교육연구 22, 261-334쪽, 서울대학교 국어교육연구소.
박석준(2015), 학문 목적 한국어 교육의 교육과정 현황 분석 및 내실화 방안 연구, 외국어로서의 한국어교육 Vol 43 No. 0, 연세대학교 한국어교사연구소.
박영순(2006), 외국어로서 한국어교육론, 월인.
박영순 외(2008), 한국어와 한국어교육, 한국문화사.
박진욱(2013), 학습역량 기반 학문 목적 한국어 교육과정 연구: 전공 진입 전 과정을 중심으로, 고려대학교 박사학위논문.

배두본(2013), 외국어 교육 과정론, 한국문화사.

손성희(2015), 한국어 교육과정론, 한국어 교수법의 실제, 연세대학교 대학출판문화원.

신현숙 외(2012), 한국어와 한국어 교육, 서울: 푸른사상.

안경화(2007), 한국어 교육의 연구, 한국문화사.

안경화 외(2014), 한국어 교육과정의 목표 설계 연구, 語文論集 제59집, 381-405쪽, 中央語文學會.

이은희(2014), 효과적인 학문 목적 한국어 교육과정 연구, 건국대학교 박사학위논문.

이해영(2004), 학문목적 한국어 교육과정 설계 연구, 한국어교육 15-1, 137-164쪽, 국제한국어교육학회.

정미혜(2012), 공학계열 내용기반 한국어 교육과정 개발 연구, 경희대학교 박사학위논문.

최은규(2015), 한국어 교육과정론, 한국어교육의 이론과 실제 2, 아카넷.

황인교(2015), 한국어 교재론, 한국어 교수법의 실제, 연세대학교 대학출판문화원.

ACTFL Proficiency Guideline(1986), Hastings-on-Hudson, N. Y. ACTFL.

Brown, H. D.(2007), *Teaching by principles: An interactive approach to language pedagogy*, 권오량 외 역(2008), 원리에 의한 교수: 언어 교육에의 상호작용적 접근법(제3판), 피어슨에듀케이션코리아.

Brown, J. D.(1995), *The elements of language curriculum: A systematic approach to program development*, Newbury House Teacher Development.

Graves, K.(1996), *Teachers as course developers*, Cambridge University Press.

Nunan, D.(1988), *Syllabus design*, 송석요 외 역(2003), Syllabus design: Syllabus의 구성과 응용, 범문사.

Richards, J. C.(1999), *The Language Teaching matrix*, Cambridge University Press.

Richards, J. C.(2001), *Curriculum Development in Language Teaching*, 강승혜 외 역(2015), 언어 교육과정 개발: 이론과 실제, 한국문화사.

Tyler, R.(1949), *Basic principles of curriculum and instruction*, University of Chicago Press.

van Ek, J. A. & Alexander, L. G.(1975, 1980), Threshold Level English. Council of Europe, Pergamon Press.

부록 1

◎ 한국어 교육의 목적 예시[14]

'여성결혼이민자를 위한 한국어 교육과정'의 목적(강현화 외, 2009)
• 일상생활에 필요한 한국어를 익혀 가족과 이웃의 의사소통이 가능하도록 한다. • 식당, 우체국, 병원 등 공공장소에서 한국어를 사용하여 의사소통 하며 공공장소에서 생기는 문제를 해결할 수 있도록 한다. • 자녀 교육과 관련된 한국어 자료를 이해하고 한국어로 자녀의 학습을 도울 수 있으며, 교사와 상담 등이 가능하도록 한다. • TV, 라디오, 신문, 인터넷 등 대중매체를 통해 필요한 정보를 얻을 수 있다. • 한국어로 이루어진 법조항, 규칙, 계약서 등을 이해하고 자신과 관련된 문제를 해결할 수 있도록 한다. • 직장생활 시에 기본적인 직장생활이 가능하고 자신과 관련된 익숙한 업무를 한국어로 처리할 수 있도록 한다.

	'국제 통용 한국어교육 표준 모형 개발'의 총괄 목표[14]
1급	• 일상적인 화제(인사하기, 소개하기 등)로 의사소통할 수 있다. • 기본적인 화제로 구성된 과제를 해결할 수 있다 • 일상생활에 관한 간단한 대화를 듣고 이해할 수 있다. • 매우 간단한 문장들을 이해하고 쓸 수 있다. • 자신의 생활의 중심이 되는 주변 사물과 장소 등과 관련된 어휘를 이해하고 사용할 수 있다. • 자모의 음가, 한국어의 음절 구조, 한국어 기본 문장의 억양을 원어민 화자가 알아들을 수 있을 정도로 발음할 수 있다. • 가장 기본적인 한국의 일상생활 문화를 이해할 수 있다.
2급	• 슈퍼, 식당 등 일상적인 공공장소에서 자주 접하는 화제로 의사소통할 수 있다. • 우체국, 은행 등의 공공장소에서 일어날 수 있는 일반적인 상황들로 구성된 과제를 해결할 수 있다. • 공공장소에서 이루어지는 대화뿐만 아니라 친교, 문제 해결 등의 특정 상황에 대한 대화를 듣고 이해할 수 있다. • 일상적인 주제와 관련된 짧고 간단한 글을 읽고 쓸 수 있다. • 슈퍼, 식당, 은행, 우체국 등의 공공장소에서 사용되는 어휘를 이해하고 사용할 수 있다. • 복잡한 음운 변화를 이해하여 천천히 발화하면 비교적 정확하게 발음할 수 있다. • 한국 사회에 대한 기본적인 이해를 바탕으로 개인 생활을 유지할 수 있다.

---

14 김중섭 외(2010)에서는 교육 목적을 '총괄 목표'라는 용어로 사용하고 있다.

3급	• 일상생활에서 접하는 대부분의 상황에서 별 어려움 없이 의사소통에 임할 수 있다. • 직업, 사랑, 결혼 등의 비교적 친숙한 사회적 소재와 자신의 관심 분야에 대해 최소한의 의사소통을 할 수 있다. • 일상적이고 친숙한 소재에 대한 대화를 듣고 이해할 수 있으며, 개인적이고 친숙한 내용의 글을 읽고, 간단하게 설명하는 글을 쓸 수 있다. • 일상생활에서 사용되는 대부분의 어휘를 이해하고 사용할 수 있으며, 빈도 수가 높은 관용어를 이해할 수 있다. • 복잡한 음운 변화를 이해할 수 있으며, 단어 경계를 넘어선 단위에서 음운 변동 규칙을 스스로 적용하여 개별 음운은 정확하게 발음할 수 있다. • 한국인의 일상생활에 반영된 전통 문화를 이해하고, 나이, 성, 지위 등 특수한 상황에서 나타나는 문화적 특징 등을 이해할 수 있다.
4급	• 공적인 맥락과 상황에서 의사소통을 할 수 있으며, 직장 생활 등 기본적인 사회적 관계에 필요한 과제를 해결할 수 있다. • 업무나 공적인 관계에서 이루어지는 대화를 듣고 이해할 수 있으며, 직업, 사랑, 결혼 등의 친숙한 사회적 소재에 대한 글을 읽고 쓸 수 있다. • 일상생활에서 사용되는 친숙하지 않은 어휘를 사용할 수 있으며, 빈도수가 높은 관용어, 사자성어, 속담 등을 이해하고 사용할 수 있다. • 문어와 구어의 기본적인 특성을 이해하고 사용할 수 있으며, 음운 변동을 능숙하게 적용하여 원어민도 쉽게 알아들을 수 있을 정도로 발음과 억양을 구사할 수 있다. • 공적이고 격식적인 한국문화를 이해할 수 있으며, 대중문화를 이해하고 즐길 수 있다.
5급	• 정치, 경제, 사회 등 사회적 소재를 중심으로 의사소통을 할 수 있다. 자신의 전문분야에서의 연구나 업무 수행에 필요한 언어 기능을 어느 정도 수행할 수 있다. • 사자성어, 속담, 시사용어, 자신의 전문 분야에서 자주 쓰이는 어휘를 이해하고 사용할 수 있다. • 문법의 미묘한 의미 차이를 이해하고 비교적 유창하게 사용할 수 있다. • 억양에 나타난 의미 차이를 파악하여 발화 상황에 맞게 어조를 바꾸어 말할 수 있다. • 한국 문화 속에 반영된 한국인의 가치관과 사고방식을 이해할 수 있으며 한국 문화와 자국의 문화를 비교하여 문화의 다양성과 특수성을 이해할 수 있다.
6급	• 사회적, 추상적 주제를 다루는 의사소통에 참여하여 자신의 의사를 표현할 수 있다. • 자신의 전문 분야나 친숙하지 않은 사회적 소재들로 이루어진 글이나 발표, 토론, 대담 등을 이해할 수 있다. • 예시, 비유 등 다양한 기법을 활용하여 폭넓고 다양한 주제에 대한 글을 쓸 수 있다. • 어려운 사자성어, 속담, 사회적 주제와 관련된 대부분의 어휘를 이해하고 사용 할 수 있다. • 한국의 대표적인 방언을 듣고 이해할 수 있으며, 대부분의 문법을 맥락과 상황에 따라 적절히 구분하여 사용할 수 있다. • 성취문화, 제도문화, 생활문화에 대한 이해를 바탕으로 사회·문화적인 내용을 이해하고 사용할 수 있다.

7급	• 정치, 경제, 사회, 문화의 폭넓은 주제에 대해 분명하고 상세하게 의사표현을 할 수 있다. • 의견 조율, 협상 등의 다소 복잡한 과제를 해결할 수 있다. • 발표, 토론, 업무 보고서, 사업 계획서 등 자신의 전문 분야와 관련된 학술 활동과 업무활동을 수행할 수 있다. • 거의 오류 없이 대부분의 문법을 사용할 수 있으며, 별 어려움 없이 어감 차이를 고려하여 맥락에 맞는 적절한 어휘를 선택하여 사용할 수 있다. • 매우 제한적인 경우를 제외하고는 원어민에 가까운 발음과 억양을 구사할 수 있다. • 한국의 경제, 문화, 과학, 교육 등의 다양한 분야에서의 논의와 성취를 이해하고 평가할 수 있다.

부록 2

◎ 한국어 교육의 목표 예시[15]

1. 사회통합 프로그램의 급별 교육 목표

등급	목표
초급1	- 최소 한정된 범위의 기초적인 의사소통 능력을 기르기 위한 준비단계 - 한글 자모에 대한 이해를 바탕으로 평서문/의문문/명령문 등 기본적인 문장 구성 - 현재/과거/미래 시간표현 등 기본적인 문법요소 학습 - 자기소개/물건구입/음식주문/날씨/취미 등 매우 사적이고 일반 생활에 기초적으로 필요한 실용 표현능력 습득 - 약 700~900개의 기초 어휘와 기본문법에 대한 이해
초급2	- 제한된 범위의 일상적 의사소통 능력을 기르기 위한 단계 - 다양한 어미를 사용한 다소 긴 문장구성과 이해능력 - 존칭/반말/직접 및 간접화법 등의 구사 및 확장된 복문활용 - 전화하기/부탁하기 등 다소 확장된 의사소통 및 은행/관공서 등 공공시설 이용에 큰 불편이 없을 정도의 표현능력 습득 - 약 1,400~2,000개의 어휘와 문단단위의 친숙한 이해
중급1	- 원어민이 자주 사용하는 용어의 범위내에서 일상적 의사소통 능력을 기르기 위한 단계 - 상황에 맞게 존댓말/반말/문어와 구어 등 기본적인 특성을 이해하고 사회적 이슈에 대해 원어민과 의사소통 가능 - 일상적으로 사용되는 중급 정도의 문법 및 문장을 이해하여 원어민과 일상적인 대화에 큰 어려움이 없는 정도의 표현능력
중급2	- 구체적이고 추상적인 주제는 물론 직장생활 등 다소 전문화된 내용에 대해서도 큰 어려움 없이 원어민과 의사소통이 가능 - 억양차이/축약어 등 관용적 표현이나 뉴스/신문기사 등 일상적인 표현에 대한 자연스러운 이해를 바탕으로 공공시설 이용에 전혀 불편함이 없는 수준
고급	- 원어민과 일상적인 의사소통에 전혀 어려움이 없는 수준 - 전문 분야 등에서 일상적인 업무수행이 가능하고, 한국사회 전반에 있어 일상적이지 않은 고난이도 주제도 소통가능

---

15 사회통합 프로그램의 급별 교육 목표는 김중섭 외(2011:116)에서, 연세대학교 한국어학당의 1급 교육 목표는 손성희(2015:10-11)에서 인용하였으며, 서울대학교 한국어교육센터의 1급 교육 목표는 최은규(2015:84)에서 재인용하였다.

2. 연세대학교 언어연구교육원 한국어학당 1급 교육 목표

영역	1급 학습 목표와 내용
자모 체계	한글의 자모체계와 맞춤법의 기본구조를 완전히 익혀 읽고 쓸 수 있다.
발음 능력	1. 모음과 자음을 정확히 발음하고 음의 변화를 통해 한국어의 발음체계를 안다. 2. 1급에서는 연음법칙이나 구개음화 등의 발음규칙 자체를 알기보다는 기초적 어휘나 짧은 문장의 반복 연습을 통해 음의 변화를 자연스럽게 익혀서 상황에 맞게 발음한다.
어휘 문법 능력	1. 교재의 빈도수에 따라 단계적으로 제시된 어휘(701개)를 확장, 연습해서 1,000-1,200개 정도의 어휘를 안다. 2. 기본적인 인칭 및 지시대명사, 수사, 고빈도의 명사 및 용언이 이에 포함된다. 3. 기초 문법 요소(조사와 어미들)를 이해하고 한국어의 구문 구조를 파악하여 문장에서 자연스럽게 활용할 줄 안다. 4. 의문문과 대답용 서술문 간의 변화 규칙, 긍정과 부정, 주어+술어 또는 주어+목적어+서술어 형식의 기본적인 문형구조를 이해한다.
의사 소통 능력	일상적이고 기본적인 의사표현을 한다. 다음과 같은 상황이 이에 포함된다. 1. 인사하기: 대인관계에 필수적인 간단한 인사말 2. 자기소개: 예) 이름이 무엇입니까? -에서 왔습니다. 3. 학교생활: 공부와 도서관 등 학교생활에 관련된 간단한 표현 4. 음식 시키기: 식당에서 자주 쓰는 기초적 표현 5. 물건 사기: 물건 값을 물어보고 필요한 물건을 살 수 있다. 6. 날씨: 날씨에 관한 기본적 표현을 활용할 수 있다. 7. 교통상황에 적응: 대중교통 이용과 택시 타기, 길 묻기의 표현 8. 친구 집 방문: 방문 시에 기본적인 인사를 할 수 있다. 9. 전화하기: 전화로 약속 정하기, 약속 취소, 전화를 잘못 건 상황에 적절한 표현을 구사한다.
사회 문화적 능력	한국인의 기본적인 사고방식과 생활방식을 이해함으로써 단순한 사회활동에 적응력을 갖는다. 1. 인사말 2. 가족관계 어휘 3. 화자와 청자의 관계: 상대 높임(진지, 댁, 말씀, 잡수시다, 주무시다 등 어휘와 께, 께서 등의 어미)과, 자기 낮춤(저, 드리다) 4. 관계에 따른 호칭: 어른의 이름을 부르지 않는다. 5. 의식주: 밥과 국, 반찬을 주로 먹는다. 전형적 한국 음식 이름 6. 상황에 따른 표현: 회의나 뉴스와 같은 공식적 자리와 문어체로는 '- 습니다'를 쓰고 일반적 대화 상황에서는 '-어요'를 구별해서 쓴다.

3. 서울대학교 언어교육원 한국어교육센터 1급 교육 목표

교수학습 내용범주		1급 교수 학습 목표
언어 구성 능력	문자 표기 발음	• 문자표기: 문자를 읽고 쓴다. 철자법과 띄어쓰기에 맞게 문장을 쓴다. • 개별음가: 한글 자모의 음가를 이해하고 발음한다. • 음운 규칙: 받침 발음, 연음, 경음화, 격음화 등의 음운 현상을 이해하고 자연스럽게 발음한다. • 억양: 평서문, 의문문의 억양을 구사한다.
	어휘	• 어휘량: 4시간 기준 25개 내외의 기본어휘를 표현하고 이를 포함한 1,000개 내외의 어휘를 이해한다. • 의미영역: 기초적인 일상 언어생활에 필요한 어휘를 표현하고 이해한다. 인칭대명사, 일상생활 관련 용언, 일상생활 관련 숫자, 시간, 계절, 휴일, 위치, 교통, 관계 등을 표현하고 이해한다. • 기타: 반의 관계, 상하 관계를 이해한다.
	문법	• 한국어의 특징을 이해한다. • 문장구조: 기본문장 구조, SOV 의 어순, 단문과 중문 • 문법 요소: 조사, 보조사, 종결 어미, 연결 어미, 대명사, 긍정문과 부정문, 동사 및 형용사의 활용어미, 경어법, 어미, 보조 용언 등 • 문법 범주: 경어법, 시제 등

	담화	• 소재: 자기 자신, 가족, 주말 활동, 날씨, 취미 등의 일상적 소재
		• 종류: 간단한 설명, 묘사, 친교를 위한 대화나 실용문
		• 분량: 순서 교대 최대 6회, 최대 300자 이내
		• 구성
		  – 응결성: 접속 부사와 연결 어미를 담화 연결 표지로 사용할 수 있다. 담화 연결 표지로 화제를 전개할 수 있다.
		  – 응집성: 간단한 구조의 대화를 한다.

언어 사용 능력	기능	• 친교 활동: 인사하기, 사과하기, 자기소개, 가족소개, 전화하기 등 • 사실적 정보 교환: 개인 정보, 기호, 사물 이름, 장소, 날짜, 가격, 일정, 계획, 이유, 증세 등에 대해 묻고 답하기, 묘사하기, 설명하기, 물건 사기, 예약하기 • 지적 태도 표현: 의무, 금지 표현하기, 제안하기, 권유하기, 약속하기, 허락/금지 표현하기, 가능/불가능 표현하기 등 • 감정 표현: 좋아하는 것과 싫어하는 것에 대해 묻고 답하기, 소망 말하기 등 • 도덕적인 태도 표현: 사과하기 등 • 설득과 권고: 요청하기, 지시하기 등 • 문제와 해결: 길안내, 음식 주문, 전화, 상대가 다시 반복하도록 하기, 천천히 말하도록 하기 등

	사회 언어학	• 사회적 맥락
		  – 담화 참여자: 화자, 청자 등을 고려해 경어법, 인사, 호칭 등을 적절하게 사용할 수 있다.
		  – 담화 상황: 격식체 '합쇼체'와 비격식체인 '해요체' 등을 적절하게 사용할 수 있다.
		• 문화 참조: 호칭, 경로사상, 김치, 생활 예절, 한국식 인사법 등

부록 3

◎ '국제 통용 한국어교육 표준 모형 개발'의 표준 교육과정 적용 예시 모형 (김중섭 외, 2010)

범주 \ 구분			표준	200시간	다문화		사회통합		세종학당	
시간			200	200	72	144	100	200	72	144
등급		최상급	7급	7급						
		고급	6급	6급						
			5급	5급						
		중급	4급	4급	4급	4급	4급	4B	4급	4B
								4A		4A
			3급	3급	3급	3급	3급	3B	3급	3B
								3A		3A
		초급	2급	2급	2급	2B	2급	2B	2급	2B
						2A		2A		2A
			1급	1급	1급	1B	1급	1B	1급	1B
						1A		1A		1A
영역 비중	언어 지식				72	72	72	72	72	72
	언어 기술				52	18	88			52
	문화				20	10	40			20
문화 비중	문화 지식	초			35%	50%	20%			20%
		중			30%	40%	30%			30%
	문화 실행	초			50%	50%	80%			80%
		중			35%	40%	50%			50%
	문화 관점	초			15%					
		중			35%	20%	20%			20%
주제/어휘					가정, 일상생활 중심		직장, 사회생활 중심		일반적 주제	
문법					단원 당 2-3개		단원 당 2-3개		단원 당 2-3개	
과제활동					구어>문어	통합	구어≧문어	통합→분리	구어≦문어	통합→분리

3장

한국어 교수법

신은경·이정

1. 들어가며

한국어교육은 언어를 가르치는 교육으로서 의사소통 능력 향상을 목표로 하며, 학습 내용을 가르치기 위해 다양한 교수 학습 방법을 사용한다. 현재 한국어교육 현장에서는 학습자, 교사, 학습 환경 등의 요인을 고려하여 여러 언어 교수법을 절충하여 사용하고 있기에 주요 교수법의 성격 및 특징에 대해 살펴볼 필요가 있다.

언어 교수법은 언어를 가르치는 방법으로 접근법(approach), 교수법(method), 기법(technique) 등의 용어로 불리고 있으며 이들 용어 간에는 다소 차이가 있다. 접근법은 목표언어를 가르치는 데 있어 교수 학습의 지도 원리, 원칙이 들어 있으며, 교수법은 구체적인 지도 방법을 제시하고 있어 학습대상을 구분하지 않고 똑같은 방식을 적용하는 획일적인 방법이라 할 수 있다. 기법의 경우에는 교실에서의 학습목표 도달을 위해 실제적으로 실행하는 활동을 의미한다. 하지만 보편적으로 교수법이라는 용어에 접근법과 기법을 포괄하여 사용하고 있다.

언어 학습관(view of language learning)은 언어 교수방법을 어떤 관점으로 보느냐에 따라 전통적인 형태 중심 교수방법과 의미 중심 교수방법으로 나눌 수 있다. 형태 중심 교수방법은 목표언어의 언어 형식인 어휘, 문법 등을 정확히 이해하는 데 초점을 두고 있으며, 문법번역식 교수법, 직접 교수법, 청각구두식 교수법 등이 있다. 의미 중심 교수방법은 목표언어로 의미를 소통할 수 있게 하는 데 초점을 둔 것으로 의사소통적 접근법과 관련된 내용 중심 교수법, 과제 중심 교수법 등이 이에 속한다. 여기에서는 주요 언어 교수법 중에서 한국어 교수 학습에 영향을 미치

고 있는 몇 가지 교수법을 가져와 살펴보고자 한다.[1]

〈표 1〉 언어 교수법

형태 중심 교수방법	의미 중심 교수방법
• 문법번역식 교수법 • 직접 교수법 • 청각구두식 교수법 • 인지적 접근법 • 자연적 접근법	• 총체적 언어 교수법 • 의사소통적 접근법 • 내용 중심 교수법 • 과제 중심 교수법 • 형태 초점 교수법

---

1 언어 학습관에 따른 교수방법을 크게 두 가지로 구분하여 명확한 이해를 돕고자 했으며, 3장에서 제시한 11가지 교수법만을 대상으로 구분하였다.

2. 한국어 교수법

2.1. 문법번역식 교수법

문법번역식 교수법(grammar-translation method: GTM)은 17세기 서양 중세의 고전 문학을 이해하기 위해 그리스어와 라틴어 교육에 주로 사용하였고, 18-19세기에 성행하였다. 이 교수법에서 교사는 학습자들에게 어휘를 우선적으로 암기시킨 후, 번역을 통해 내용을 이해하게 하였다. 그리고 문법 규칙을 습득하게 하여 목표어의 어형 변화와 문법을 중요하게 다루었다. 수업은 학습자 모어로 진행되기 때문에 교사는 학습자 모어를 알고 있어야 한다.

문법번역식 교수법의 특징은 다음과 같다.

① 수업은 학습자 모어가 가능한 교사가 가르치기 때문에 시간이 절약되고 내용을 쉽게 전달할 수 있다.
② 어휘는 문맥 없이 고립된 형태로 가르친다.
③ 복잡한 문법은 자세히 가르친다.
④ 교사 중심으로 수업이 진행된다.

문법번역식 교수법은 읽기, 쓰기 번역 시 사용하기 때문에 주로 문어 중심 수업에 사용되었으며, 구어 중심의 의사소통 능력 향상에는 실제적인 도움은 주지 못했다. 하지만 이 교수법은 수업 준비가 간단한 편이고, 짧은 시간 내에 학습 내용을 전달할 수 있다는 장점이 있어, 가장 오래된 교수법이지만 현재에도 자주 사용되고 있다.

> **수업 절차 및 적용 가능 영역**
>
> 1. 수업 절차
>   어휘, 문법 제시 – 구조 연습 – 읽고 해석하기 – 읽고 쓰기(번역하기)
>
> 2. 적용 가능 영역
>   - 실제 한국어교육 현장에서는 교수법을 절충하여 사용하는 경우가 많다. 특히, 서울대 한국어 교재(구 교재: 문진미디어)와 같이 '어휘와 표현' 영역에 한국어와 외국어를 함께 병기한 교재는 문법번역식 교수법 사용이 용이하다. 최근에는 학문목적 한국어 교재에 외국어 번역을 함께 제시한 교재가 늘고 있는 추세이다. 이러한 교재는 학습자들이 내용을 깊이 이해할 수 있도록 실제적인 도움을 준다.
>   예) 외국인을 위한 한국문화읽기(김해옥, 2010), 유학생을 위한 영화로 보는 한국사회의 이해(김영란, 2015) 등
>
>   - 학습자가 동일 국가 학생일 경우, 교사가 보조자료에 학습자 모어를 함께 제시해 주면 어휘 이해에 도움을 줄 수 있다.
>   예) TOPIKⅡ 수업에서 읽기, 듣기의 어휘 목록 제시 등

2.2. 직접 교수법

직접 교수법(direct method: DM)은 문자 중심의 문법번역식 교수법에 대한 반론으로 19세기에 새롭게 제시된 교수법으로 말하기, 듣기 중심의 구두학습에 중점을 두고 있다. 이 교수법은 아동의 모어 습득을 모방하여 외국어를 습득하도록 목표어만을 사용하여 가르치며, 의사소통의 중요성을 처음으로 제안한 교수법이기도 하다.

직접 교수법의 특징은 다음과 같다.

① 학습 순서는 일반적으로 듣기-말하기-읽기-쓰기 순으로 진행되며, 정확한 발음 강조, 듣기와 말하기 중심으로 수업이 진행된다.
② 교사들은 초급 대상 수업에서 실물, 사진 등을 많이 사용한다.
③ 학습자가 목표어(어휘, 표현, 문법 규칙)를 귀납적인 추론을 통해 이해 할 수 있게 한다.

직접 교수법은 구어 중심으로 진행되기 때문에 문어 능력을 향상시키기에는 부

족한 면이 있다. 또한 수업에서 학습자 모어를 사용하지 않기 때문에 목표어를 잘 모르는 초급 학습자에게는 수업이 어렵게 느껴질 수 있다.

수업 절차 및 적용 가능 영역

1. 수업 절차
   읽기 자료 제시 – 어휘 및 주요 표현 설명하기 – 따라 읽기 – 내용 이해하기 – 내용에 대해 묻고 대답하기 – 활동(말하기, 쓰기)

2. 적용 가능 영역
   - 교사는 실물, 사진 등을 보여 주며 어휘를 설명한다.
   - 교사는 유의어, 반의어로 확장하여 가르칠 수 있고, 설명이 어려울 때는 자문자답 식으로 교사가 시범을 보인다.
   - 교사가 어휘, 문법을 설명할 때 구체적인 예를 들어 준다.
   - 텍스트를 읽고, 그에 대해 질문하고 대답하게 한다.

2.3. 청각구두식 교수법

청각구두식 교수법(audio-lingual method: ALM)은 미국 프리스(Fries)에 의해 개발되었고, 1950년에서 1960년대까지 성행한 교수법이다. 이 교수법은 구조주의 언어학과 행동주의 심리학에 영향을 받아 발전하였으며, 언어습득을 습관 형성이라 믿고 기계적인 문형 연습, 모방과 암기를 주된 학습활동으로 삼고 있다. 이 교수법은 제2차 세계대전 때 외국어 전문가 양성이라는 필요에 의해 생겼기 때문에 군대식 교수법이라고도 불린다.

청각구두식 교수법의 특징은 다음과 같다.

① 언어 형태 학습에 초점을 두고 가르치며 어휘를 통제한다.
② 언어 학습을 위해 대화문을 암기하며, 문형 연습을 통해 오류를 최소화하고 오류가 발생하면 즉시 교정한다.
③ 철저히 반복 연습을 한다.
④ 시청각 자료를 이용하여 정확한 말하기와 발음에 초점을 둔다.
⑤ 교사 주도적으로 수업을 진행한다.

이처럼 청각구두식 교수법은 문형 연습을 중심으로 하여 짧은 시간 내 정확한 문법을 습득할 수 있는 장점이 있다. 하지만, 문맥 연결 없이 개별 문형 연습으로 진행되어 실제적인 의사소통 능력을 향상시키기에는 부족한 점이 있다.

일반적으로 한국어 수업에서 목표 문법을 설명한 후, 연습 단계에서 다음과 같은 유형들을 활용하여 학습자가 목표 문법을 내재화할 수 있도록 유도한다.

〈표 2〉 구조 학습을 위한 문형 연습

문형 유형	설명 및 사례
① 반복 연습	학습자들이 교사의 발화를 그대로 따라 한다. T1: 가고 싶다. S1: **가고 싶다.** T2: 먹고 싶다. S2: **먹고 싶다.**
② 대치 연습	교사가 빈칸에 해당되는 그림이나 단어 카드를 바꾸면 학습자가 해당되는 단어를 바꾸면서 문장을 만든다. T: **한국**에 가고 싶어요. (**중국/미국/일본**) S: **한국/중국/미국/일본**에 가고 싶어요.
③ 변형 연습	학습자가 교사의 지시에 따라 형태 목표 문형을 바꿔 말한다. 긍정문은 부정문으로 바꾸거나, 시제, 서법, 형태 등의 문장 변형을 할 수 있다. T1: 학교에 **가고 싶어요.** S1: 학교에 **가고 싶지 않아요.** T2: 사과를 **좋아해요.** S2: 사과를 **좋아하지 않아요.**
④ 응답 연습	교사가 질문하고 학습자들이 대답한다. T1: 여행 가고 싶어요? S1: **네, 여행 가고 싶어요.** T2: 사과를 좋아해요? S2: **아니오, 사과를 좋아하지 않아요.**
⑤ 확장 연습	관형어나 관형절을 추가하거나 단문을 복문으로 바꾸며 문장을 확대하고 길게 표현한다. T: 사과를 먹고 싶어요. (**빨간색**) S: **빨간색** 사과를 먹고 싶어요.
⑥ 연결 연습	연결어미를 사용하여 절이나 문장을 연결한다. T: 책을 빌리다/도서관에 가다. S: 책을 빌리**러** 도서관에 가요.
⑦ 완성 연습	학생이 문장을 완성시키는 연습이다. T: 여행을 가려면 _____. S: 여행을 가려면 **시간이 있어야 돼요.**

2.4. 인지적 접근법

인지적 접근법(cognitive approach)은 1960년대에 인지 심리학과 촘스키의 생성 이론을 기초로 하여 인간의 인지체계와 언어습득 능력을 활용하여 만든 접근법이다. 즉, 학습자가 스스로 문법 규칙을 찾아내려는 인지 능력이 있음을 알고 학습자의 언어 능력을 중시하는 입장에서 사용하는 교수법이다.

인지적 접근법은 언어 습득이 담화적인 상황과 문화적 요인 등이 배제된 상태로 이루어지는가에 대한 회의를 대두시키면서, 언어의 사회적 기능 즉, 의사소통 기능에 대한 문제를 부각시킴으로써 의사소통 중심 교수법 개발에 영향을 미쳤다.[2]

인지적 접근법의 특징은 다음과 같다.
① 언어 학습을 무한한 문장을 만들어 내는 규칙의 내재화 과정으로 본다.
② 학습자 스스로 자신의 인지 사용, 유추를 통해 언어 규칙을 찾게 한다.
③ 모든 언어 학습 활동을 유의미하다고 본다.
④ 언어능력을 위해 문법 학습은 필수적이고 새로운 언어활동의 바탕이 된다.

청각구두식 교수법과 인지적 접근법의 공통점은 문법을 교육하는 것이며, 차이점으로는 청각구두식 교수법은 귀납적 방법으로 문법 규칙을 제시하는 반면에 인지적 접근법은 연역적 방법으로 제시한다는 것이다. 인지적 접근법은 언어 교육에 적용시킬 만한 뚜렷한 개념을 정립시키지 못하였고, 효과적인 교수방법도 제시하지 못하였지만 1970년대에 등장한 비주류 교수법인 침묵식 교수법, 암시 교수법 등에도 영향을 미쳤다.[3]

---

[2] 우형식(2006) 참고

[3] 침묵식 교수법(Silent way)은 케일럽 가테그노(Caleb Gattegno)가 1960년대에 개발하였으며, 1970년대에 널리 퍼졌다. 이 교수법은 학습자 스스로 학습하도록 유도하며, 초급 학습자의 듣기, 말하기 능력 향상에 목적을 두고 있다. 이 교수법의 특징은 교사는 말하지 않고 침묵을 지키는 것과 피델(fidels) 차트와 색깔 막대(Cuisennaire rod)와 같은 도구를 사용하는 것이다. 암시 교수법(suggestopedia)은 로자노프(Lozanov)에 의해 개발되었으며, 음악이 있는 편안한 분위기를 조성하여 학생의 마음을 편안하게 한 후, 무의식을 통한 연상 활동을 언어학습에 반영한 교수법이다. 교사는 학습자 모어 사용을 통해 학습자 이해를 돕고, 학습자도 모어를 사용할 수 있다(안경화, 2014:104).

수업 적용 가능 영역

1. 적용 가능 영역
   교사는 학습자 스스로 인지하여 문법 규칙, 문장 호응관계, 연어 관계 등을 생각하여 올바른 문장을 만들 수 있도록 유도한다.

- 한국어 탈착동사를 가르칠 때
  한국어의 경우 모자를 쓰다, 시계를 차다, 반지를 끼다, 신발을 신다 등 '입다, 벗다'와 관련된 탈착동사가 다양하게 나타난다.

- '불규칙 동사'를 가르칠 때
  예) ㄹ 불규칙 동사 : ㄹ로 끝나는 동사 뒤에 ㄴ, ㅂ, ㅅ이 오면 ㄹ이 탈락한다.

(1)

	ㅂ니다/습니다	-아/어요	-아/어서	-(으)면
한국어를 알다				
하늘을 날다				

(2) 문장 만들기

1) 비행기, 날다, -습니다/ㅂ니다
2) 창문, 열다, -(으)ㄹ 거예요
3) 아르바이트, 힘들다, -(으)니까, 쉬세요

2.5. 전신 반응식 교수법

전신 반응식 교수법((total physical response: TPR)은 1970-80년대에 인기가 많았던 교수법으로 미국의 제임스 애셔(James Asher)가 어린이의 모어 습득에 착안하여 제시하였다. 전신 반응식 교수법은 말과 행동의 일치를 바탕으로 실제적 활동을 통해 언어를 가르치려는 교수법이다. 이 교수법에서는 듣기 교육을 가장 우선시해야 할 기능으로 보았고, 교사의 명령대로 학습자들이 행동하는 것에 초점을 두었다.

전신 반응식 교수법의 특징은 다음과 같다.

① 초급 학습자들의 흥미를 유발할 수 있다.
② 학습자들이 교사의 말에 따라 행동하기 때문에 오래 기억할 수 있다.
③ 교사가 실물자료 사용 및 행동으로 시범을 보이기 때문에 이해하기 쉽다.
④ 언어의 형태보다 의미를 강조하고, 문법은 귀납적으로 지도한다.

이와 같이 전신 반응식 교수법은 주로 학습자들이 듣고 행동하는 방식으로 진행되기 때문에 학습자들의 관심 집중 및 흥미유발을 위해 수업 시작 단계에서 사용하기 적절하며, 다른 교수법과 함께 절충하여 사용하는 것이 바람직할 것이다.

수업 절차 및 적용 사례

1. **수업 절차(Romijin & Seely, 1989)**
   교사의 상황 설정 – 교사의 반복적인 시범 – 그룹 활동(교사가 말한 대로 행동하기) – 교사가 말한 내용 듣고 쓰기 – 구두 반복과 질의 응답 – 학습자 이해 정도 파악하기(교사와 학생 역할 바꾸어 명령하기) – 연습하기

2. **적용 사례**
   - 명령에 따라 행동하기
   - 연속된 그림 보고 행동 순서대로 말하기

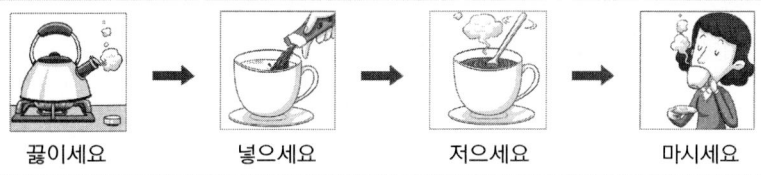

끓이세요   넣으세요   저으세요   마시세요

2.6. 총체적 언어 교수법

총체적 언어 교수법(whole language approach)이라는 용어는, 아동들의 읽기 연구를 하던 하스트와 버크(Harste & Burke, 1977)가 처음 사용하였다. 이 교수법에서는 모든 언어 기능은 동시에 통합적, 상호 의존적으로 습득된다고 본다. 즉, 자연스러운 상황 안에서의 언어는 발음, 어휘, 문법, 문장, 의미, 감정 등을 총체적으로 인식하고 있는 그대로 받아들인다고 보고 있다. 언어 형태도 쉽거나 어려운 표현, 간단하거나 복잡한 표현 등을 섞어서 사용하고 언어를 듣기, 말하기, 읽기, 쓰기로 분리하지 않고 한꺼번에 사용한다는 것에서 기인된 교수법이다. 이로 인해 총체적 교수법에서는 언어의 형태, 기능을 분리하여 정해진 순서대로 가르치지 않으며, 내용을 이해하고 하고자 하는 말의 의미전달을 중요시 여긴다. 문학 교재처럼 전체 내용을 그대로 제시하여 활용할 수 있다. 이러한 총체적 언어 교수법은 하향

식 접근법(top-down approach)과 통하며 주제·과제 기반 접근법(theme & task-based approach)이라고도 한다.

총체적 언어 교수법의 원리와 특징은 다음과 같다.(Goodman, 1986)[4]

① 언어를 구성요소별로 분리하지 않고 전체를 하나로 본다.
② 의미를 우선으로 하며 언어 형식은 부차적인 것으로 간주한다.
③ 실제적인 상황 속에서 의미를 담은 총체언어를 제시한다.
④ 언어의 네 기능이 학습의 필요에 따라 적절히 통합되도록 한다. 예를 들어 학습 주제에 대해 듣고, 내용이나 대본 쓰고 발표하기 등을 통해 전체적인 언어 기술이 발달한다고 본다.
⑤ 총체언어 교육을 위해 특별하게 고안된 교재는 없다.
⑥ 구어와 문어의 상호작용과 연계를 강조한다.
⑦ 학습 활동은 학습자 입장에서 고안하고 학습자 중심으로 가르친다.

이처럼 총체언어 교육은 학습자 공동체에 초점을 둔 학생중심 학습, 협동 학습, 참여 학습이다. 또한 언어의 사회적 성격에 초점을 두고 진정성 있고 자연스러운 의미중심 언어 사용을 강조한다.

수업 절차 및 적용 가능 영역

1. 수업 절차
   읽기 과제 제시 - 읽은 내용에 대해 묻고 대답하기 - 모둠별로 과제 제시 - 모둠별로 학습 목표 내용과 연결시켜 과제 완성 후 발표

2. 적용 가능 영역
   1) 슬로우 리딩(slow reading)[5]을 통해 다양한 활동을 진행할 수 있다. 예를 들어,
   - 학습자 수준을 고려한 문학 교재 선정 후, 교재를 통으로 가르침
   - 내용 읽고 그림 그린 후 설명하기
   - 내용 중 모르는 단어 사전 찾고 유의어, 반의어도 알아보기
   - 책 내용에 대한 배경 조사하기: 작품의 시대적 배경, 작가 정보 등
   - 작품에 나타난 장소 방문하고 인증샷 찍기 등

---

4   이완기(2015) 참고
5   슬로우 리딩은 한 권의 책을 정해진 분량만큼 나누어 깊이 있게 읽고, 읽은 내용과 연결된 다양한 활동을 진행하게 하는 독서법이다.

> 2) 과제 해결하기
> 학습자가 함께 머리를 맞대고 풀어야 할 과제를 제시하고, 그 과제를 학습 목표 내용과 연결시켜 연습하게 한다.

2.7. 의사소통적 접근법

의사소통적 접근법(communicative approach: CA)은 기능주의적 관점에서 언어의 기능과 의미를 중요시 여기며, 의사소통 능력을 신장시키는 데 목표를 두고 있다. 이 접근법은 의사소통 원리, 과제의 원리, 유의미함의 원리를 전제로 하고 있다. 즉, 언어 교수의 목표인 의사소통 능력 향상을 위해서는 문법적 능력, 담화적 능력, 사회언어학적 능력, 전략적 능력 배양이 필요하며(Canale & Swain, 1980), 과제를 중심으로 하는 교수, 의사소통을 위한 의미 협상 능력을 강조한다.

의사소통적 접근법의 특징을 살펴보면 다음과 같다.
① 다양한 상황에서 자연스러운 목표어 구사를 추구한다.
② 유창성에 초점을 두고 있다.
③ 학습자 오류를 일일이 교정하지 않는다.
④ 필요에 따라 학습자 모어 사용을 허용한다.
⑤ 교사는 수업 안내자, 학생 활동 촉진자, 조언자의 역할을 한다.
⑥ 학습자 흥미 유발이 쉽다.
⑦ 학습은 학습자 중심으로 이루어진다.
⑧ 통합교육을 지향한다.
⑨ 실제 자료를 사용하여 과제 중심 활동으로 진행한다.

의사소통적 접근법에는 소극적 접근 방법과 적극적 접근 방법이 있다. 소극적 접근 방법은 어휘, 문법 등의 언어 구조 학습 후 의사소통 활동을 진행하는 것이며, 적극적 접근 방법은 학습자들이 과제를 통한 의사소통 활동을 하면서 의사소통 능력을 향상시켜 나가는 것이다. 즉, 피아노를 치면서 피아노를 배우듯이 의사소통 활동 과정을 통해 의사소통 목표를 이루게 한다. 이 때 학습자는 자연스러운 의사소통 상황에서 발생하는 목표 어휘, 문법을 스스로 분석해서 습득해야 한다. 교사는 학습자 수준을 고려한 과제 제시를 통해 소극적 접근 방법 또는 적극적 접근 방법으로 융통성 있게 교수방법을 선택하여 진행할 수 있다.

의사소통적 접근법을 지향하면서도 교수 방법론적으로 다른 양상을 보이는 적극적 의사소통적 접근법에는 내용 중심 교수법, 과제 중심 교수법 등이 있다.

이와 같이 의사소통적 접근법은 학습자의 유창성에 중심을 두고 있어 학습자 오류가 있어도 교정하지 않아, 정확성 향상을 위한 보완이 필요하다고 볼 수 있다.

수업 절차 및 적용 가능 영역

1. 의사소통 접근법 교수절차 (Littlewood, 1981) 및 적용 사례

사전 의사소통 활동(pre-communicative activities)
• 구조적 활동(structural activities) • 유사 의사소통 활동(quasi-communicative activities)

⇩

의사소통 활동(communicative activities)
• 기능적 의사소통 활동(functional communicative activities) • 사회적 상호작용 활동(social interaction activities)

- 구조적 활동은 목표 문법을 문장 형식으로 결합하는 활동이다.
    - 예1 T : 수업 후에 해운대에 갑니다. (-(으)려고 하다)
        S : 수업 후에 해운대에 가려고 합니다.
    - 예2 T : 아르바이트 하다. 바쁘다. (-느라고)
        S : 아르바이트 하느라고 바빠요.
- 유사 의사소통 활동은 구조적 활동에서 연습한 문형을 전형적인 대화 형태인 묻고 대답하기 방식으로 연습하는 활동이다.
    - 예 T : 수업 후에 어디에 갈 거예요?
        S : 저는 해운대에 가려고 해요.
        T : 무엇을 타고 갈 거예요?
        S : 지하철을 타고 가려고 해요.
- 기능적 의사소통 활동은 정보 차 활동과 같이 학습자들이 알고 있는 정보를 목표어를 사용하여 효과적으로 묻고 대답하는 활동, 문제 해결 활동(예: 그림 알아맞히기, 스무고개, 차이점 찾기 등)이 해당된다.
    - 예 정보 차 과제(information-gap task)
        : 한 학생이 하나의 정보를 갖고 있고, 다른 학생이 상보적인 정보를 갖고 있어, 서로의 과업을 완성시키기 위해 의미 협상을 통해 상대방이 가지고 있는 정보를 알아내도록 하는 활동이다. 표, 그림 등에 제시된 내용을 짝활동을 통해 서로 묻고 대답한다.

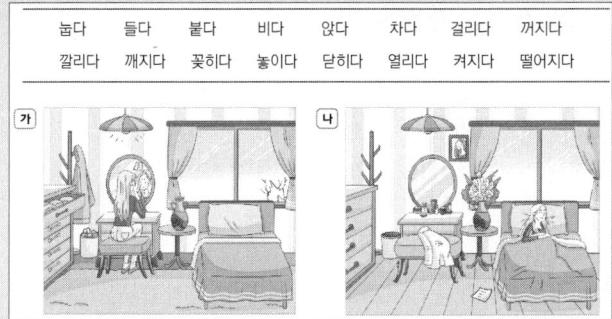

출처: 경희한국어 문법 4

[진행 방법]
목표문법으로 피동표현을 배운 후 짝활동을 통해 서로 다른 그림에 있는 내용을 묻고 대답한다. 즉, 그림 속 여자의 상태 및 서랍, 옷걸이, 전등 등의 상태에 대해 묻고 대답하면서 ㉠,㉡ 그림을 자세히 묘사하게 한다.

- 사회적 상호작용 활동은 학습자들이 목표어 전달을 할 때 기능적 활동에 사회적 맥락이 추가된 의사소통 활동을 하는 것이다.
  예 협상하기, 역할극, 스토리텔링 등

2.8. 자연적 접근법

자연적 접근법(natural approach)은 테럴(Terrell)에 의해 제안된 후 크라센(Krashen)의 제2언어 언어습득 가설인 모니터 이론(Monitor theory)을 기초로 하여 확립된 교수법이다(Krashen & Terrell, 1983). 이 교수법은 어린 아이가 자연스럽게 모어를 습득하는 것처럼, 학습자를 목표어에 노출시켜 학습이 아닌 습득을 통해 자연적인 순서로 언어를 익히게 하는 교수법이다.

자연적 접근법의 교수 기본 원리는 청각구두식 교수법과 비슷한 '언어 구조의 단계적 숙달'이지만, 언어 교육에서 명시적인 문형 연습은 필요하지 않다고 보았다. 그리하여 언어 구조면에서 학습자가 충분히 이해할 수 있는 입력(comprehensible input)보다 한 단계 높은 입력($i+1$) 자료를 지속적으로 접하게 하여 목표언어를 습득하게 한다.[6]

---

[6] 이완기(2015:234) 참고

자연적 접근법의 특징은 다음과 같다.

① 자연스러운 환경 안에서 자연적인 순서로 언어를 습득하게 한다.
② 교사는 학습자에게 이해 가능한 입력을 충분히 제공하고 자연스러운 발화를 유도한다. 입력에 대한 이해를 확실히 하기 위해 주요 어휘, 적절한 몸짓, 문맥, 반복, 부연 설명 등을 한다. 그리고 학습자의 정서적인 측면을 고려하여 침묵기를 인정하고 말하기를 강요하지 않는다.
③ 목표어에 많이 노출시켜 듣기에 비중을 두며, 이해 가능한 자료로 글, 그림 등을 적극적으로 활용한다.
④ 언어교육에서 어휘를 중요시하여 의미의 중요성을 강조한다.
⑤ 문형 연습은 하지 않고 유의미한 의사소통 능력을 강조하며, 문형 연습은 연습문제, 숙제 등으로 대체한다.
⑥ 학습자의 모어 사용을 가급적 줄인다.
⑦ 학습자의 오류는 수정하지 않는다.

이처럼 자연적 접근법에서는 학습자의 침묵기를 인정해 주고, 이해 가능한 충분한 입력을 제공하지만 성인 학습자들이 문법적으로 체계화된 발화를 할 수 있을지에 대해서는 명확한 답을 제시하지 못하고 있다.

수업 절차 및 적용 가능 영역

1. 수업 절차 (Richards와 Rodgers, 1988)
   특별한 수업 절차는 없으며, 여러 교수법으로부터 교수기법과 활동들을 선택하여 사용한다.
   - 전신반응식 교수법을 사용하여 단순한 명령으로 시작한다.
   - 교사는 중요한 단어의 이해를 위해 문맥을 이용하거나 시각자료, 실물, 학습자, 교실 안의 물건 등을 최대한 활용한다.
   - 새로운 어휘를 소개할 때 시각자료를 이용하고, 여러 그림을 사용하여 학생들이 그림을 설명하게 한다.
   - 교수 학습 활동 유형(배두본, 1998)

발화 전 단계(pre-production stage)
목표어로 답할 필요 없이 활동에 참여

   ⇩

초기 발화 단계(early production stage)
한 단어나 두 단어로 간단히 답하고 도표 채우기, 고정된 대화 문형 사용하기 등

   ⇩

발화 출현 단계(speech emergence stage)
놀이에 참여하기, 의견 전달하기, 문제 해결 활동하기 등

2. 적용 가능 영역
- 학습 초기에 많은 어휘를 제시하여 의사소통을 돕는다.
- 듣기, 읽기 수업에 적용하기 좋다.
  듣기, 읽기 수업에서 제시된 어휘를 가르친 후 듣고 말하기, 읽고 쓰기, 읽고 쓰고 말하기 등으로 통합하여 가르칠 수 있다. 특히, 교사가 학습자 수준을 고려하되, 한 단계 높은 입력($i+1$) 자료를 확장하여 제시하고, 내용 이해를 통해 습득이 이루어질 수 있도록 한다.

[참고]

크라센(Krashen)의 모니터 이론(Monitor theory)

제2언어 습득 이론 중 대표적인 이론이며, 5가지 가설을 제시하고 있다.

(1) **습득·학습 가설**(The Acquisition/Learning Hypothesis)
  습득·학습 가설은 가장 기본이 되는 가설로 습득과 학습을 구분한다. 습득은 의미에 집중하고, 자연스러운 의사소통 과정을 통해 무의식적으로 생겨 언어 지식을 내재화하며, 학습은 공부를 통한 의식적 노력의 결과로 생긴다고 보고 있다. 즉, 언어는 습득하는 것이지 학습하는 것이 아니기 때문에 성인 학습자들이 자연스러운 의사소통 환경을 통해 목표어가 저절로 습득되어야 함을 강조하고 있다. 이런 가설을 바탕으로 자연적 접근법이 생기게 되었다.

(2) **모니터 가설**(The Monitor Hypothesis)
  의도적인 학습은 모니터 기능을 통해 학습자들의 발화를 감시, 수정하는 역할을 하여 학습은 습득과 다르게 능숙한 언어 사용이 어렵다는 가설이다.

(3) **자연적 순서 가설**(The Natural Order Hypothesis)
  언어 형식, 문법 규칙은 어느 정도 예측 가능한 순서에 따라 습득된다고 보는 가설이다. 예를 들어 주격 조사 '이/가'와 화제를 나타내는 '은/는'을 배운 후에 목적격 조사 '을/를'을 배우게 되지, 주격조사를 배우기 전에 목적격 조사를 먼저 배우게 되지 않음을 의미한다. 크라센은 이 가설을 통해 학습자들이 침묵기를 통해 충분한 언어 입력을 제공받으면 언어 발달 순서에 맞게 습득할 수 있다고 보고 있다.

(4) **입력 가설**(The Input Hypothesis)
  학습자가 현 단계에 입력(input: i)된 언어를 완전히 이해하고, 이 수준보다 좀더 높은 수준인 이해 가능한 입력(comprehensible input: $i+1$)을 이해함으로써 습득이 이루어진다고 보는 가설이며, 이러한 입력은 자연적 순서를 따른다.

(5) **정의적 여과 장치 가설**(The Affective Filter Hypothesis)
  외국어를 습득할 수 있도록 교사가 학습자에게 이해 가능한 입력을 충분히 제공해도 학습자의 학습 동기, 걱정, 불안감 등의 정의적 요인이 습득에 영향을 준다는 가설이다.

2.9. 내용 중심 교수법

내용 중심 교수법(content-based instruction: CBI)은 특정 교과 내용을 목표어로 가르치는 교수법으로서 학습 주제 내용 이해와 목표어 학습에 목적을 두고 있다. 내용 중심 교수법은 크라센(Krashen)의 입력 가설을 이론적 배경으로 하며, 의사소통 접근 원리 중에서도 적극적인 교수방법을 지향하고 있다.

내용 중심 교수법은 주로 학문 목적 학습자들의 읽기 수업에 적합한 교수법이라 할 수 있으며, 이를 수행하기 위해 세 가지 모형이 대표적으로 제시되고 있다(Richards & Rodgers, 2001).

첫째, '주제 중심 교육(theme-based language instruction)'은 학습자 흥미를 유발시킬 수 있는 주제 중심으로 구성된 언어 프로그램을 제공하며, 언어와 내용 중 언어적 측면을 좀더 강조한 교수법이다. 다양한 주제를 통해 듣기, 말하기, 읽기, 쓰기 기능과 연결하여 통합하여 가르칠 수 있다.

둘째, '내용 보호 교육(sheltered content instruction)'은 목표어 수준이 낮은 학습자들을 대상으로 언어보다는 교과 내용 이해를 중심으로 진행하는 교수법이다. 1980년대 초반에, 미국에 이민 온 학습자들의 정규 수업 이해를 위해 학습자 수준을 고려하여 교과 내용을 가르치며 시작된 프로그램이다. 즉, 교과 내용을 단순화시켜 가르치는 것이 아니고, 본래 수준의 교과 내용을 제시하지만 목표언어를 이해할 수 있도록 도와줌으로써 학습 내용을 이해하게 한다.

셋째, '병존 언어 교육(adjunct instruction)'은 내용 전문가와 언어 전문가인 두 교사가 서로 연계된 내용과 언어를 맡아 동일한 내용을 가르친다. 즉, 언어 과정은 내용 과정에 도움이 될 수 있도록 구성되어야 하며 두 교사 간의 긴밀한 협조가 필요하다.

내용 중심 교수법의 특징은 다음과 같다.
① 이해 가능한 입력을 충분히 제공하기 위해 읽기가 강조된다.
② 실제성이 있는 수업자료를 활용하여 담화 능력을 향상시킨다.

③ 내용을 중심으로 교수가 이루어지며 듣기, 말하기, 읽기, 쓰기가 자연스럽게 실제 맥락에서 사용되도록 유도한다.
④ 학문목적, 직업목적 등과 같은 특수목적 언어 교육에서 활용된다.

내용 중심 교수법으로 수업을 진행하는 교사에게는 교과 내용지식 습득에 대한 부담이 있을 수 있고, 수업 준비가 쉽지 않은 면이 있다. 또한 목표어가 부족한 학습자의 경우에는 부족한 목표어 능력으로 인해 교과 내용 이해가 어려워, 효율적인 수업이 진행되지 못할 수도 있다. 이러한 점으로 인해 내용 중심 교수법은 중급 이상의 상급자 중심 수업에서 사용하기에 적합하다.

수업 절차
일반적으로 내용 중심으로 진행되는 수업은 읽기 수업 중심으로 운영되는 'PAR 수업 모형' 즉, 제시단계(Presentaton), 지원단계(Assistance), 성찰단계(Reflection)를 거친다.
제시 단계
읽기자료의 배경지식 활성화 하기, 내용 예측해 보기, 내용에 대한 소개 듣기 등
⇩
지원 단계
목적에 맞게 혼자 읽기, 따라 읽기, 소리내어 읽기, 내용 이해 점검 하기 등
⇩
성찰 단계
학습 내용 정리 및 확장하기, 내용에 대한 자신의 입장 밝히기, 비판적으로 생각하기 등[7]

2.10. 과제 중심 교수법

과제 중심 교수법(task-based language teaching: TBLT)은 과제 활동을 통해 목표어를 가르치는 교수법이다. 즉, 학습자가 다른 학습자와 과제(task)를 수행하면서 실제적인 의사소통 능력을 기르게 한다. 과제 중심 교수법은 크라센(Krashen)의 입력 가설과 스웨인(Swain)의 출력 가설을 이론적 배경으로 하며, 의사소통적 접근

---

[7] 이완기(2015:484) 참고

원리 중에서도 적극적인 방법을 취하고 있다.

여기에서 말하는 과제의 의미는 의사소통을 목적으로 언어를 이해, 처리, 생산하는 모든 활동을 말한다. 과제 중심 교수법에서는 과제 활동 수행이 의사소통 능력 향상을 위한 수단인 동시에 목적이라 할 수 있으며, 현재 한국어교육에서 널리 사용되고 있다.

과제 중심 교수법의 특징은 다음과 같다.
① 과제는 교육적 과제와 실제적 과제를 사용한다.
② 과제 활동을 수행하면서 외워서 발화하는 것이 아닌, 자신이 가지고 있는 목표어 능력을 최대한 사용하여 과제를 완성하게 한다.
③ 교사는 적절한 과제 제시자, 조력자, 촉진자의 역할을 하는데, 학습자들이 매우 어려워하는 부분만 제한적으로 도와줌으로써 학습자 스스로 과제를 해결하도록 유도한다.
④ 학습자 중심 수업이며, 학습자는 실제적인 과제 수행을 통해 대화의 문맥을 중요시 여기게 되고, 사회언어학적 능력도 향상시킬 수 있다.

과제 중심 교수법을 사용하기 위해 교사는 교육적으로 의미도 있고, 실생활에 적용할 수 있는 다양한 과제 개발을 해야 하는데 이러한 준비가 수월하지 않다. 또한 이 교수법은 초급 학습자에게는 적합하지 않다는 것, 과제 난이도 설정이 쉽지 않다는 것, 과제 수행 시 학습자 간의 과제 수행 능력을 조정하기가 어렵다는 것, 학습자의 정확성 향상을 위한 대안이 필요하다는 것 등이 제기되고 있다.

수업 절차 및 과제 활동 사례

1. 수업 절차

과제 전 활동
• 브레인스토밍을 통해 과업 주제, 목표 소개 • 과제 수행에 필요한 단어, 어구, 표현 가르치기 • 학습자 스키마 활성화 시키기 예) 과제 수행 전(前) 단계 과정을 동영상으로 보여주기, 　　수행할 과제 내용과 비슷한 사전 과제 보여주기, 　　과제 수행 시 사용할 주요 표현 연습하기 등

⇩

과제 활동
• 짝 활동, 모둠별 과제 수행하기 • 과제 준비 후 수행하고, 공개적으로 발표하기 등

⇩

과제 후 활동
• 같은 과제 수행 시, 잘한 학생의 과제 동영상 보여주기, 녹음 들려주기 • 학습자 과제 수행 방법 비교하기 등 　(공통점과 차이점, 잘 된 것과 잘 되지 않은 것, 느낀 점, 배운 점 함께 나누기 등)

2. 과제 활동의 예
- 직소 과제(jigsaw task)
  : 다른 정보의 조각들을 조합시켜 하나로 완성시키는 과제

　　그림과 이야기 일치시키고 순서 정하기　예) 동화 '개미와 베짱이' 활용

(1)

(2)

(3) _____
_____
_____
_____
_____

(4) 겨울을 위해 일해!
괜찮아.
_____
_____
_____
_____
_____

[진행 방법]
　　교사는 중급 학생 3-4명을 모둠별로 나누고, 그림 자료를 제시한다. 그리고 그림 4개에 해당하는 이야기를 벽면 이곳 저곳에 미리 붙여 놓는다. 모둠별로 한 학생은 듣고 쓰는 역할, 나머지 학생들은 벽에 붙어있는 문장을 읽은 후 한 문장씩 외워서 쓰는 학생에게 전해준다. 쓰는 학생은 이야기를 듣고 정확하게 쓴다. 문장을 모두 받아 적은 후, 모둠별로 이야기와 그림을 연결시킨다. 그리고 나서 이야기를 순서대로 나열한다. 완성된 문장을 모둠 대표가 나와서 칠판에 쓴다. 교사는 모둠별로 오류가 있는 문장을 수정해 준다.

- 문제 해결하기(problem solving task)
　학생들에게 문제를 제시하고, 학생들이 문제를 해결하도록 하는 과제인데 일반적으로 결과에 대한 해결책은 하나만 나오도록 구성하는 것이 좋다.

- 결정 과제(decision-making task)
　학생들에게 문제를 제시하고 여러 가능성 있는 결론들을 의미 협상, 토의 등을 통해 하나의 결론에 도달하는 것이다.

- 의견 교환 과제(opinion-exchange task)
　학생들에게 문제를 제시하고 학생들이 자신의 의견을 제시하거나, 짝활동을 통해 의견 교환 후 팀 전체의 의견을 말하는 것이다.
　이 외에도 114에 전화해서 특정 번호 알아내기, 음식 주문하기, 순서 정하기, 분류하기, 비교하기, 설명서 읽기 등이 있다.

2.11. 형태 초점 교수법

형태 초점 교수법(focus on form:FonF)은 Long(1988, 1991)이 제안한 교수방법으로, 의미 중심의 의사소통 능력은 그대로 유지하면서 문법 형태에도 주의를 기울여 정확성을 향상시키고자 하는 교수법이다. 즉, 의미 중심의 과제 활동을 통해 유창성을 중시하지만 문법이나 어휘 형태의 정확성이 떨어지는 것을 보완하여 유창성과 정확성 향상을 목표로 하고 있다.[8] 강현화(2016:116)에서는 의사소통 능력 향상을 위해 형태 초점 교수법이 필요한 배경을 다음과 같이 제시하고 있다. 첫째, 의사소통 중심 활동을 통해 의미를 생성하고, 질 높은 상호작용을 위해서는 문법 교육이 필요하다. 특히 결정적 시기(critical period) 적용이 어려운 성인학습자 대상 수업에서는 부정적 피드백을 통한 명확한 교육이 필요하다. 둘째, 많은 실험 연구 결과, 중간언어 발달에서 형태 초점 교수의 효과와 타당성이 인정되었다. 셋째, 성인 학습자 수업에서는 대체로 문법을 중요하게 다루며 외국어 학습에 성공한 많은 사람들이 형태를 가르치는 것에 중점을 두었다.

형태 초점 교수법의 특징은 다음과 같다.

① 유창성과 정확성을 향상시킬 수 있는 문법 지도 방법이다.
② 학습자 스스로 문법 규칙을 발견할 수 있는 귀납적 학습이다.
③ 문법 형태를 시각적, 청각적으로 처리하여 학습자들을 주목시킬 수 있다.
④ 학습자들이 의미 협상을 통해 명시적인 지식을 발견하도록 한다.

형태 초점 교수법에서는 학습자의 의사소통 능력 향상에 초점을 두면서 어휘, 문법의 형태에 초점을 맞춘 모든 기법을 사용할 수 있다. 이러한 기법은 크게 입력

---

[8] Long(1988, 1991)은 의사소통 중심 외국어 교수·학습에서 문법 요소를 어떻게 다룰 것인가에 대해 형태 중심 교육(focus on forms:FonFs)과 형태 초점 교육(focus on form:FonF)을 제시하였다. 형태 중심 교육(focus on forms)은 문법을 따로 떼어 내어 가르친 후, 목표 문법을 넣은 의사소통 활동을 통해 문법 지식을 통합적으로 이해하고 사용하는 방법이다. 그리고 형태 초점 교수법에서 정확성을 강조한 것으로 인해 상대적으로 의사소통 기능이 약화된 것에 대한 대안으로 의미 초점 교육(focus on meaning)이 새롭게 대두되었다. 의미 초점 교육(focus on meaning)은 인지를 의미에 초점을 맞춘 것으로써 몰입식 교수법, 자연적 교수법, 절차식 교수법 등 의사소통 능력 향상을 위한 실제적 상호작용에 초점을 두고 있다.

중심 기법과 출력 중심 기법으로 나눈다. 입력 중심 기법은 학습자가 문법 형태에 초점을 맞추어 문법 형태를 좀더 명시적으로 나타나게 하는 교수 방식이며, 여기에는 입력 홍수, 입력 강화, 입력 처리 등이 있다. 그리고 출력 중심 기법은 학습자들이 발화를 통해 표현하게 하는 방식으로 딕토글로스, 고쳐 말하기, 의식 고양 과제, 순차 제시 등이 있다(Doughty & Williams, 1998).

이와 같은 형태 초점 교수 기법[9]에는 다음과 같은 방법이 있다.

1) 입력 홍수(input flood)

목표 어휘, 문법, 발음에 대한 정보를 학습자가 스스로 알아차릴 수 있을 정도로 과도하게 제시하는 방법이다. 이 방법은 모든 기능 수업에서 사용이 가능하며, 학습자는 빈도수 높게 제시된 해당 어휘, 문법을 어떤 상황에서 사용하는지 알 수 있다.

2) 입력 강화(input enhancement)

목표 문법 항목에 주목하도록 시각적으로 글자의 색깔, 크기, 모양 등을 달리하거나 청각적으로 억양을 달리하여 주목하게 하는 방법이다. 이러한 활동의 목적은 교재 내용 이해이며, 이러한 과정을 통해 목표 문법을 습득하게 한다.

3) 입력 처리(input processing)

확실한 사례와 설명으로 학습자들이 문법 형태를 인지하고 이해하도록 하는 교수방법이다. 주로 문제를 제시하고 답을 찾게 하는 방식으로 이루어진다. 듣고 선택하기, 읽고 선택하기, 그림보고 적절한 문장 찾기, 듣고 내용에 맞는 그림 찾기 등에서 사용할 수 있다.

4) 고쳐 말하기(recast)

학습자의 오류를 의사소통 흐름에 방해되지 않게 암시적으로 문법을 고쳐주는

9　우형식(2014), 안경화(2014), 민현식(2014) 참고

방법이다. 학습자는 수정이 이루어진 언어 형태에 대해 관심을 갖게 한다. 그림 묘사하기, 그림 차이 찾기, 듣고 재구성하여 말하기, 읽고 요약해서 말하기 등에서 사용할 수 있다.

5) 듣고 다시 쓰기(dictogloss)

듣고 다시 쓰기는 듣고 받아쓰기(dictation)와 다르게 들은 내용을 기초로 하여 학습자가 텍스트를 유의미하게 재구성하는 활동이다. 활동이 끝난 후 원본과의 대조를 통해 학습자 스스로 비교하게 하고, 전체 내용을 다시 고쳐쓰게 함으로써 학습이 되게 한다.

6) 출력 강화(output enhancement)

의사소통 활동을 할 때 피드백을 주어 학습자 스스로 고쳐나갈 수 있도록 하는 방법이다. 리스터(Lyster, 2004, 2007)는 출력 강화 기법으로 명료화 요구, 반복, 메타언어에 대한 신호, 유도하기를 제시하고 있다.

7) 의식 고양 과제(consciousness-raising tasks)

학습자가 학습 자료에 제시된 문장에서 스스로 문법 규칙을 찾도록 유도하는 귀납적 학습 방법이다. 즉, 문법 내용 없이 의사소통적 과제 활동만 하는 것보다 학습자들이 문맥 안에서 문법 구조를 주목하게 한다. 그리고 듣기와 읽기를 통해 문법구조를 인식한 후, 말하기와 쓰기로 표현하도록 유도한다.

8) 순차 제시(garden path)

의도적으로 오류를 유도하고 교사가 개입하여 교정해 주는 방법이다. 일반적으로 불규칙 동사와 같이 예외적인 문법규칙에서 오류가 나타나며 교사는 즉각적인 오류 수정을 통해 학습자들이 문법규칙을 이해하게 하고, 학습자는 문법규칙, 의미 등을 되짚어 보면서 정확히 이해한다.

9) 과제 기반 언어(task-essential language)
과제를 수행할 수 있도록 필수적으로 사용되는 표현을 제공하는 방법이다.

10) 의미 협상 과제(negotiation tasks)
학습자가 과제를 수행하면 점검, 반복, 명료화, 수정 등의 피드백을 제공하는 의미 협상 과정을 통해 목표언어를 정확하게 알게 하는 방법이다.

11) 상호작용 강화(interaction enhancement)
학습자가 실제 대화 상황 안에서 목표 문법을 사용하고, 상호작용을 통해 수정해 줌으로써 학습자가 수정된 문법을 사용하도록 하는 방법이다.

최근들어 이러한 교수 기법들은 한국어교육에서 새롭게 대두되고 있다. 이중 입력 강화, 입력 처리, 딕토글로스, 의식 고양 과제 등은 한국어 현장에서도 주목 받아 왔지만, 활발하게 적용되는 실정은 아니다. 교수 기법에서 제시하고 있는 여러 용어들이 아직은 생소하여 어렵게 느껴지고, 각 기법에 따른 한국어 적용 사례가 부족하기에 앞으로 더 많은 연구와 적용 사례를 통한 검증이 이루어져야 할 것이다.

형태 초점 교수법을 사용하려면 교사의 치밀한 수업 준비가 필요하다. 즉, 문법의 노출 횟수, 활자의 표시 방법 등에 대한 구안, 목표 문법 입력을 위한 구체적인 과제 활동 등이 준비되어야 한다.

수업 절차 및 적용 사례

1. 수업 절차
1) 입력 처리(input processing)
  • 예문을 통해 문법을 설명하고 문장 들려주기
   (듣기만으로 어려울 때는 동시에 들으면서 읽게 하기)
  • 적합한 그림 찾기
  • 처음 몇 문제는 감각을 익힐 수 있도록 곧바로 정답 피드백하기
  • 정상적으로 몇 개를 질문하고, 서로 답 맞춰 보기

2) 듣고 다시 쓰기(dictogloss)
- 학생들은 교사가 읽어주는 내용을 듣고 받아쓴다.
- 교사는 적절한 속도로 내용을 여러 번 읽어준다.
- 학생들은 들은 내용은 쓰고, 듣지 못한 내용은 비워둔다.
- 학생들은 조별로 모여 각자 들은 내용을 의논, 보충하여 문장을 재구성하여 완성한다.
- 각 조별로 완성한 문장을 비교, 분석하면서 교정해 준다.

2. 적용 사례
1) 입력 홍수와 입력 강화 (우형식, 2014)
피동 표현을 입력 홍수 기법으로 강화하여 제시함.

> 눈앞이 깜깜해지자 발에 신경이 **쓰였다.** 아무것도 **보이지** 않았다. 몸에 무엇이 **감기는** 것 같았다. 결국 버스 출입구 앞에서 그만 장애물에 **걸려** 넘어졌다. 손으로 더듬으며 일어서다가 또 '쿵'하고 뭔가에 **부딪혀** 주저앉아야 했다. 걷는 것 자체가 공포였다. 그래도 도착하고 나니 마음이 **놓였다.**

2) 입력 처리 (김창구, 2013)
듣고 알맞은 그림 고르기 활동을 통해 학습자들이 관계절의 문법적 기능(목적어)을 이해하는지 확인하는 문제 제시함.

'남자를 기다리는 여자'를 고르십시오.(정답은 ③)

① ②

③ ④

⑤ ⑥

3) 출력 강화 (Lyster, 2004, 2007)[10]
(1) 명료화 요구
    S : 저는 어제 도서관에 가요.
    T : 뭐라구요?
    S : 저는 어제 도서관에 갔어요.

(2) 반복
    S : 마이클은 한국어가 아주 잘해요.
    T : 마이클은 한국어? (한국어를 강조해서)
    S : 마이클은 한국어를 아주 잘해요.

---

[10] 리스터(Lyster)에서 제시한 네 항목의 내용을 한국어로 변형시켜 제시함.

(3) 메타언어에 의한 신호
   S : 책상 위에 책이 놓고 있어요.
   T : '놓고 있어요' 아니에요. 주의하세요. 진행 아니에요. '-아/어 있다' 상태예요. 상태.
   S : 책상 위에 책이 놓여 있어요.

(4) 유도하기
   S : 제가 친구에게 먼저 사과하더니 친구도 미안하다고 했어요.
   T : 제가 친구에게 먼저 사과했더니……
   S : 제가 친구에게 먼저 사과했더니 친구도 미안하다고 했어요.

3. 한국어 교수 학습의 나아갈 방향

한국어교육에서의 교수법 흐름을 살펴보면 다음과 같다. 1950년대 후반부터 1980년대까지 주로 청각구두식 교수법이 사용되었으며, 부분적으로 문법번역식 교수법도 사용되었다(안경화, 2014:129). 그리고 1990년대부터 의사소통적 접근법을 통해 학습자의 의사소통 능력 향상을 목표로 하여 하고자 하는 말의 의미 전달, 유창성을 중요하게 다루었다. 이 시기에 한국어교육에서는 소극적 의사소통 접근법을 주로 사용하였다. 즉, 한국어 형태가 어렵다는 점을 감안하여 청각구두식 교수법을 사용한 문형연습과 과제 활동이 함께 사용되었다고 볼 수 있다.

2000년대에 접어들어서는 학습자 변인, 수업 내용, 교사 변인, 수업 환경 변인 등을 감안하여 어느 하나의 교수법만을 사용하기 보다는 절충된 교수법을 사용하는 추세이다. 특히 의사소통적 접근법, 청각구두식 교수법, 문법번역식 교수법, 내용 중심 교수법, 과제 중심 교수법, 형태를 고려한 과제 중심 교수법, 그리고 형태 초점 교수법에서 제시하고 있는 여러 교수 기법들이 주요하게 다루어지고 있다.

이러한 교수법 중에서도 현재 많이 시도되고 있는 교수법은 김정숙(2005)이 언급한 '형태를 고려한 과제 중심 교수법'일 것이다. 이는 한국어 형태가 어렵다는 특성, 대부분의 학습자가 성인 학습자라는 점을 고려하여 연습을 통한 문법 구조 내재화와 함께 형태에 초점을 맞춘 과제 활동을 통해 학습자의 실제적 사용을 목표로 하고 있다(정명숙, 2016:9).

이처럼 오늘날 한국어 교수 학습의 흐름은 형태를 중시하는 교육 → 의미를 중시하는 교육 → 의미와 형태를 중시하여 유창성과 정확성을 모두 향상시키고자 하는 교육으로 나아가고 있다. 그리고 한국어교육은 교사 중심 교육에서 학습자 중심 교육으로, 결과 중심 교육에서 과정 중심 교육으로, 문형 중심 교육에서 과제 중심 교육으로 바뀌어 가고 있다. 또한 교실에서 이루어지는 교사와 학습자의 면대면 교육에서 온라인 e-학습 시스템을 활용하는 교육의 비중이 점차 커지고 있어 그에 적합한 교수방법도 제시되어야 할 것이다.

그동안 한국어교육에서 많은 시도를 통해 얻어낸 학습 효과 높은 교수법은 정착시켜나감과 동시에 좀더 나은 한국어 교수법 모색을 위한 새로운 시도, 적극적인 시도도 이루어져야 할 것이다.

◐ 생각해 봅시다

1. 형태 중심 교수방법과 의미 중심 교수방법에 해당하는 교수법에는 어떤 것이 있는지 제시해 보십시오.
2. 내용 중심 교수법에 대해 설명해 보십시오.

◐ 풀이

1. 언어 교수 이론은 언어 학습 관점에 따라 크게 언어 형식에 초점을 둔 형태 중심 교수방법과 의사소통을 통해 의미 전달에 초점을 둔 의미 중심 교수방법으로 나눌 수 있다. 형태 중심 교수방법에는 문법번역식 교수법, 직접 교수법, 청각구두식 교수법, 인지적 접근법 등이 있으며, 의미 중심 교수방법에는 의사소통적 접근법, 내용 중심 교수법, 과제 중심 교수법 등이 있다. 형태 초점 교수법의 경우에는 의미와 형태에 초점을 둠으로써 유창성과 정확성 향상을 목표로 하는 교수법이라 할 수 있다.

2. 내용 중심 교수법은 특정 교과 내용을 목표어로 가르치는 교수법으로, 학문 목적 학습자들의 읽기 수업에 적합하다. 내용 중심 교수 모형은 '주제 중심 교육', '내용 보호 교육', '병존언어 교육' 세 가지가 제시되고 있다.
'주제 중심 교육'은 교수자 한 명이 언어와 내용을 통합적으로 가르치되, 언어 학습에 초점을 둔 교육인 반면에, '내용 보호 교육'은 교수자 한 명이 내용 학습에 초점을 둔 교육이다. 그리고 '병존 언어 교육'은 언어 전문가 한 명과 내용 전문가 한 명이 팀을 이루어 언어와 내용 학습을 따로 가르치는 교육으로 교사 간의 긴밀한 협의가 필요하다.

참고문헌

강현화(2016), 한국어 문법 교육론, 한국어교원을 위한 한국어교육학, KNOU Press.
김재욱 외(2010), 한국어 교수법, 형설출판사.
김정숙(2005), 외국어로서의 한국어 교수법, 외국어로서의 한국어교육학, 한국방송통신대학교출판부.
김창구(2013), L2 한국어 관계절의 이해와 산출: NPAH와 유생성 효과의 재검토. 한국어교육 24-2호, 국제한국어교육학회.
민현식(2014), 한국어 문법 교육론, 한국어교육의 이론과 실제 2, 아카넷.
안경화(2014), 언어 교수 이론, 한국어교육의 이론과 실제 2, 아카넷.
우형식(2015), 한국어 문법 교육론, 부산외국어대학교 출판부.
윤강구(2009), Focus on Form을 이용하는 새로운 제2언어 교육, 인문사.
이완기(2015), 영어교육방법론, 제이와이북스.
정명숙(2016), 외국어로서의 한국어 교수법, 한국어교원을 위한 한국어교육학, KNOU Press.
한재영 외(2005), 한국어 교수법, 태학사.

4장

한국어 어휘 교육론

이양금

1. 들어가며

외국어로 의사소통을 할 때 초기에는 낱말 하나로도 의사소통이 가능할 수 있으며, 외국어 학습의 단계가 높아질수록 어휘능력이 유창성 정도를 좌우한다. 그러므로 능숙한 한국어 구사를 위해서는 어휘능력이 중요한 요소로 작용할 것이다. 한국어 어휘 속에는 우리의 언어생활 속에 존재하는 매우 구체적인 것에서부터 매우 추상적인 개념까지 포함되어있다. 이런 한국어 어휘들을 학습자들의 요구에 맞게, 어떻게 하면 좀 더 효과적으로 가르칠 것인가에 대하여, 본고에서는 한국어 어휘 교육의 내용과 교수 방법적인 면에 대해 알아보고자 한다.

1.1. 어휘의 개념 및 어휘 교육의 필요성

어휘는 의사소통의 기본 요소이다. 그러므로 정확한 어휘의 이해 없이 의사소통은 불가능하다. 그러면 어휘란 무엇인가? 어휘를 보다 명확하게 정의하기 위해 단어와 비교해 보면 다음과 같다.

-단어: 의미의 최소 단위
  조사, 관용구와 단어의 경계가 구분됨
  예) 동생 / 이 / 늦게 / 와서 / 어머니 / 는 / 애 / 가 / 타요.

-어휘: 모어 화자에게 하나의 의미 단위로 인식되는 것
　　　　연어, 관용구, 어미결합형, 조사결합형 등이 이에 속함.
　　예 동생이 / 늦게 와서 / 어머니는 / 애가 타요

한국어 교육을 위해 살펴본 어휘의 개념[1]은 다음과 같다.

-기초어휘: 한 언어의 근간이 되어(한국어의 뿌리: 고유어) 오랜 기간 변화되지 않는 생활
　　　　　속의 어휘
-기본어휘: 특정 목적에 의해 조사 정리된 어휘 목록
-1차 어휘: 모어에서 자연스럽게 습득된 어휘
-2차 어휘: 외국어 학습에 의해 습득된 어휘
-한국어 학습용 기본어휘: 한국어 교육을 위해 선정된 어휘,
　　　　　　　　　　　한국인의 의사소통에 꼭 필요한 어휘

언어 교육은 의미 이해와 표현 방식을 가르치는 것이다. 또한 단계가 높을수록 한국의 문화적인 면과 결합되어 학습의 어려움을 가진다. 이러한 문제점의 해결을 위해 본 연구는 단순 이해 방식의 어휘교육이 아닌 한국어의 특징 및 의미 관계에 따른 어휘 교수에 대해 살펴볼 것이다. 그리고 실제 교육 현장에서 적용될 수 있는 교육 방법 또한 살펴볼 것이다.

1.2. 어휘 교육의 역사

한국의 전통적인 어휘 교육은 한문교육에서 시작된다. 1527년에 발간된 최세진의 훈몽자회(訓蒙字會)는 문자 학습에 있어 구체적인 명사에 해당하는 어휘를 먼저 가르쳐야 한다고 제시하며 어휘교육에 큰 업적을 남긴다. 또한 유해(類解)는 의미 분야별로 어휘를 분류한 최초의 어휘사전이라 할 수 있다.

외국어로서의 한국어 교육의 시발은 일본 쓰시마의 조선어 학습소, 1879년 구

1　조현용(2000: 56)에서 수정하여 인용.

소련 때의 레닌그라드 대학의 한국어 과정 등을 들 수 있으나 그리 활발하게 성장하지는 못하였고, 어휘교육 분야 역시 그러하였다. 1988년 올림픽 이후 한국어 교육의 필요성이 대두 되고, 2005년 이후 한국어 교육의 급속한 성장과 함께 한국어 어휘 교육은 다양한 주제로 연구되어 오고 있다.

2. 어휘 교육의 내용

어휘의 제시 방법에서 낱말들의 세로 관계와 가로 관계를 중심으로 계합체와 통열체의 형식이 있다. 세로 관계는 유의어, 반의어, 상·하의어, 다의어, 동음이의어 형식을 가지는 것이고, 가로 관계는 연어적 통합관계이다. 그러므로 1절에서는 의미 관계에 따른 어휘 교수에 알아볼 것이고, 2절에서는 연어적 통합관계를 다수 포함하고 있는 한국어의 특징에 따른 어휘 교수에 대해 알아볼 것이다.

2.1. 의미 관계에 따른 어휘 교수

한국어 교사는 어휘의 의미 관계를 이해하고 분석해 낼 수 있어야 한다. 또한 어휘들의 의미 관계에 따른 설명 방법을 찾아내는 것은 한국어 교사의 숙제라 할 수 있다.

1) 유의어

유의어란 둘 이상의 단어가 서로 같거나 거의 비슷한 뜻을 가가진 어휘들로 그 예는 다음과 같다.

① 고유어와 외래어의 의미가 같은 경우
　　예) 가락-리듬, 놀이-레크레이션, 정상-탑

② 사회적 변이(지역 간 방언 및 사회 계층 간 차이)로 인한 경우
   예) 부엌-정지, 옥수수-강냉이
③ 성별, 연령의 언어 사용 차이로 인한 경우
   예) 소변-쉬, 밥- 맘마
④ 존비 관계로 인한 경우
   예) 먹다-잡수시다, 자다-주무시다
⑤ 금기로 인한 경우 (성, 죽음, 배설물, 신앙에 관한 것)
   예) 죽다-돌아가시다, 변소-화장실
⑥ 문어체와 구어체로 인한 경우
   예) 아주-되게

유의어를 이용하여 어휘 확장을 하는 것은 자연스럽다. 그리고 유의어 간의 차이점을 확실하게 설명하여야 한다. 그 방법의 하나로 어휘 간의 선택 제약적 예를 들어 보이는 것이 좋다.
   예) 남동생은 개를 좋아해서 개를 (기르고, 키우고)있다.
       요즘은 머리를 *기르는 것이 유행이다.

정도 차이의 예를 들어 의미 변별할 수 있는 예는 다음과 같다.
   예) [+frequent] -- [+sparse]
       항상/언제나 – 자주 – 가끔/간혹 – 거의 안 – 전혀 안

연어 관계의 차이를 예로 들어 의미를 변별 할 수 있는 예는 다음과 같다.
   예) 밥을 먹다 – 식사를 하다 – 진지를 드시다

이러한 유의어를 교수할 때 핵심은 우선순위를 정하여 급수에 맞게 제시하는 것이 중요하다.

2) 반의어

반의어는 의미적으로 반대가 되는 것이며 그 예는 다음과 같다.

① 극성 대립어 (중간 단계가 없는): 참-거짓, 죽다-살다
② 비극성 대립어 (중간 단계가 있는): 좋다-나쁘다, 덥다-춥다
③ 방향 대립어 (방향, 이동, 변화): 사다-팔다, 위-아래

반의어 교수 시 중요한 점은, 이미 알고 있는 어휘를 예로 들어 그 반의어로 새 어휘를 제시하는 것이 효과적이다. 또한 다의어에 경우 의미에 따라 반의어가 달라지므로 이점을 유의하여 제시하여야 한다. 탈착동사의 반의어의 경우는 다음과 같이 제시해 주면 편리하다.

 예) 옷을 벗다 ↔ 입다
   안경을 벗다 ↔ 끼다
   모자를 벗다 ↔ 쓰다

3) 상·하위어

상·하위어는 계층적 관계로, 특정 어휘의 의미가 보다 더 일반적인 의미 관계 안으로 포함되는 관계를 말한다.

 예) 동물(상위어) > 개, 고양이, 토끼(하위어)
   교통수단(상위어) > 차, 비행기, 자전거, 오토바이(하위어)

상·하위어 교수는 의미장을 활용하면 효과적이며 그 예는 다음과 같다.

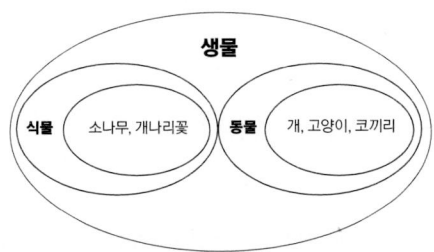

[그림 1] 생물의 상·하위어

어휘장을 활용한 교수는 체계적인 어휘 학습이 가능할 수 있으며, 학습자의 급수

에 맞게 단계별 어휘 확장이 되어야 한다. 그렇지 않으면 학습에 무리가 갈 수 있다.

4) 다의어 & 동음이의어

하나의 어휘 안에 둘 이상의 의미가 포함되어 있는 경우이다. 즉 문맥에 따라서 그 의미가 달라지는 경우를 이야기한다. 그러나 다의어와 동음이의어의 경계가 명확하지는 않다.

🔵 예 밥을 먹다, 나이를 먹다, 욕을 먹다, (스펀지)가 물을 먹다

명사의 경우 발음이 같으나 다른 뜻을 가지고 있는 어휘로 한자어의 영향을 받은 이유가 크다.

🔵 예

배   배   배

나는 사과보다 (배)를 좋아해요.
바다에 큰 (배)가 있어요.
밥을 많이 먹어서 (배)가 아파요.

다의어와 동음이의어는 의미 변화가 적은 기본어휘와 의미 변화가 큰 파생어휘를 구분하여 급수에 맞게 교수하여야 한다. 또한 그림과 함께 문맥 안에서 구분해 주는 것이 효과적이다.

2.2. 한국어 어휘의 특징에 따른 어휘 교수

조남호(2001)에서는 한국어 어휘의 특징을 다음과 같이 제시한다.

(1) 한자어가 많다.
(2) 자음과 모음만 바뀌면서 뜻이 약간 다른 말이 많다.

(3) 높임법이 발달해 있어 단어도 상대에 따라 골라 써야 하는 경우가 많다.
(4) 단어는 아니지만 둘 이상의 단어가 모여 다른 뜻으로 쓰이는 관용표현이 많다.

조남호(2001)에 따른 어휘교육 내용은 다음과 같다.

1) 한자어

한글이 만들어지기 전부터 오랫동안 한자를 사용해 왔기 때문에 한국어 어휘에는 한자어가 상당수 있다. 특히 한자어는 다음과 같은 특징을 보인다.

① 동일한 한자가 여러 단어에 사용되므로 소리와 뜻이 비슷한 단어가 많다.
　　예) 가사(家事) / 가구(家具), 국가(國家) / 조국(祖國)
② 글자는 다르나 소리가 같은 것이 많아 동음이의어가 많다.
　　예) 부자(父子) / 부자(富者), 시장(市長) / 시장(市場)
③ 고유어와 한자어의 짝이 많다.
　　예) 어른 / 성인(成人), 위아래 / 상하(上下), 값 / 가격(價格)

한국어가 한자문화권에 속하는 역사적 배경을 설명해 주어야 한다. 한자어는 의미 이해를 돕기 위해 읽기의 맥락 속에서 제시하는 것이 효과적이다.

2) 자음, 모음의 교체로 형성된 어휘

① 'ㅏ'와 'ㅓ'의 교체로 뜻이 달라진 어휘
　　예) 캄캄한 / 컴컴한, 까맣다 / 꺼멓다, 팔짝 팔짝 / 펄쩍 펄쩍
② 'ㅗ'와 'ㅜ'의 교체로 뜻이 달라진 어휘
　　예) 꼬불 꼬불 / 꾸불 꾸불, 콜콜 / 쿨쿨
③ 자음의 교체에 의해 뜻이 달라진 어휘
　　예) 깜깜한 / 컴컴한, 뗑그랑 / 뎅그랑

이러한 어휘들은 대부분 상태를 나타내거나 의성 의태어가 많으므로 교사가 행위를 하거나 소리가 나는 사물로 들려주며 설명하는 방법이 있다. 특히 '꼬불 꼬불/꾸불 꾸불' 같은 경우에는 그림으로 제시해 주며 미묘한 정도의 차이를 설명하는 것이 효과적일 것이다.

[그림 2] 꼬불꼬불과 꾸불꾸불의 비교

3) 높임말

한국어는 높임말이 발달된 언어 중의 하나이다. 한국어의 높임말에는 명사형과 동사형 그리고 인칭 높임발로 나눌 수 있다.

① 명사형: 집 / 댁, 말 / 말씀, 밥 / 식사
② 동사형: 자다 / 주무시다, 먹다 / 드시다(잡수시다)
③ 인칭명사 + 님: 김 철수님, 김 사장님

한국은 예로부터 상하관계가 있었고 그에 따른 예의를 지키기 위해 높임말을 쓴다. 높임말은 한국의 전통 문화로부터 내려온 것으로 윗사람에 대한 존경을 표하는 것임을 인지시키고, 조 별로 역할극을 만들어 활동하는 방법이 효과적이다.

4) 연어, 관용어, 속담

연어, 관용어, 속담은 오른쪽으로 갈수록 한국의 문화와 더욱 밀접한 관계를 가지고 있으며[2] 구로 나타나는 고정표현(praseological units)들이며, 제 3의 의미를 나타내는 것이 많다. 연어, 관용어, 속담은 의미뿐만 아니라 그것이 가지는 기능을 학습하는 것이 중요하다. 또한 덩이어휘(set expression)의 학습으로 인해 어휘 관계에 대한 귀납적 지식을 얻을 수 있고, 의사소통 시 유창성 함양에 도움이 된다. 그리고 문화적인 성격이 강하므로 문화적 배경을 설명해 주는 것은 전제 조건이 되어야 한다.

① 연어

Nation(2001)에서 연어를 '언어 사용자가 언어를 수용하고 표출하거나 기억하기 위해 의미 있게 언어를 그룹화 하는데, 이 그룹의 크기를 Chunk라고 한다.'고 제시하였다. 그리고 Lewis(2000)에서는 중급학습자와 고급학습자의 차이는 문법의 복잡성에 있는 것이 아니라 사용 가능한 심적 어휘부(Mental lexicon)의 확장성에 있다고 하였다. 어휘 확장에 실패한 학습자는 평생 중급 수준에 머물 수밖에 없다고 기술하며 연어 학습의 중요성을 지적하였다. 김지은(2010)[3]에서 나눈 급수별 연어의 예를 보면 다음과 같다.

예) 초급 연어 : 시간이 걸리다, 시간이 나다, 시간이 들다
중급 연어 : 여유를 두다, 시간을 끌다, 시간을 벌다
고급 연어 : 시일을 끌다, 틈이 나다, 시간이 비다

연어 수업의 활동 중 가장 일반적인 것은 연어 짝짓기이다. 위의 예를 들면 시간이라는 연어의 핵을 두고 교사가 제시한 의미에 따라 연어변이 되는 동사를 설명하고 찾게 하는 것이다.

---

2 Hill(2000)에서는 다음과 같은 연어의 연속선상을 다음과 같이 제시하였다.

염혜선(2009)에서 재인용하여 수정.

Free combination(자유결합)		Idiom(관용어)
←--------------------------	Collocation	--------------------------→
less fixed (덜 고정적인)		more fixed (더 고정적인)
more literal (더 문자 그대로의)		less literal (덜 문자 그대로의)

3 김지은(2010)에서는 한국어 교육용 연어 905개를 선정하여 초, 중, 고급으로 나누었다.

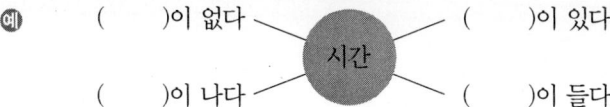

이 외에 연어의 의미망 짜기, 읽기를 통한 언어 학습 그리고 노래를 활용한 활동 등이 효과적이다.

② 관용어

관용어란 서로 다른 의미의 어휘가 결합하여 제 3의 의미를 나타내는 것이며, 문금현(1999)에서는 관용어를 '표면상으로는 구나 문장으로 표현되더라도 의미 단위로는 하나의 단어와 대등하다. 그리고 습관적으로 굳어져 쓰이는 표현을 포괄적으로 가리키는 말이다.'라고 제시하였다. 주제별로 묶은 한국어 교육용 관용어의 예는 다음과 같다.⁴

> 예 마음을 먹다 – 마음을 잡다, 마음을 놓다
> 입에 맞다 – 입이 짧다, 입에 맞는 떡
> 배가 아프다 – 배가 부르다, 배꼽을 잡다
> 발을 벗고 나서다 – 팔짱만 끼고 있다

관용어는 그 어휘를 잘 설명해 줄 수 있는 상황의 읽기를 사용하여 문맥 안에서 설명하는 것이 효과적이다. 의미 이해가 되었으면 주제가 비슷한 관용어를 확장하여 제시해 줄 수 있다. 또한 학습자 나라의 관용어와 대조하여 제시해 주면 관용어 학습의 심화 및 흥미유발에 도움이 될 것이다. 관용어 학습의 활동으로는 역할극이 일반적인데, 학습자들이 상황에 맞는 관용어를 직접 발화해 봄으로써 유창성과 문화적 언어사용에 도움이 된다.

전혜영(2001)에서는 효과적인 관용표현 교수 방안에 대해 다음과 같은 학습의

---

4 김선정(2007)에서는 중급 정도의 학습자를 염두에 두어 실제 사용 빈도를 바탕으로 138개의 관용어를 제시하고 있다. 사용빈도가 가장 높은 60개를 머리에 제시하고 그에 따른 확장 형식으로 제시한다.

단계를 제시하고 있다.

(1) 의미 전달 단계 : 시각적 자료를 사용하거나 의미를 쉬운 말로 풀어서 설명한다. 그리고 상황이 있는 예문을 통해 의미와 쓰임, 상황을 알게 한다.
 예) 입이 무거워서 소문을 안 낼 거예요.
또한 문화가 함의된 의미 설명이 필요하고 유례를 설명하여야 한다.
 예) 국수를 먹다 : 옛 혼례의 상황과 그때의 경제 상황 설명이 필요하다.

(2) 확인 연습 단계 : 상황에 맞는 관용표현을 찾거나, 알맞은 관용표현을 넣어 대화를 완성하는 방법을 사용할 수 있다. 또한 관용표현을 사용하여 대화를 구성하게 하는 방법도 효과적이다.

(3) 통합 활용 단계 : 구어적 관용표현은 주로 듣기 상황에서 이해하거나 말하기 상황에서 발화할 수 있어야 하며, 문어적 관용표현은 읽기 및 쓰기에서 상황에 맞게 사용할 수 있어야 한다. 특히 구어적 관용표현의 효과적인 학습 전략으로 발화 기능과 관용표현을 연결하는 작업이 필요하다. 기능 수행에 맞는 관용표현을 몇 가지 제시하면 다음과 같다.
 예) 물건사기 : 바가지를 쓰다, 바가지를 씌우다, 마음에 들다.
   칭찬하기 : 입에 침이 마르도록, 입을 모으다, 비행기를 태우다.
   감정 표현하기 : 애가 타다, 속이 상하다, 속이 타다, 간담이 서늘하다.

③ 속담[5]
이기문(1997)에 의하면 속담이란 '속담은 속된 말인데 본질적으로 민중의 것으로 민족사회의 경험과 지혜를 단적으로 표현하며, 우리들의 일상 회화의 순간순간에 매우 효과적으로 이용되어 메마른 생활을 다채롭게 한다.'라고 제시하였다. 주제별

---

[5] 문금현(1999)에서는 관용어와 속담의 차이를 다음과 같이 제시한다. 속담은 발화 상에서 어떤 고정된 틀을 가지거나 직유나 인용의 형식을 취한다. (예) 옛말에 이르기를~, ~이라더니, ~라고 하더니) 반면 관용어는 이러한 언어 형식을 취하지 않고 문장에 자연스럽게 녹아들어 있다.

로 묶은 한국어 교육용 속담의 예는 다음과 같다.[6]

> 예) 병 주고 약 준다 - 모르면 약이요 아는 게 병이다.
> 　　　　　　　개똥도 약에 쓰려면 없다.
> 　우물 안 개구리 - 우물에 가서 숭늉 찾는다.
> 　　　　　　　우물을 파도 한 우물을 파라.
> 　말이 씨가 된다 - 발 없는 말이 천리 간다.
> 　　　　　　　낮말은 새가 듣고 밤말은 쥐가 듣는다.

　속담은 대부분 구 단위의 고정 표현이고, 문화적 성격이 강하므로 학습자들이 가장 이해하기 어려운 분야 중의 하나이다. 그러므로 문화적 배경 설명은 물론이고 학습자 나라의 비슷한 속담을 대조해 주는 방법도 좋을 것이다. 속담의 뜻 이해에 도움이 될 수 있는 상황을 설정하여 읽기를 통해 제시하는 방법이 좋으나, 한 텍스트 안에 다수의 속담을 넣을 수 없다는 한계가 있다. 위의 예와 같이 주제가 비슷한 속담을 묶어서 학습하는 방법도 있다.

6　김선정(2007)에서는 사용빈도에 따라 114의 한국어 교육용 속담을 선정하여, 사용 빈도가 가장 높은 60개의 속담을 머리에 제시하고 그에 따른 확장 형식으로 좀 더 어렵거나 비슷한 의미의 속담을 제시한다.

3. 어휘 교육의 방법

3.1. 어휘 지도의 이론적 배경

어휘습득 이론 중 de Bot 외(1997)에서는 어휘처리 모형을 다음 [그림 3]과 같이 이루어져 있다고 제시한다.[7]

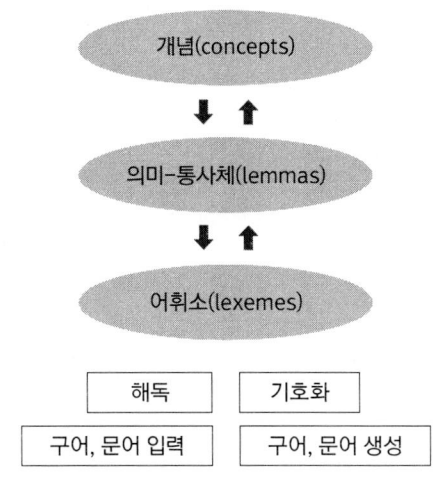

[그림 3] de Bot 외(1997)의 어휘처리모형

1) **개념의 단계** : 언어 생성을 위해 관련된 정보를 선택하고 그 정보를 순서화하고 점검하는 단계. 이러한 '언어 전 메시지'(Pre-verbal massage)는 의미를 언

---

7 정동빈(2009)에서 인용하여 수정함.

어로 바꾸기 위한 모든 필요 정보를 포함하지만 그 자체는 언어가 아니다.

2) **의미-통사체의 단계** : 의미적 정보는 어떤 개념적 조건이 메시지에서 충족되어야 하는지를 구체화하는 것. 통사적 정보는 어휘항목의 통사적 범주, 문법적 구성성분을 뜻하는 문법적 기능 그리고 시제, 수 인칭 등의 구별 변수를 포함한다.

3) **어휘소 단계** : 단어의 형태와 음운적 정보가 함께 기능하는 형태-음운체의 단계로 이 단계 역시 '언어전 메시지'가 해석되는 과정에 속한다. 어휘 표상으로부터 적절한 단어를 선택하여 주어진 의미-통사체에 삽입하고 이에 알맞은 음운정보를 첨가하는 단계이다.

이처럼 한 단어의 성공적인 습득은 입력에서 개념의 단계에 이르는 동안 필요한 정보를 축적하여 개별 단계마다 적합한 짝 연합이 일어나야 한다. 그러나 무엇보다 성공적인 어휘습득이 되기 위해서는 학습자가 언어 사용의 맥락에 노출되어야 한다.

3.2. 어휘 지도의 절차

어휘 지도 절차는 어휘 지도 방안을 고안할 때 단계별 어휘 지도 방법의 기초가 될 수 있다.

〈표 1〉 Seal(1991)의 어휘 지도 절차

단계	내용
1단계	의미전달 (Convey meaning)
2단계	이해점검 (Understanding)
3단계	정리 (consolidation)

1) 1단계 - 어휘의 의미를 전달하는 단계.

그림, 몸짓, 실물, 설명 등 다양한 방법을 활용하여 의미를 전달한다. 가능한 짧은 시간을 할애해야 하지만 매우 중요한 단계이다.

2) 2단계 - 의미를 이해했는지 확인하는 단계.

1단계에서 했던 어휘를 질문하여 학습자의 이해 정도를 판단한다. 그리고 목표 어휘의 쓰임에 익숙해 질 수 있게 한다.

3) 3단계 - 학습한 어휘를 강화시키는 단계.

대화문이나 이야기 만들기 등 다양한 연습활동을 하여 학습자들이 목표어휘를 스스로 사용하도록 한다.

Seal(1991)에 대해 보충 설명한다면, 1단계의 의미전달의 단계에서 추상적이거나 유의어로 두 개의 의미를 구별해 주어야 할 때는 더 많은 설명과 예문이 제시되어야 한다.

3.3. 어휘 제시 방법

Thornbury(2002)에서는 어휘를 제시하기 전에 가르칠 어휘의 수, 가르칠 순서, 가르치는 수단 그리고 어휘 제시 형태 및 학습자의 참여도를 고려해야 한다고 하였다. 그리고 학습자의 수준에 따라 어휘 수나 어휘를 가르치는 수단, 어휘 제시 형태 등이 달라진다고 하였다. 그러므로 초급의 단계에는 명시적인 방법으로 일정한 량의 어휘를 분명히 알 수 있는 사람과 사물에 대한 어휘를 가르치는 것이 좋다고 하였다. 어휘 제시를 위해 적절하게 사용될 수 있는 방법들은 다음과 같다.

(1) 실물이나 그림을 이용하는 방법
(2) 몸짓이나 얼굴 표정을 이용하는 방법

(3) 기존 경험이나 지식을 바탕으로 어휘의 의미 추측하는 방법

(4) 어휘를 추측할 수 있는 문장을 제시하는 방법

(5) 해당 어휘에 대한 학습자 모국어를 대조해 주는 방법

3.4. 어휘 제시 순서

현행 한국어 능력시험에서 제시한 어휘관련 등급별 항목이다.

1) 1급
- 일상생활에 필요한 가장 기본적인 어휘
- 사적이고 친숙한 소재, 수와 셈
- 기본 인칭, 의문대명사, 지시대명사, 사물이름, 위치
- 기본 형용사, 동사, 물건사기, 음식주문 등 기초 생활어휘

2) 2급
- 일상생활에 자주 사용되는 어휘
- 공공시설에서 필요한 어휘, 주변 상황을 나타내는 어휘
- 약속, 계획, 여행, 건강에 관한 어휘
- 아주, 많이, 별로, 거의 등의 기본적인 빈도부사

3) 3급
- 일상생활에서 사용하는 대부분의 어휘
- 직장생활, 병원, 은행 업무에 관한 어휘
- 감정표현 어휘, 사회 현상에 관한 어휘
- 기본 한자어, 간단한 연어

4) 4급
- 일반적인 소재를 표현할 수 있는 추상적인 어휘
- 직장에서 업무를 수행하는데 필요한 어휘

- 신문, 기사 자주 나오는 어휘, 빈도 수 높은 관용어, 속담
- 일반적인 사회 현상에 관한 핵심적 개념

5) 5급
- 사회 현상을 표현할 수 있는 추상적인 어휘
- 직장에서 특정 영역에 관한 기본 어휘
- 세부 의미 표현 어휘 (노랗다: 누렇다, 누르끼리하다)
- 자주 쓰는 시사용어 및 사회 특정 영역의 외래어
- 일반적으로 사용되는 관용어, 속담

6) 6급
- 사회 현상을 표현하는데 필요한 추상적 어휘
- 방언, 약어, 은어, 속어의 이해 및 사용
- 각 영역에서 쓰이는 전문용어
- 문화적 의미를 크게 함의하고 있는 관용어, 속담

3.5. 어휘 학습 활동의 범위

Nation(2001)은 어휘의 학습 영역을 어휘의 형태, 의미, 용법으로 나누고 그에 따른 활동을 〈표 2〉와 같이 제시하였다.

〈표 2〉 Nation(2001) 어휘 학습 활동의 범위

목표		활동
형태	음성 형태	단어 발음 소리 내어 읽기
	표기 형태	단어와 문장 받아쓰기 철자법 발견
	단어의 단편	단어의 부분 도표 채우기 복합어 자르기 복합어 만들기 바른 형태 선택하기

의미	형태-의미 연결	단어의 정의의 조합 문절의 의미 토의 그림 그리기와 이름표 붙이기 또래 가르치기 수수께끼
	개념과 지시	공통의 의미 발견하기 바른 의미 선택하기 의미 자질 분석 질문에 답하기 낱말 탐색
	연상	대치어 찾기 연결 설명하기 낱말 지도 만들기 낱말 분류하기 반대어 찾기 이유나 효과 암시하기 연상 암시하기 실례 찾기
용법	문법	문장의 반쪽 짝짓기 문장을 만들기 위해 낱말 투입
	연어	연어 짝짓기 연어 찾기
	용법의 제약	제약 확인하기 제약 분류하기

4. 어휘 수업의 실제

대상	중급	시간	50분
주제	음식 조리법에 대한 어휘		
도입	T- 여러분은 지금 어떤 음식이 가장 먹고 싶어요? S- 우리 고향에서 먹던 음식이 먹고 싶어요. T- 어떻게 만들어요? 한국어로 설명할 수 있어요? S- 한국어로 설명 못 해요. T- 그럼 오늘은 음식 조리법에 대해 같이 공부해 봐요.		
제시	T- 먼저 요리를 위해 재료를 손질하는 어휘를 배워 봅시다. 	썰다	자르다	껍질을 까다	(껍질을) 깎다
다듬다	다지다	갈다	반죽하다 | (위의 어휘를 하나 씩 설명한다. 그림이나 동영상을 함께 제시한다.)		

	T- 재료를 다듬는 어휘들을 배워봤어요. 그럼 이제 요리법을 배워봐요. 굽다 볶다 튀기다 찌다 삶다 끓이다 부치다 무치다 조리다 *데치다 = 끓는 물에 야채를 빨리 넣었다가 빼는 것 (위의 요리법을 하나 씩 설명한다. 그림이나 동영상을 함께 제시한다.)
확장	T- 한국요리 중에는 위의 요리법에 따른 음식이름도 있어요. 굽다(V) – 구이(N) – 생선구이 볶다 – 볶음 – 버섯볶음 무치다 – 무침 – 콩나물 무침 조리다 – 조림 – 콩 조림 찌다 – 찜 – 계란 찜 튀기다 – 튀김 – 고구마튀김 * 동사를 명사로 바꾸는 문법 : ㅁ/음에 대해 설명한다.
연습	T- 이제 여러분이 가장 좋아하는 고향음식을 어떻게 만드는 지 친구들에게 소개해 볼까요. (방법: 먼저 간단히 메모하게 하고 발표한다.)
마무리	T- 지금 여러분이 소개한 요리의 동영상을 인터넷에서 찾아 친구들에게 직접 보여주세요. 그리고 다른 친구들은 친구가 요리법을 잘 설명했는지, 잘못 설명했는지 확인해 보세요. (방법: 학생들은 자신이 발표한 동영상을 찾아 보여준다. 시간이 부족하면 국가별로 대표학생 한 명의 동영상만 보여준다.)

● 생각해 봅시다

1. '마음이 따뜻하다'와 '마음이 아프다'는 관용어인지 아닌지에 대해 생각해 보자.

2. 영어 교육에서는 어원을 이용하여 파생어 교육을 많이 하고 있다.

   예) post(후에) + script(쓰다) = 추신(편지를 다 쓰고 나서 나중에 쓴 것)

   한국어에서의 효과적인 파생어 교육 방법에 대해 생각해 보자.

● 풀이

1. '마음이 따뜻하다'와 '마음이 아프다'는 모어 화자들이 흔히 쓰는 말이다. 그러나 관용어인지 아닌지에 대해 애매 모호성을 가지고 있어 교재에 따라 이들을 관용어에 넣는 교재도 있고 넣지 않는 교재도 있다. 이들을 관용어 판별 기준에 따라 생각해 보면 다음과 같다.

   (1) 마음이 따뜻하다: '마음'이라는 단어와 '따뜻하다'라는 각각의 단어 뜻 안에 '인정이 많다'라는 뜻이 내포되어 있지 않고 제 3의 뜻을 나타내므로 이는 관용어이다.

   (2) 마음이 아프다: '마음'이라는 단어와 '아프다'라는 각각의 단어 뜻 안에 '상처를 받다'라는 뜻이 내포되어 있지 않고 제 3의 뜻을 나타내므로 이는 관용어이다.

2. 한국어에서 파생어 교육은 어원을 이용한 교육과 의미장을 이용한 교육으로 나누어 볼 수 있다.

   (1) 어원을 이용한 파생어 교육: 파생어는 접사와 어기로 구성되어 있으므로, 생산성이 높은 접사 하나가 여러 개의 어기와 결합하여 파생어가 생겨난다. 접사의 어원적 의미를 이용해 교육을 하면 접사 아래 다수의 어휘 학습이 가능하다.

   예) 휘(=물건이 심하게 도는 모습) : 휘감다, 휘두르다, 휘젓다

(2) 의미장을 이용한 파생어 교육: 하나의 상위어 아래 의미상으로 연관된 단어의 집단을 제시하여 다수의 연관된 어휘 학습이 가능하다.

예 (상위어) (하위어)
~점 - 서점, 음식점, 백화점...
낚시 - 낚시꾼, 낚시터, 낚싯대...

참고문헌

김선정(2007), 살아있는 한국어 '관용어 편', 서울: Language Plus.
김선정(2007), 살아있는 한국어 '속담 편', 서울: Language Plus.
김지은(2010), 한국어 연어 교육의 내용과 연구 방법, 부산대학교 박사학위 논문.
문금현(1999), 국어의 관용 표현 연구, 서울: 국어학회.
전혜영(2001), 한국어 관용표현의 교육 방안, 한국어교육 12(2), 181-199쪽, 국제 한국어교육학회.
정동빈(2009), 영어어휘 학습지도, 서울: 한국문화사.
조남호(2001), 한국어 어휘, 한국어 연수 교재, 국립국어원 외.
조현용(2000), 한국어 어휘교육 연구, 서울: 박이정.
염혜선(2009), 어휘접근법을 활용한 중학교 2학년 연어 교수 학습 적용방안. 한국교원대학교 석사학위 논문.
de Bot, K. Paribakht, T. S., & Wesche, M. B.(1997). Toward a lexical processing model for the study of second language vocabulary acquisition: Evidence from ESL reading. *Studies in Second language Acquisition*, 19(3). 309-330.
Lewis, M. (2000). *Introduction of teaching collocation – Further development in the lexical Approach*. .Hove, England: Language Teaching Publications.
Nation, I. P. S. (2001). *Learning vocabulary in other language*. Cambridge: Cambridge University Press.
Seal, B. (1991). Vocabulary learning and teaching. In Celec-Murcia, M(Eds.), *Teaching English as a second or foreign language*, NY: Heinle & Heinle Publishers.
Thornbury, Scott. (2002). *How to teach vocabulary?*. Pearson Education Limited.

5장

한국어 문법 교육법

김장식

1. 들어가며

한국어 교사라면 누구나 수업 시간에 한번쯤은 학생들로부터 문법에 대해 "왜"라는 질문을 받아봤을 것이다. 해당 문법 구조에 초점을 두고 의미를 알고 싶어하는 경향이 강하기 때문이다. 그리고 학습자의 경우 상당수가 발화에 있어 문법 실수에 대한 걱정을 하며 이는 발화에 대한 자신감을 떨어트리는 원인이 되기도 한다. 이처럼 문법에 대한 교수자의 지식과 학습자의 이해는 반드시 필요한 부분이다.

문법은 문장을 구성하는 법칙이며 단어나 문장뿐만이 아니라 대화나 이야기까지 즉 말을 구성 또는 운용하는 방법이다. 따라서 의사소통에 필요한 적절한 단어의 학습과 함께 문법 교육이 반드시 이루어져야 한다. 이번 장에서는 문법 교육의 내용과 교수, 방법을 통해 효과적인 문법 교수에 대해 알아보고자 한다.

1.1. 한국어 문법 교육의 필요성

한국어 교육 현장의 대다수를 차지하고 있는 성인 학습자는 어린 아이처럼 자연스럽게 문법 지식을 형성할 수 없다.[1] 따라서 한국어 문법을 제대로 형성하기 위해서는 체계적인 문법 교육이 필요하다. 한국어 교육에서 문법 교육이 필요한 것인가에 대한 논의는 오래 전부터 있어 왔다. 문법 교육이 필요 없다는 무용론에서는 학습자가 언어가 사용되는 일상 상황에서 스스로 문법의 원리를 깨우치므로 따로

---

1 학습자가 자연스럽게 문법 지식을 형성할 수 있는 시기의 한계를 임계기라 한다.

문법 교육을 할 필요가 없다고 하고 문법 교육 유용론에서는 문법 능력은 학습에 의해 완성되고 체계적인 교육을 통해 올바른 언어능력을 기를 수 있다고 한다.

문법은 의사소통에 있어 중요한 부분으로 적절한 어휘들을 정확하게 구사할 수 있도록 돕는 역할을 한다. 교육 현장에서도 많은 교사들이 제시와 교수법, 적절한 문법 사용에 가장 많은 공을 들이고 있다. 출판되는 통합교재 외에 문법서, 지도서가 많은 것도 그 중요성을 증명한다.

언어 교육에서 문법 교육은 다음과 같은 역할을 한다. 우선 문법 항목 학습을 통해 상황에 맞는 적절한 문장을 만들게 하며 정교한 의미 제공하게 한다. 학습자는 오류를 양산하는데 이때 문법 교육은 오류를 교정하고 잘못된 언어 습관의 고착화를 방지한다. 또한 문법 교육은 성인 학습자 대상 언어 교육에서 효율적이다. 또한 체계적인 문법 전달은 성인 학습자의 욕구를 충족시킨다.

1.2. 한국어 문법 교육의 역사

문법 교육 연구가 타 영역보다 연구의 비중이 높다는 것은 그만큼 문법 교육의 중요성을 반증하는 것이다. 문법 교육 연구는 1980년대 시작되어 90년대 한국어 교육의 전반적인 발전과 더불어 그 수가 폭발적으로 늘었으며 2000년대 들어 질적, 양적 성장을 계속하고 있다.

연구의 특징을 살펴보면 개별 문법 항목에 대한 연구가 대다수를 차치하고 학습자의 언어권이 다양해지면서 대조 분석 연구도 활발해지고 있다. 또한 특정 국적(언어) 학습자를 위한 문법 교수 방안을 제시하는 연구, 사용 빈도, 문법 오류, 중간언어의 문법적 특성 연구가 꾸준히 배출되고 있다. 이는 다양해진 학습자를 위한 효과적인 문법 교수 방안을 찾고자 하는 노력으로 보인다.

2. 한국어 문법 교육의 내용

한국어 교육 현장에서 문법 내용을 효과적으로 전달하기 위해서는 다음과 같은 내용들을 고려해야 한다.[2] 학습자의 학습 단계(수준)에 알맞는 문법 항목들을 제시해야 한다. 둘째, 문법 교육은 학습 목표 및 주제·기능과 연관이 있어야 한다. 듣기, 말하기, 읽기, 쓰기의 언어 기술과 연계하여 수업해야 한다. 셋째, 피드백이 제공되어야 한다. 학습자의 오류를 진단하고 연습을 통해 규칙을 인지하도록 해야 한다.

2.1. 한국어 문법 항목의 등급화

한국어 어휘 빈도에 대한 연구는 진척이 있으나 아직 문법 항목에 대한 연구는 실증적 데이터가 구축되지 못하고 있는 실정이다. 그러나 문법 교육 자료 개발이나 교수요목 수립을 위한 문법 항목의 위계화는 중요하다. 기존 연구에서 한국어 문법 항목의 선정과 배열 기준을 제시하고 있는데 정리하면 다음과 같다.

---

2   강현화(2011)의 내용을 요약·정리하였다.

〈표 1〉 한국어 문법 항목의 선정과 배열 기준

Canale & Swain(1980)	• 의미의 복잡성　• 발화의 투명도　• 일반화 가능성
김정숙(1992)	• 사용 빈도수
김유정(1998)	• 빈도　　• 난이도　　• 일반화 가능성 • 학습자의 기대 문법
이해영(1998)	• 난이도　　• 빈도수　　• 기능
김제열(2001)	• 단계적으로 이해 가능하도록 배열 • 문법 항목 간의 호응 고려 • 유사한 기능일 경우 학습 부담 양이 적은 것 우선 • 쉽게 인식되는 것 우선 • 선수 학습 효과가 큰 것을 우선
민현식(2003)	• 유용성　• 빈도　• 복잡성　• 학습성　• 교수성
방성원(2004)	• 실용성　• 원형성　• 대표성　• 균형성
강현화(2007)	• 빈도　　• 난이도　　• 일반화 가능성 • 학습자와의 친숙성

2.2. 한국어 문법의 교육 내용

2.2.1. 문장

1) 문장성분

문장성분으로는 주어, 서술어, 목적어, 보어, 관형어, 부사어, 독립어가 있다. 문장성분은 학습자 또한 이해하는 부분으로 개념의 교수보다는 한국어의 문장성분이 가지는 특징에 대한 설명이 필요한 부분이다.

2) 문장의 확대

주술 관계가 두 번 이상 있는 경우를 복문이라고 하는데 복문은 다시 내포(문장의 안김)와 접속(문장의 이어짐)으로 나눌 수 있다. 내포는 하나의 문장 안에 다른 문장을 넣는 방식이고, 접속은 하나의 문장에 다른 문장을 잇는 방식이다.

例 ㄱ. 내포 : 순희는 철수는 밥을 먹었다고 생각했다.
　　ㄴ. 접속 : 눈이 오고 바람이 불었다.

2.2.2. 문법범주

1) 문장종결법

문장종결법은 문장의 종류를 나누는 기준이 되며 발화 목적에 따라 평서문, 의문문, 명령문, 청유문, 감탄문으로 나눌 수 있다. 종결어미에 따라 격식과 비격식으로 표현할 수 있다. 학습자는 다양한 한국어의 종결어미와 규칙 용언과 불규칙 용언으로 인해 많은 오류를 양산하기 때문에 초급 수준에서 기계적인 훈련으로 말하기와 쓰기에 익숙할 수 있도록 연습시켜야 한다.

> 예) 평서문 - 영희가 숙제를 한다.
> 의문문 - 영희가 숙제를 하니?
> 명령문 - 영희야! 숙제를 해라.
> 청유문 - 영희야! 숙제를 하자.
> 감탄문 - 영희가 숙제를 하는구나.

2) 피동과 사동

피동법과 사동법은 일반적으로 중급 과정에서 짧은 시간에 집중적으로 나타난다. 이후 심화된 내용은 거의 나오지 않는다. 따라서 학습자가 꾸준하게 예문이나 텍스트를 접하지 않는다면 잊어 버리기 쉽다. 그러므로 지속적인 환기와 연습이 필요하다.

피동은 능동에 대응하는 개념으로 주어가 다른 주체에 의해서 동작을 당하게 되는 것을 말한다. 피동문은 타동사 어간에 '-이-, -히-, -리-, -기-'를 붙여서 만드는 단형 피동과 '-아/어지다'를 붙여서 만드는 장형 피동으로 표현된다. 사동은 주어가 동작이나 행위를 남에게 시키는 것으로 동사 어간에 '-이-, -히-, -리-, -기-, -우-, -구-, -추-', '-게 하다'를 붙이는 방법과 명사에 '-시키다'를 붙여서 표현된다.

⑩ 피동사

-이-	-기-	-리-	-히-
보이다	안기다	팔리다	먹히다
쓰이다	씻기다	걸리다	읽히다
놓이다	감기다	빌리다	잡히다
쌓이다	찢기다	풀리다	밟히다
섞이다	쫓기다	열리다	접히다
깎이다		들리다	업히다

⑩ 사동사

-이-	-히-	-리-	-기-	-우-	-구-	-추-
보이다	눕히다	들리다	맡기다	세우다	일구다	맞추다
먹이다	접히다	날리다	굶기다	깨우다	돋구다	낮추다
죽이다	입히다	돌리다	옮기다	태우다		
녹이다	읽히다	울리다	숨기다	재우다		

3) 높임법

한국어는 높임법이 발달한 언어로 높임법 교육은 한국어 교육에서 중요하게 인식되고 있다. 높임법은 발화 상황, 주어, 객체, 청자에 따라 다양한 방법으로 표현한다. 주체높임법은 문장의 주어가 되는 주체를 높이는 방법으로 서술어에 '-(으)시-'를 주어에 '께서'를 붙인다. 또는 '잡수시다, 계시다' 등과 같은 특수 어휘를 사용한다. 객체높임법은 객체를 높이는 방법으로 객체존대 어휘로는 '드리다, 뵙다, 모시다' 등의 어휘를 사용한다. 상대 높임법은 청자에 대한 높임의 정도를 나타내며 특정한 종결어미를 씀으로써 표현한다.

높임법을 가르칠 때 초급에서는 활용 형태에 대한 이해가 우선시 되어야 한다. '-(으)시-'가 용언의 어느 위치에 있는지 강조하여 설명하고 학습자가 스스로 자연스럽게 사용할 수 있도록 반복 연습을 해야 한다.

4) 시제와 상

시제(tense), 상(aspect), 양태(modality)는 분명이 구분이 되는 개념이지만 수업 시간에 구분해서 가르칠 필요는 없다. 한국어 교육에서는 개별 형태소를 통해 접근하기 때문이다. 시제는 화자의 발화 때를 기준으로 시간의 선후 관계를 표현하는 것이고 상은 동작의 양상을 일정한 형태로 표시하는 것이다. 그리고 양태는 문장이 서술하는 사건에 대한 화자의 심리적 태도를 반영하는 것이다.

5) 부정법

한국어의 부정문은 '아니(안), 못'을 쓰는 형식과 '아니다, 못하다, 말다'를 쓰는 형식이 있다. 부정법은 원리가 쉬워 비교적 쉽게 배우기 때문에 학습에 큰 어려움은 없다. 다만 각각의 부정문에 제약이 따르므로 반드시 제약에 대한 연습과 학습이 이루어져야 한다.

3. 한국어 문법 교육의 방법

3.1. 문법 교육의 단계

문법 교수의 학습 모형은 다음과 같다.

```
도입 : 학습 목표, 동기 유발, 배경지식
            ⇩
       제시 : 문법 규칙
            ⇩
   연습 : 구조적 연습, 유의적 연습
            ⇩
      사용 : 적용 활동, 반복 학습
            ⇩
     정리 : 정리, 평가, 차시 예고
```

[그림 1] 문법 교수 학습 모형

도입 단계에서는 학습자로 하여금 학습 목표 인식하게 하고 주제에 대한 흥미를 유발하고 배경지식을 활용하여 학습 내용을 예측하게 한다. 교사의 유의적인 질문이 흥미 유발에 좋은 방법이 될 수 있다. 제시 단계에서는 해당 문법 규칙을 예측해 보고 문법에 대한 설명을 하는 단계이다. 그림이나 문장 같은 명확한 제시를 통해 구조적 형태와 의미를 인식하는데 도움을 준다.

다음 연습 단계에서는 문법의 원리와 규칙, 방법을 이해하고 학습하는 단계로 교재를 이용한 연습을 한다. 사용 단계에서는 실제적인 의사소통 상황에 문법 적용하여 사용해 보는 단계이다. 다른 학습자와의 의사소통으로 자연스럽게 구사하여 문법을 익힌다. 정리 단계에서는 학습 목표를 재확인하고 수업 내용을 정리한다.

3.2. 문법 연습 활동 유형

교실에서 주로 이루어지는 연습 방법을 제시한다.

1) 반복하기

교사가 예문을 발화하면 학습자는 해당 문법을 사용하여 반복적으로 연습하는 방법이다.

> 예) 교사　　 : 집에 가세요.
> 학습자　 : 집에 가지 마세요.
> 교사　　 : 숙제 하세요.
> 학습자　 : 숙제 하지 마세요.

2) 바꾸기

교사 또는 학습자가 발화하면 바꾸고자 하는 부분을 다른 것으로 바꾸어서 반복적으로 연습한다. 그림이나 단어 카드를 사용하면 효과적이다.

> 예) 교사　　　 : (사과)가 좋아요.
> 학습자 1 : (수박)이 좋아요.
> 학습자 2 : (딸기)가 좋아요.

3) 대답하기

교사 또는 학습자의 질문에 답하는 방법이다.

> 예) 교사　　　 : 뭐가 있어요?
> 학습자 1 : (수박)이 있어요.
> 학습자 2 : (딸기)가 있어요.

4) 연결하기

교사가 연결어미를 제시하고 학습자가 연결하는 연습이다.

- 교사　　：　만나다 , 반갑다
  학습자　：　만나서 반가워요.
  교사　　：　공부하다 , 행복하다
  학습자　：　공부해서 행복해요.

5) 완성하기

교사가 교재나 부교재에 제시된 앞문장을 제시하면 학습자가 나머지 문장을 완성하는 연습이다.

- 교사　　：　바지를 입고 (　　　　).
  학습자　：　바지를 입고 양말을 신어요.

6) 확대하기

학습자의 표현 활동을 늘려가는 방법이다. 문장성분을 넣어 길게 말하는 연습을 하게 한다.

- 학습자 1：여기에 (　　　) 수지와 (　　　) 사라가 있어요.
  학습자 2：여기에 (예쁜) 수지와 (멋진) 사라가 있어요.

3.3. 학습 활동 유형

해당 문법이 사용되는 실제 예문을 사용하여 학습자가 문법을 인지하게 한다. 다음과 같은 학습 활동 유형이 있다.

1) 문법 구조 인지하기

메모지를 보고 공통적으로 사용되는 문법 표지를 찾아 보게 한다.
'-기', '-(으)ㅁ'을 찾아 본다.

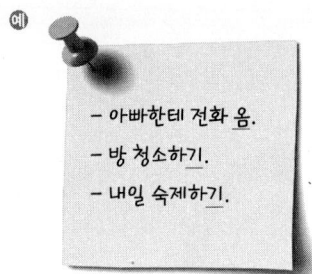

2) 창의적 표현 연습하기

'문장 확대하기'에서 나아가 창의적인 표현 연습 활동을 하게 한다.

예) 교사　　 : 철수는 공부하고 싶어 한다.
　　 학습자 1 : 철수는 집에 가고 싶어 한다.
　　 학습자 2 : 철수는 정말 선생님이 되고 싶어 한다.

3) 조건으로 창의적 표현 연습하기

교사가 문장의 일부를 조건으로 제시하고 문장을 완성한다.

예) 교사　　 : 나는 돈이 많으면 (여행을 하고 싶어요).
　　 학습자 1 : 나는 돈이 많으면 (　　　　).

4) 문제 해결하기

해결할 과제의 상황과 문법 항목을 제시하고 이를 사용하여 문제를 해결하게 한다.

예) 친구가 공공장소에서 하면 안 되는 일을 하고 있다. '-지 마'를 사용하여 친구에게 충고를 해 보자.

5) 물건 제시하기

교실에 해당 과제와 연관이 있는 실제 물건을 가져와서 꾸미고 이를 활용하여 학습자들이 적극적 참여할 수 있도록 환경을 조성한다.

예) 교실에 마트에서 파는 여러 가지 물건들을 놓고 직접 점원과 손님이 되어 해당 문법을 사용해 본다. '-니까, -아/어 주세요' 등과 같은 표현을 사용하도록 한다.

6) 자유 작문하기

시청각 자료를 제시하고 학습자는 창의적이고 자유롭게 말하거나 쓰게 한다.

- 예) 교사는 그림 또는 사진으로 상황을 제시하고 학습자는 이를 토대로 자유 연상하기 또는 다음 상황 추측하기 등을 할 수 있다. 이때 교사가 제시하는 문법을 사용하여 말하도록 유도한다.

7) 이야기 구성하기

소그룹별과 과제를 주고 해당 문법을 제시한다. 학습자는 이야기 연결, 삽입, 해결 등 자유로운 구성을 할 수 있다.

- 예) 학생들에게 토론 또는 논의가 필요한 상황을 제시한다. '어디로 소풍을 가야 하는지 결정하세요'를 제시하고 '-고 싶다, -니까, -아/어서' 등을 사용하여 이야기를 구성하게 한다.

8) 문법 게임

문법 게임은 교사가 창의적으로 구성하여 학습자가 적극적으로 참여하여 문제 해결을 하도록 하는 효율적인 방법이다. 학습자는 문법 게임을 통해 문법이 어떤 것인지 생각하게 하며 교사는 피드백이 유용하며, 재미있는 수업을 통해 학습자의 집중도를 높이는 역할을 한다.

- 예) 교사는 미리 과제 수행에 필요한 문법을 사용하여 문장 카드를 준비하다. 학습자 수에 맞게 그룹을 나누고 그림, 또는 만화, 사진, 음악 등으로 과제를 제시한다. 그룹별로 순서대로 문장 카드를 그대로 사용하거나 변형하여 이야기를 구성해 나가고 교사가 이를 판단하여 점수를 매긴다.

4. 문법 수업의 실제

앞서 설명한 학습 단계별로 교안을 구성해 본다. 문법 교수는 학습자의 수준에 맞게 설계되어야 하는데 단계별로 유의할 점은 다음과 같다.

초급 단계에서는 제시할 수 있는 어휘와 문법 항목이 제한되어 있다. 따라서 다양한 의미와 사용법을 모두 제시하지 말고 단계별로 확장해 나가는 것이 좋다. 그리고 문법 항목들간의 순서도 조절 및 통제해야 한다. 간단한 것에서부터 복잡한 것으로 순서를 정하고 학습자가 궁금해하더라도 많은 자료와 정보를 전달하기보다는 정확한 문법 사용을 익히는데 중점을 두어야 한다. 예문과 연습도 문법의 의미와 기능이 잘 드러나는 간단하고 명료하게 제시해야 한다.

중급 단계에서는 이미 기본적인 문법 항목을 학습하였으므로 유사 문법 항목을 모아서 비교하여 설명하고 유의적인 연습을 하는 것이 필요하다. 고급 단계에서는 새로운 것을 배우기보다는 중급 단계까지 학습해 온 것을 보다 깊이 있게 교수, 학습하거나 특수용법, 표현의 유사성, 연어 관계에 있는 표현들을 지도하여 세련된 문장을 구사할 수 있도록 해야 한다. 본 장에서는 초급 단계에서의 문법 교안을 구성해 보도록 한다.

대상	초급		시간	50분
주제	이유 표현 A/V-아서/어서를 이해하고 알맞게 사용할 수 있다.			
도입	대화나 시청각 자료 등을 이용하여 새로 학습할 문법 항목을 이끌낼 수 있는 상황을 만든다. T: 여러분은 여름에 어디가 좋아요? S: 바다가 좋아요. T: 왜 바다가 좋아요? S: 바다는 시원해요. T: 아, 바다는 시원해서 좋아요? 오늘은 이유를 말할 때 쓰는 표현을 공부해 봐요.			
제시	단어카드를 제시하며 A/V-아서/어서의 활용연습을 한다. 예) 아파서, 재미있어서, 없어서, 배고파서 용언별 활용 어휘를 집중적으로 연습 시킨다. 예) 가다 - 가서, 오다 - 와서, 예쁘다 - 예뻐서, 길다 - 길어서 A/V-아서/어서의 제약에 대한 설명을 한다. A/V-아서/어서의 앞 절에서 과거(-았/었-) 또는 '-겠-'은 오지 않는다. 따라서 여러 예문을 통해 분명하게 제시하고 강조하여 반복해야 한다. 예) 아침에 늦게 **일어났어서** 밥을 못 먹었어요. 　　아침에 늦게 **일어나서** 밥을 못 먹었어요.			
연습	문장 카드 또는 그림을 이용하여 새로운 표현을 연습합니다. 연습을 주로 서술문과 의문문 위주로 한다. T: 이 사람은 왜 기분이 좋아요? S: 데이트가 있어요. T: 데이트가 있어요. 그래서 기분이 좋아요? 데이트가 있어서 　　기분이 좋아요? S: 네, 데이트가 있어서 기분이 좋아요.			
활동	짝을 짓거나 소그룹으로 모여 A/V-아서/어서를 이용하여 이야기해 본다. 교사는 상황을 제시해준다. 이때 용언을 정확하게 표현하는 그림이나 단어 카드를 제시한다. 그림이나 단어 카드를 가진 학생은 질문을 하고 상대방은 'A/V-아서/어서'를 사용하여 대답을 한다. 짝 또는 그룹 활동이 끝나면 서로 주고 받은 질문과 대답을 정리하여 학생들과 함께 이야기해 본다.			

질문	학생1	학생2	학생3	학생4
오늘 왜 피곤해요?				
왜 한국어를 공부해요?				
왜 학교에 늦게 와요?				

마무리	수업을 정리하여 학습자로 하여금 문법 항목의 사용을 스스로 점검해 보도록 한다. "왜"라는 질문에 A/V-아서/어서를 사용하여 문장을 완성하는 숙제를 부여한다.

● 생각해 봅시다

1. 피동법을 효과적으로 가르칠 수 있는 방안에 대해 생각해 보자.
2. 초급 문법 연습 활동에 적합한 유형을 생각해 보자.

● 풀이

1. 흔히 피동사 교육에서 그림 자료를 사용하기도 하는데 이보다는 그림 자료를 보조자료로 활용하고 교사가 직접 몸동작을 이용하여 설명하고 연습을 해보는 것이 좋다. 단기간 출현한다고 하여 한꺼번에 학습하기보다는 예문 제시를 통해 반복하여 학습하여 그 의미를 정확하게 이해시켜야 한다.

2. 문법 항목에 따라 교사는 다양한 연습 활동을 고안할 수 있을 것이다. 초급 대조문법 항목에서 사용할 수 있는 연습 활동을 소개한다. 틀린그림 찾기는 초급 학습자에게 대조 문법 항목을 연습시킬 수 있는 좋은 유형이다. 틀린 그림을 제시하고 '그러나, -고, -지만'을 사용하여 문장을 생성하는 연습이다. 연예인이나 문화, 재미있는 사진 또는 그림으로 연습하면 집중도도 높이고 즐거운 활동을 유도할 수 있다.

참고문헌

서울대학교 한국어문학연구소 외(2011), 한국어 교육의 이론과 실제 2, (서울대학교): 아카넷.

이병규(2008), 국어과의 문법 교육과 외국어로서의 한국어 문법 교육의 특징 비교 연구, 이중언어학, 제38호, 이중언어학회.

김다혜(2008), '국어문법'과 '한국어 문법'의 교육 내용 체계 비교, 명지대학교 교육대학원 석사학위 논문.

김재욱(2009), 외국인을 위한 한국어 문법 내용 설정 연구, 문법 교육 10호, 한국문법교육학회.

김현지(2008), 외국어로서의 한국어 문법 교육의 접근 방향, 외국어교육연구, 22, 한국외국어대학교 외국어교육연구소.

임칠성(2010), 자국어 문법 교육과 외국어로서의 한국어 문법 교육의 성격 비교 연구, 문법 교육, 제13집, 한국문법교육학회.

이관규(2010), 학교 문법과 한국어 문법의 성격과 내용 체계, 문법 교육, 제13집, 한국문법교육학회.

우형식(2010), 한국어 교육 문법의 체계와 내용 범주, 우리말연구, 26집, 우리말학회.

정희정(2011), 한국어문법교육방법론의 연구 동향 및 과제, 이중언어학, 47호, 이중언어학회.

강현화(2011), 한국어 문법 교육 연구의 현황과 전망, 언어사실과 관점, 27, 언어정보연구원.

이미혜(2009), 한국어 문법 교육의 목표-국어 문법 교육과의 차별성, 문법 교육, 제10집, 한국문법교육학회.

김재욱(2009), 외국인을 위한 한국어 문법 내용 설정 연구-교육 문법 내용의 영역, 등급과 순서 제시, 문법교육, 제10집, 한국어문법교육학회.

6장

한국어 발음 교육론

배정선

1. 들어가며

한국어를 배우는 학습자들은 '한국 사람처럼' 말할 수 있기를 바란다.[1] 여기에서 '한국 사람처럼' 말한다는 것에는 여러 가지 의미가 있을 수 있으나 판단의 중요한 기준이 되는 요소 중의 하나가 바로 발음이다. 어휘와 문법의 사용에 오류가 없고 정확한 문장을 발화하더라도 발음이 좋지 않을 경우 발화와 동시에 외국인 화자라는 것을 인식하게 되고 '한국 사람처럼' 한국어를 잘 한다는 인상을 줄 수 없기 때문이다.

다양한 언어 교수법 가운데 발음 교육을 강조한 교수법은 청각 구두식 교수법과 의사소통 중심 접근법이다. 청각 구두식 교수법에서는 학습 초기부터 발음을 강조하였고 대부분 듣고 따라 하기의 방법으로 발음을 교육하였다. 유창성을 강조하는 의사소통 중심 접근법에서는 이해 가능한 발음의 습득을 목표로 하였으며 강세, 리듬, 억양 등의 초분절 음소 또한 강조하였다.(허용·김선정, 2006; 박지영, 2014 등)

한국어 교육에서는 1980년대 후반에 이르러 발음 교육에 대한 관심이 시작되었고 발음 교육의 다양한 방법론에 대한 보다 본격적인 연구는 2000년대 이후에 이루어졌다.

---

1 정명숙(2002)에서는 학습자들이 외국어를 배우는 궁극적인 목표는 그 언어의 모국어 화자와 똑같이 말하는 것이라 하였다.

1.1. 발음 교육의 필요성

원활한 의사소통을 위한 도구

발음 교육이 필요한 이유 중 하나는 원활한 의사소통을 위해서이다.(정명숙, 2002; 우형식, 2010 등) 한국 사람과 같은 정도의 발음은 불가능하더라도 다른 사람이 듣고 이해 가능할 정도의 발음은 할 수 있어야 의사소통이 가능하다. 한국어 교사들은 대부분 외국인 학습자들의 한국어 발음에 익숙하므로 보통 사람에 비해 이해할 수 있는 발음의 범위가 넓은 편이지만 외국인들의 한국어 발음에 익숙하지 않은 일반 청자의 경우 이해 가능한 발음의 범위가 좁다. 따라서 교실 밖에서도 원활하게 의사소통을 하기 위해 외국인의 한국어 발음에 익숙하지 않은 사람들도 이해할 수 있을 정도의 발음 교육이 필요하다.

한국어 학습에 대한 태도에 영향

발음은 한국어 실력에 대한 첫인상을 좌우한다.(김선정, 2005; 김선정·허용, 2005) 발음이 좋으면 한국어를 잘 하는 사람으로 생각하고 한국어 실력에 대한 긍정적인 반응을 들을 수 있다. 주변 사람의 이러한 반응은 학습자들에게 자신감을 심어주어(김은애, 2005) 한국어 학습 자체에 대한 흥미를 높여줄 수 있다.[2] 좋은 발음이 학습자의 동기를 자극할 수 있기 때문에 발음 교육에 대한 관심이 필요하다.

한국어 음절 구조에 대한 이해에 도움

한글은 소리를 문자로 나타내는 표음 문자이다. 또한 한글의 경우 소리와 글자와의 대응이 대부분 일치한다는 특징이 있다. 이러한 이유로 한국어 발음 교육을 하는 과정에서 학습자는 한글과 음성(소리)의 관계에 대해 이해할 수 있고 더 나아가 한국어의 음절 구조를 이해하는 데에도 도움을 받을 수 있다.

---

2 우형식(2010)은 정확하지 못한 발음은 의사소통의 장애를 초래하고, 결과적으로 학습의욕을 떨어뜨릴 수 있음을 언급하였다.

학습자 스스로 발음을 교정할 수 있다.

학습자에게 발음의 정, 오 판정만을 하는 것이 아니라 발음 방법에 대해서도 교육을 하면 교실에서 뿐만 아니라 교실 밖에서도 스스로 발음에 대한 주의를 기울일 수 있고 바른 발음을 연습할 수도 있다.

1.2. 한국어 교육에서 발음 교육의 역사

한국어 발음 교육의 연구는 1980년대 후반에 시작되었으나 해당 시기의 연구는 두 편에 불과하였고 1990년대 이후 본격적으로 시작되었다고 할 수 있으며 2000년대 이후 발음 교육에 대한 연구가 폭발적으로 증가하였다.(정명숙, 2011)

2000년대 후반에는 발음 교육과 관련한 모든 영역의 연구가 정밀해지는 양상을 보인다. 특히 학습자 변인에 따른 발음 교육에 관한 연구, 학습자들의 한국어 발음 양상, 발음 교육 항목별 연구, 교육 자료에 대한 연구가 깊이 있게 이루어졌다. 또한 2000년대 후반에는 발음 교육 자료에 대한 연구가 보다 활발히 이루어지기 시작하였다.(정명숙, 2011)

2. 발음 교육의 내용

한국어 교실에서 발음 교육은 처음 한글 교육과 함께 시작된다. 학습자들은 각 글자의 음가를 익히고 발음하면서 한국어의 모음과 자음의 특징을 알게 된다. 한글과 발음 교육은 대부분 모음부터 시작하는데 자음은 단독으로 소리내기 어렵기 때문이다.

발음 교육에서 다루어야 할 내용들은 크게 모음, 자음, 받침, 발음 규칙으로 구분할 수 있는데 학습자들이 배우기 쉽고 반복을 통한 학습이 가능하도록 순서를 구성하는 것이 좋다.[3] 예를 들어, 단모음 – 평음 – 개음절 만들기 – 이중모음 – 평음 – 개음절 만들기 – 단모음 – 경음 – 이중모음 – 경음 – 단모음 – 격음 – 이중모음 – 격음 – 받침(울림소리) – 폐음절 – 받침2(폐쇄음) – 폐음절 – 겹받침 – 발음규칙의 순서로 교육하는 방법이 있다. 이러한 순서로 가르치면 앞서 학습한 내용을 자연스럽게 복습하면서 부담 없이 목표 발음과 한글을 익힐 수 있어 효과적이다.

이제 모음, 자음, 받침, 발음 규칙의 순서로 각각의 교육을 위한 내용을 알아보기로 한다.

---

3 이러한 순서를 반영하여 한글과 발음을 쉽게 익힐 수 있는 안드로이드용 어플리케이션이 개발되어 있다. 'Letter in Korean from Easy'

2.1. 모음

한글을 처음 배우는 학습자들이 가장 먼저 발음하게 되는 한국어가 바로 모음이다. 한국어의 모음은 총 21개가 있는데 그 중 단모음부터 살펴보자.

2.1.1. 단모음

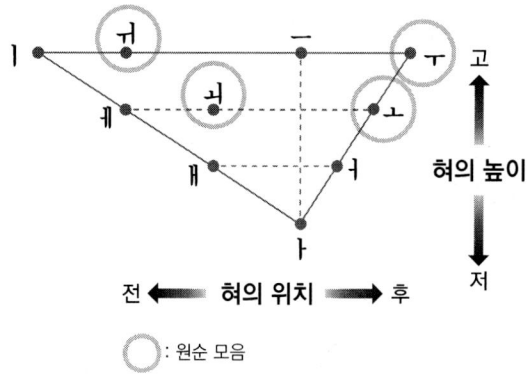

[그림 1] 한국어의 단모음

제일 먼저 가르치는 한국어 발음과 한글은 단모음부터 시작해야 한다. 현재 학교 문법에서 가르치는 한국어의 단모음은 위의 그림과 같이 10개이다. 그러나 현실음으로 볼 때는 '위'와 '외'를 제외하고 8개로 보는 견해도 있고, 여기에 '에'까지 제외하고 7개로 보는 견해도 있다. '위'와 '외'의 경우 한국어 교실에서 단모음으로 교육하지 않는 것이 일반적인 듯하다. 그리고 '에'와 '애'의 경우 학습자의 모국어에 따라 정확하게 구별이 가능한 경우도 있으나 현재 한국 사람들이 현실음으로 거의 구별하지 않고 사용하고 있기 때문에 그 음가의 차이를 교육하는 것은 오히려 혼란을 야기할 수 있다.(정명숙, 2002; 김선정, 2005)

단모음을 교육할 때는 학습자의 모국어에도 찾아볼 수 있는 모음인 '아, 오, 이'부터 하는 것이 좋다. 이 세 가지의 모음은 대부분의 언어에 존재하는 모음으로 학습자들이 큰 어려움 없이 듣고 인지할 수 있고 발음할 수 있다. '아, 오, 이'를 익힌 다음 그 외의 단모음들은 '아, 오, 이'와의 차이에 중점을 두고 음가를 이해하도록 하여 단모음에 대한 발음을 연습하는 것이 좋다.

2.1.2. 이중모음

〈표 1〉 이중모음의 분류

계열	이중모음의 종류
ㅣ계열	야, 여, 요, 유, 얘, 예
ㅜ계열	위, 외, 워, 와, 왜, 웨,
ㅢ	의

단모음을 교육한 다음 이중모음을 교육하는데 크게 위의 표와 같이 'ㅣ계열' 이중모음과 'ㅜ계열' 이중모음, 그리고 'ㅢ'로 나누어 비슷한 성격을 가지고 있는 이중모음을 함께 교육하는 것이 좋다. 이중모음을 교육할 때 한 가지 주의해야 할 점은 'ㅣ'와 'ㅜ'의 길이가 매우 짧다는 것을 강조하는 것이다. 예를 들어 '야'를 교육한다면 '야'를 '이+아'라고 설명하고 음의 길이에 대한 추가 설명을 하지 않으면 '이아'를 빨리 발음하는 것과 같은 어색한 발음을 생산하게 된다. 그래서 '이'의 길이가 아주 짧다, 거의 입모양만 잡고 소리는 내지 않는다는 느낌으로 발음을 하라고 설명해야 한국 사람들이 발화하는 '야'소리와 비슷하게 발음할 수 있다.

또한 '의'의 경우 정확하게 '의'로 발음해야 하는 '의사, 의자' 등의 단어를 연습한 다음에는 '희망, 무늬' 등의 단어를 통해 첫소리에 자음이 올 경우 '이'로 발음하는 것을 함께 설명해야 한다. 그렇지 않으면 굉장히 어색한 발음을 생산하게 된다.

2.2. 자음

한국어의 자음은 조음방법과 조음위치에 따라 구분할 수 있다. 조음위치를 보면 양순음이 4개, 치경음이 7개, 경구개음이 3개, 연구개음이 4개, 성문음이 1개로 분포되어 있다. 자음의 경우 ㄱ, ㄴ, ㄷ의 순서로 가르치는 경우도 있으나 발음 교육의 관점에서 보자면 양순음부터 가르치는 것이 학습자의 오류를 눈으로 즉각 확인할 수 있어 효율적이다.

〈표 2〉 조음위치와 조음 방법에 따른 자음의 분류

조음방법 \ 조음위치		양순음	치경음	경구개음	연구개음	성문음
파열음	평음	ㅂ	ㄷ		ㄱ	
	경음	ㅃ	ㄸ		ㄲ	
	격음	ㅍ	ㅌ		ㅋ	
파찰음	평음			ㅈ		
	경음			ㅉ		
	격음			ㅊ		
마찰음	평음		ㅅ			ㅎ
	경음		ㅆ			
비음		ㅁ	ㄴ		ㅇ	
유음			ㄹ			

2.2.1. 평음

 평음의 경우 학습자들이 비교적 정확한 발음을 생산할 수 있다. 모음을 학습한 이후에 평음을 학습하기 때문에 여러 모음과 평음을 결합하여 다양한 음절을 만들어 연습을 하는 것이 좋다. 무의미한 음절을 연습하는 것보다는 학습한 모음과 평음의 결합을 통해 만들 수 있는 단어로 연습을 하면 학습자들의 흥미를 유도할 수 있다.

2.2.2. 경음과 격음

 경음과 격음은 한국어의 발음 중에서 학습자들이 가장 어려워하는 부분 중의 하나이다. 경음과 격음 자체의 발음을 제대로 생산할 수 없는 경우도 있으나 그것보다는 평음과의 구별을 어려워하는 경우가 더욱 많다. 또 격음과 경음의 구별보다 평음과 경음, 평음과 격음의 구별에 더욱 난색을 표하기도 한다. 격음의 경우 공기가 터져나가는 것을 보여주기 위해 휴지나 손바닥을 입 앞에 대고 연습을 시키기도 한다. 연습을 할 때는 나쁘지 않으나 실제 언어 생활에서 사용하기에는 무리가 있는 방법이다. 경음은 성대를 긴장시켜서 내는 소리인데 일부 교사들은 성대를 긴장시키는 모습을 과장해서 보여주기도 한다. 만약 학습자의 모어에 이와 유사한 방법으로 내는 소리가 있다는 것을 교사가 알고 있다면 그 부분을 최대한 활용하는 것도 좋다.

평음, 격음, 경음 간의 변별력을 키울 수 있는 방법 중에 음의 높이를 이용한 방법이 있다. 경음과 격음은 평음에 비해 음의 높이(pitch)가 높다. 낮은 음으로 소리가 나면 평음, 높은 음으로 소리가 나면 경음이나 격음이라고 이해하고 먼저 청취 변별력을 키워준 다음 음의 높이에 집중하여 연습을 진행하면 실제 언어 생활에서 보다 유용하게 사용할 수 있다.

2.3. 받침

2.3.1. 울림소리 받침

받침이 울림소리인 경우 그 받침을 지속적으로 발음할 수 있으므로 지금까지 학습한 다양한 음절에 받침을 붙여서 2~3초 정도 길게 발음하도록 하면 정확한 음가를 확인할 수 있다. 일본, 러시아, 중국 등의 학습자들은 받침소리 ㄴ과 받침소리 ㅇ의 구별을 어려워하고 일부 학습자들은 받침소리 ㄴ과 받침소리 ㄹ의 구별을 어려워한다. 일단 소리를 많이 들려주고 듣고 구별할 수 있도록 하면 발음을 하는 데에도 도움이 된다.

2.3.2. 폐쇄음 받침

받침소리 ㄱ, ㄷ, ㅂ의 경우 가장 중요한 것이 잠깐 동안 실현하고 개방되는 것이 아니라 완전한 폐쇄가 되도록 하는 것이다. 이는 각 단어의 정확한 발음을 위하여 중요할 뿐만 아니라 2.4장에서 다루게 될 경음화 발음을 위해서도 중요한 부분이다. 받침소리 ㄱ, ㄷ, ㅂ가 정확하게 실현되지 않으면 경음화도 제대로 실현되기 어렵다.

2.3.3. 겹받침

겹받침의 발음은 일단 뒤에 자음이 연결될 때와 모음이 연결될 때로 나누어 교육이 되어야 한다. 겹받침 뒤에 자음이 결합될 경우 두 개의 받침 중에서 앞 받침이 발음되는 경우와 뒤의 받침이 발음되는 경우를 구분하여 교육이 되어야 한다. 이는 정확한 규칙이 있는 것이 아니므로 빈도가 높은 겹받침 단어의 경우 미리 학습을 하는 것도 좋은 방법이 될 것이다. 겹받침이 뒤에 모음과 연결될 경우 앞의 받침이 발음되고 뒤의 받침은 연음이 되어 발음되는 것도 정확하게 교육이 되어야 한다. 초급 단어 중에서 빈도가 높은 겹받침 단어는 읽다, 앉다, 싫다, 많다 등이다. 싫다와 많다의 경우 조금 다른 규칙이 적용되므로 겹받침의 발음을 교육하는 단계에서는 읽다와 앉다를 중심으로 자음과 연결될 경우, 모음과 연결될 경우를 연습하면 좋을 것이다.

2.4. 발음 규칙

한국어는 소리와 글자가 일치하는 경우가 많다. 그러나 소리와 글자가 일치하지 않는 경우도 종종 나타나는데 학습자들은 왜 그렇게 발음 되는지 알지 못하기 때문에 혼란스러워한다. 따라서 발음교육에서 개별음뿐만 아니라 발음 규칙에 대한 교육도 실시되어야 한다.

2.4.1. 연음

연음의 경우는 다른 언어에서도 볼 수 있는 현상이므로 발음을 하는 데에는 크게 무리가 없다. 그러나 한 단어 내에서 연음이 일어나는 경우 소리나는 대로 표기를 하는 오류를 범하기도 한다. 예를 들어 '얼음'의 경우 '어름'과 발음이 같기 때문에 둘 중 어떤 것이 맞는 표기인지 혼란스러울 수 있다. 연음과 표기에 대한 오류가 반복되면 학습자 스스로 지나치게 주의를 기울이다 역으로 소리와 글자가 같은 단어인데도 두 번째 음절의 첫소리를 첫 번째 음절의 받침으로 표기하는 오류도 발생

한다. 예를 들어 일부러, 새내기 와 같은 단어를 '일불어, 새낵이'로 쓰기도 한다. 따라서 발음과 함께 표기에 대한 주의도 기울일 수 있도록 교육을 하는 것이 좋다.

2.4.2. 'ㅎ'의 발음

'ㅎ'의 발음은 모음과 연결될 때와 자음과 연결될 때로 나누어 교육해야 한다. 'ㅎ'은 모음 사이에서는 약화되어 소리가 없어지고 자음 중 평음과 연결될 경우 격음으로 바뀐다. 따라서 입학[이팍], 백화점[배콰점] 등과 같이 한 단어 내에서도 'ㅎ'이 평음과 결합하여 격음으로 소리 나는 경우에 대한 교육도 해야 하고 'ㅎ'이 포함된 겹받침의 발음에 대한 교육도 필요하다. 거센 소리로 나는 겹받침 단어 중 아주 빈도가 높은 싫다, 많다의 경우를 예로 들어 자음과 연결될 때와 모음 사이에 올때의 차이를 연습하면 좋다. 싫어요[시러요], 싫고[실코], 많아요[마나요], 많지만[만치만]의 발음을 익숙해질 때까지 연습한다.

2.4.3. 경음화

한국어에는 다양한 조건 하에서 경음화가 일어나는데 반드시 경음화가 일어나는 필수적 경음화와 불규칙적이고 예측 불가능한 경음화라 할 수 있는 수의적 경음화로 나눌 수 있다. 필수적 경음화는 받침소리 ㄱ, ㄷ, ㅂ 다음에 오는 평음 ㄱ, ㄷ, ㅂ, ㅅ, ㅈ가 경음으로 소리 나는 경우로 국수, 꽃밭, 합격 등의 단어가 그 예이다.

수의적 경음화는 앞 음절의 받침이 장애음이 아닌 울림 소리 [ㄴ, ㄹ, ㅁ, ㅇ] 뒤에 연결되는 평음이 경음으로 소리 나는 경우인데 첫째, 용언의 어간 받침이 ㄴ, ㅁ로 끝나고 평음으로 시작하는 어미와 결합하는 경우로 '머리를 감고 잤다.', '신발을 신다가 다시 벗었다.' 등이 그 예이다. 다음으로 어미 ㄹ 다음에 평음으로 시작하는 의존명사가 오는 경우이다. 할 것, 알 바 등이 그 예가 된다. 또 '(으)ㄹ'로 시작되는 어미 뒤에 연결되는 평음이 경음으로 소리 나는 '-(으)ㄹ게, -(으)ㄹ거야' 등도 수의적 경음화의 예가 된다.

2.4.4. 비음화

두 번째 음절의 첫소리가 ㄴ, ㅁ이고 앞의 받침이 받침 소리 ㄱ, ㄷ, ㅂ인 경우 각각 ㅇ, ㄴ, ㅁ로 소리 난다. 두 번째 음절인 비음의 영향으로 동일한 조음위치에서 발음되는 비음으로 동화되는 현상이다. 비음화 현상이 일어나는 단어는 주변에서 쉽게 찾을 수 있을 정도로 자주 발견되는 규칙이기 때문에 교사의 설명을 이해할 수 있는 정도의 한국어 수준이 되는 학습자를 대상으로 할 때는 비음화의 규칙을 아예 설명해주는 것도 좋은 방법이 될 수 있다. 글씨와 발음이 다른 경우 모두 불규칙이라고 생각하는 학습자가 많은데 비음화의 경우 예외 없이 규칙적으로 적용되는 현상이므로 그 원리를 이해하고 나면 한국어의 발음에 대해 관심을 가지는 경우가 종종 있다. 비음화 현상이 일어나는 예는 국민[궁민], 앞문[암문], 것만[건만] 등이 있다.

2.4.5. 그 외의 규칙

그 이외의 발음 규칙으로 신라[실라], 칼날[칼랄]로 소리 나는 유음화 현상과 'ㄷ'와 'ㅌ'가 '이'와 '히' 앞에서 각각 'ㅈ'와 'ㅊ'로 소리 나는 구개음화 현상 등이 있다. 구개음화 현상의 예는 굳이[구지], 맏이[마지], 해돋이[해도지], 닫히다[다치다] 등이 있다.

2.5. 초분절 음소

발음교육의 내용에는 억양이나 음의 길이와 같은 초분절 음소에 대한 것도 포함되어야 한다. 초분절 음소의 경우 정확한 음가를 실현하는 것과는 다소 관계가 없더라도 보다 자연스러운 한국어를 구사할 수 있도록 도와주는 동시에 원활한 의사소통에 큰 도움을 준다.

2.5.1. 억양

개별 음운의 발음이 정확한 학습자라 할지라도 억양이 부자연스러우면 유창한 한국어를 구사한다는 인상을 줄 수 없다. 반대로 개별 음운의 발음은 다소 부정확하더라도 억양이 자연스러우면 유창성 부분에서 긍정적인 인상을 주게 되어 자연스러운 한국어를 구사할 수 있게 된다.(정명숙, 2002)

한국어가 억양이 없는 언어라고 인식하고 있는 사람들도 있으나 한국어에는 의미를 분화하는 역할을 하는 성조가 없을 뿐 한국어도 규칙적인 억양이 있는 언어이다. 한국어의 억양을 학습자에게 교육하게 되면 규칙을 모르고 무조건 한국어 화자의 억양을 따라하는 것보다 빨리 억양을 익힐 수 있게 되며 한국어의 억양은 쉽고 규칙적이기 때문에 학습자 스스로도 충분한 연습을 통해 자연스러운 억양을 구사할 수 있게 된다. 따라서 한국어 발음 교육에서 억양 교육도 반드시 실시되어야 한다.

한국어의 억양은 크게 문장의 종류에 따라 다르게 실현되는 문미 억양과 기본적인 강세구와 억양구에 실현되는 억양으로 나눌 수 있다. 문미 억양은 평서문, 의문문(의문사 의문문, 예/아니오 의문문), 청유문, 명령문에 따라 다르게 실현된다.

강세구와 억양구의 경우 기본 억양은 LHLH로 실현된다.

아버지는 // 우리에게 // 장난감을 // 주셨다.
LHLH   LHLH   LHLH   LHL

그러나 강세구의 첫 번째 음절이 경음, 격음, 마찰음으로 시작하는 경우에는 HHLH로 실현된다.

컴퓨터가 // 싸다길래 // 친구들과 // 사러 갔다.
HHLH   HHLH   HHLH   HHLL

이와 같은 문장의 억양 실현을 통해 H H L H의 억양을 확인할 수 있다.

2.5.2. 길이

한국어에서 음의 길이가 단어의 의미를 구분하는 경우도 있다. 그런 단어들은 길이에 따른 의미 차이를 가르쳐야 한다. 예를 들어 눈:(snow)과 눈(eye), 밤:(chestnut)과 밤(night), 말:(talk)과 말(horse) 등의 단어가 그것이다. 일부 지역에서는 길이와 함께 높낮이도 다르게 발음하는 경우도 있으나 표준어로는 길이의 차이만 있는 단어들이다.

그러나 동음 한자어의 장음과 단음을 구별해서 사용하는 화자는 점차 줄어들고 있어 장음과 단음에 의한 동음한자어의 의미차이가 약화되고 있다. 의:사(意思)와 의사(醫師)의 음의 길이 차이를 중요하게 여기지 않는 것이 그 예가 될 것이다. 따라서 초급 단계에서 의자, 감기 등의 단어를 익히는 과정에서 음의 길이를 지나치게 강조하면 오히려 혼란을 줄 수 있다.

3. 발음 교육의 방법

발음 교육은 듣고 소리를 구별할 수 있도록 가르치는 것과 바른 소리를 발음하는 것을 포함하고 있는데 청취 변별력의 향상이나 바른 발음은 연습량에 비례하는 경우가 많다. 하지만 발음 연습은 자칫 단조롭고 지루해지기 쉬우므로 다양한 활동 유형을 번갈아 실시하여 최대한 재미있는 수업이 되도록 하는 것이 중요하다.

3.1. 발음 교육의 다양한 활동 유형

우선 가장 일반적으로 자주 사용하고 있는 '듣고 따라 하기'가 있다. 듣고 따라 하기에 앞서 목표 발음을 충분히 들려주는 것도 중요하고 많이 듣고 난 후에 듣고 따라 하기 활동을 하면 좋다. 이때 단순히 개별음을 하나하나 소리 내는 것보다는 한국어의 억양 규칙에 맞게 LHLH로 읽는다든지, 리듬에 맞추어 읽기를 하면 보다 재미있고 활동적인 수업을 진행할 수 있다.

다음으로 최소 대립쌍이나 발음하기 어려운 단어를 문장 속에 포함시켜 빠른 속도로 말하기 연습을 할 수도 있다. 발음 교육을 하다 보면 개별음을 연습할 때는 정확하게 되던 것도 문장 속에서는 정확한 발음을 하지 못하는 경우가 종종 있는데 이 방법을 통해 문장 속에서도 목표 발음을 정확하게 구사할 수 있도록 하는 연습을 할 수 있다.

또 비슷한 발음의 단어를 많이 포함하고 있는 말꼬기 놀이를 하는 것도 학습자의 능동적인 참여를 높일 수 있는 방법이다. 경찰청 창살은 쇠창살, 내가 그린 기린 그림, 간장 공장 공장장 등과 같은 말꼬기 놀이는 어려우면서도 재미있는 활동이 된다.

최근 달라진 교실 환경에 맞게 미디어와 기자재를 활용하여 발음 연습 활동을 할 수도 있다. 학습자의 발화를 녹음하여 함께 듣는 것도 좋은 연습이 될 수 있고, 드라마 대사를 연습하여 드라마 더빙하기 활동을 하면 아주 재미있게 발음 연습을 할 수 있다. 드라마 더빙과 비슷하지만 영상에 입모양을 맞출 필요가 없어 보다 자유로운 변형이 가능한 동화 구연하기도 발음 연습의 좋은 방법이 될 수 있다.

만약 시간적인 여유가 있다면 귓속말로 전달하기 게임을 통해 조금 더 활동적인 수업을 진행할 수 있다. 귓속말로 전달하기는 5~6명 정도로 팀을 나누어 첫 번째 학습자가 카드에 적힌 문장이나 단어를 보고 다음 학습자에게 귓속말로 전달하고 또 그 다음 학습자에게 귓속말로 전달하는 방법으로 맨 마지막 학습자가 그 단어나 문장을 발음하게 할 수도 있고, 해당 단어를 빨리 가지고 오기를 하는 것도 좋다. 문장카드로 연습을 한다면 동작을 지시하는 문장을 귓속말로 전달하고 마지막 사람이 그 문장에 맞는 동작을 하는 것도 게임을 재미있게 할 수 있는 방법이다.

3.2. 발음 교육 활동 시 주의 사항

발음 교육 활동을 진행할 때 주의할 것이 있다. 학습자들의 성향에 따라 틀리는 것을 두려워해서 소리를 내지 않는 학습자가 있는데 소리를 내지 않으면 교사가 학습자의 발음 오류를 알아내기도 힘들고 학습자의 발음도 개선이 어렵기 때문에 좋지 않다. 따라서 교사는 활동 전에 틀려도 괜찮다는 말을 하고 자신 있게 큰 소리로 말할 수 있도록 방향을 잡아줄 필요가 있다. 그리고 활동을 하는 동안 다소 산만해지고 재미있는 분위기가 만들어질 수 있는데 그렇다고 해도 학습자의 틀린 발음을 우스꽝스럽게 따라한다거나 공개적으로 지적하는 것을 지양해야 함은 당연한 일이다.

또한 발음에 대한 연습이나 활동은 초급 학습자들을 대상으로만 진행되는 것이 아니라 중급과 고급 학습자들을 대상으로 할 때도 다양한 활동을 구상하는 것이 좋다. 그렇게 해야 학습자들이 발음에 대한 관심을 지속적으로 유지할 수 있고 학습자 수준에 맞는 다양한 활동에 대한 연구도 지속될 수 있다.

4. 발음 수업의 실제

지금까지 살펴본 발음 수업의 내용과 방법에 입각하여 실제 발음 수업을 위한 수업 지도안을 소개한다. 수업지도안은 정해진 양식이 없으나 학습목표와 학습내용이 잘 드러나도록 쓰는 것이 좋다. 다음은 초급 학습자를 대상으로 '유가음화'의 규칙을 교육하기 위한 수업지도안이다.

단원	1. 소개	차시	1/2
학습 목표	1. 유기음화가 일어나는 환경을 알고 유기음화가 일어나는 부분을 정확하게 발음할 수 있다. 2. 교재에서 유기음화가 일어나는 문장을 찾고 바르게 발음할 수 있다.		
단계	학습 내용		학습 자료
도입	점심 먹었어요? 무엇을 먹었어요? 학생들에게 묻고 대답 듣기. 선생님은 밥하고 반찬하고 먹었어요. '밥하고'를 여러 번 말한다. 반찬하고 밥을 먹었어요, 밥하고 반찬을 먹었어요. 똑같은 '-하고' 가 똑같이 발음 되는지 질문한다.		
	1. 낭독자료 읽기 통합교재 1과의 목표문법이 들어있는 낭독자료를 읽으면서 발음 연습을 한다. - 무**역**회사 일이 처음이지만 열심히 하겠습니다. - 잘 부**탁**합니다. - 요즘 어**떻**게 지내세요? - 왜 이**렇**게 음식을 많이 준비했어요? - 이 식당에는 언제나 손님이 **많**군요. - 대학을 졸**업하**고 일을 시작했어요. - 배우는 것도 **많**고 일도 재미있어요.		

전개	2. 유기음화가 나타나는 문장을 읽으면서 오늘의 수업목표를 스스로 찾아본다. 3. 유기음화의 규칙과 환경을 설명하고 단어 연습을 한다. 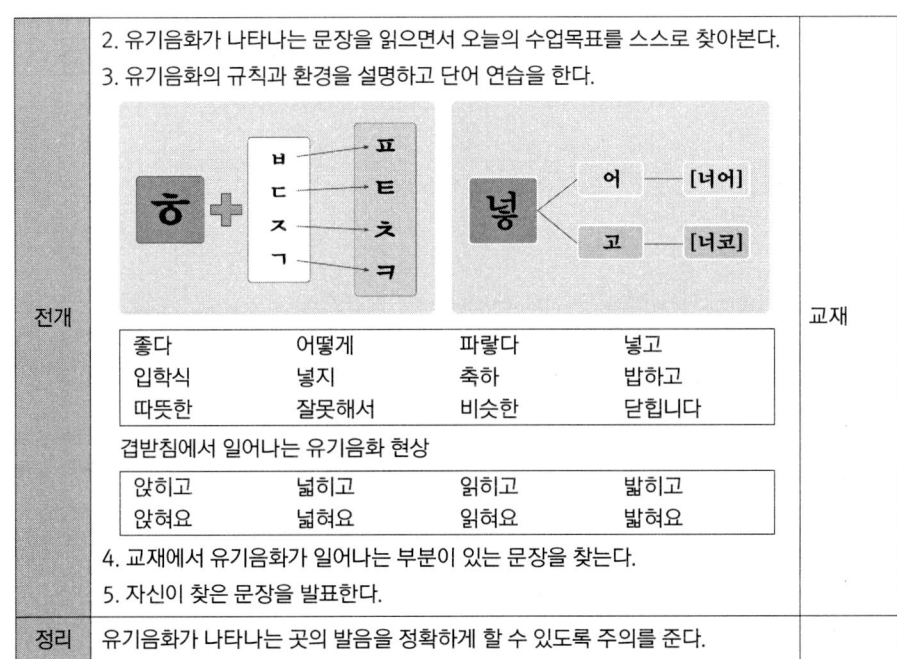 	좋다	어떻게	파랗다	넣고
입학식	넣지	축하	밥하고
따뜻한	잘못해서	비슷한	닫힙니다 | 겹받침에서 일어나는 유기음화 현상 | 앉히고	넓히고	읽히고	밟히고
앉혀요	넓혀요	읽혀요	밟혀요	 4. 교재에서 유기음화가 일어나는 부분이 있는 문장을 찾는다. 5. 자신이 찾은 문장을 발표한다.	교재
정리	유기음화가 나타나는 곳의 발음을 정확하게 할 수 있도록 주의를 준다.	

◯ 생각해 봅시다

1. 동일 언어권별 VS 다양한 언어권별 발음 수업의 장점은 무엇일까?
2. 중·고급단계에서의 발음 교육은 어떻게 해야 할까?

◯ 풀이

1. 동일 언어권별 학습자 대상 발음 수업의 경우 학습자들이 쉽게 소리 낼 수 있는 발음과 어려워하는 발음이 같아 동일한 방법의 교정이나 설명이 가능하다. 그리고 학습자들 사이에 서로의 발음을 잘 알아듣는다는 장점이 있다. 다양한 언어권별 학습자 대상 발음 수업의 경우 서로 어려워하는 발음이 다르기 때문에 자신이 못 내는 소리의 발음 방법을 물어보기도 하고 자신이 낼 수 있는 소리의 발음 방법을 가르쳐 주기도 한다. 또한 학습자들이 다양한 발음에 익숙해진다는 장점이 있다.

2. 따로 시간을 내지는 못하더라도 학습자가 발음 오류를 일으켰을 때나 발음 규칙에 대한 오류가 지속적으로 나타나는 경우 발음 규칙의 원리를 설명해 주고 간단히 연습을 하는 것도 좋다.

참고문헌

김선정(2005), 한국어 발음교육, 「외국어로서의 한국어 교육학」, 한국방송통신대학교 출판부.
김선정·허용(2005), 발음 교육의 역사와 변천사, 「한국어 교육론2」, 한국문화사.
김은애(2005), 발음 교육의 과제와 발전방향, 「한국어 교육론2」, 한국 문화사.
박지영(2014), 한국어 발음교육론, 「한국어 교육의 이론과 실제2」, 아카넷.
서울대학교언어교육원(2009), 한국어발음 47 1, 랭기지플러스.
서울대학교언어교육원(2009), 한국어발음 47 2, 랭기지플러스.
송향근(2004), 핀란드어 모국어 화자를 위한 한국어 발음 교육 방안, 이중언어학 25, 이중언어학회.
우형식(2010), 한국어교육론, 부산외국어대학교 출판부.
정명숙(2002), 한국어 발음 교육의 내용과 방법, 「21세기 한국어 교육학의 현황과 과제」, 한국문화사.
정명숙(2003b), 한국어 발음 교육을 위한 음성 DB 구축 방안, 말소리 47, 대한음성학회.
정명숙(2011), 한국어 발음 교육 연구의 성과와 과제, 이중언어학 제47호 이중언어학회.
허용·김선정(2006), 외국어로서의 한국어 발음교육론, 박이정.
Ann Malamah-Thomas(2004), 옥스퍼드 언어교육 지침서 '효과적인 수업을 위한 교실 상호작용, 안종훈, 정미화 옮김, 범문사.
Christiane Dalton & Babara Seidlhofer(2004), 옥스퍼드 언어교육 지침서 '발음', 윤여범 옮김, 범문사.

7장

한국어 듣기 교육론

김 령 · 주서연

1. 들어가며

듣기는 음성 언어를 매개로 한 이해 영역의 한 활동으로서 청자가 화자의 말소리를 귀를 통해서 인식하고 그 말소리에 담겨 있는 어휘나 문법적인 구조를 인지하고 의미를 파악한 다음에 화자에게 적절한 몸짓이나 음성 언어로 반응해 주는 과정이라고 할 수 있다. 이렇게 듣고 이해한다는 관점에서 모어 사용자의 경우에는 청자가 이미 모어의 음운, 어휘, 문법적인 구조 등과 같은 언어 지식 및 주제와 관련된 배경 지식[1]을 가지고 있는 상태에서 청자가 화자의 말을 들으면서 그 말소리의 뜻이 무엇인지를 즉시 이해하고 바로 화자에게 언어적이나 비언어적인 행위로 반응해 줄 수 있는 과정이다. 하지만 제2 언어 사용자들의 듣기 활동은 청자가 화자의 말소리에 담겨 있는 음운, 어휘나 문법적인 구조를 잘 인식하고 이해한 다음에야 그 말소리의 뜻을 파악하고 반응을 해 줄 수 있는 과정이다. 따라서 제2 언어 사용자들에게 음운을 인식하는 단계부터 듣기 교육이 필요하다고 본다. 또한 제2 언어 사용자들이 원활한 의사소통을 할 수 있도록 해당 목표 언어를 사용하는 나라의 문화적, 사회적 지식도 같이 교육을 시켜야 한다.

듣기는 언어적인 의사소통의 구어 능력에서 주로 음성언어를 인식하고 이해하

---

[1] 곽지영 외(2015:146)에서 정리하여 재인용. 모어 사용자들뿐만 아니라 제2 언어 사용자들도 청자의 이해 성패는 배경 지식이나 문화에 대한 이해 여부에 달려 있다. 즉 모어 사용자들과 제2 언어 사용자들이 전부 다 똑같은 배경 지식을 가지고 있는 것이 아니라서 청자와 화자는 배경 지식이나 문화에 대한 이해 정도가 똑같지 않은 이상은 청자가 화자의 말소리를 이해하는 과정에서 어려움을 겪을 수 있다고 본다. 예를 들어서 모어 화자들이 전문적인 용어가 많이 나오는 경제 뉴스를 시청할 때 그런 용어에 관한 지식 배경이 없는 사람이라면 당연히 이해하지 못할 것이다.

는 기능을 한다. Ur(1984)[2]는 듣기의 기능에는 발음 식별하기, 억양, 휴지 및 강세를 인지하기, 구어의 특성(주저함, 반복, 중복어 등)이나 문법을 이해하기, 어휘, 숙어, 세부 내용, 중심 사상이나 세상의 지식을 파악하기 등이 있다고 밝혔다. 또한 Brown(1994)[3]은 듣기의 하위 기능이 소리를 식별하기부터 문장의 의미로 넘어가 담화를 파악하고 소리, 표정 및 제스처 등으로 반응하기까지를 포함한다고 하였다. 이상을 정리해 보면 듣기의 기능은 크게 음소를 식별하기, 어휘, 문법적인 구조를 이해하기, 담화의 내용을 파악하고 그에 음성 언어나 몸짓으로 반응하기로 나눌 수 있다.

듣기는 구어에서 음성 언어를 이해하는 데에 아주 중요한 역할을 하고 있어서 음성 언어를 통해 이루어지는 의사소통 활동이라고 하기도 한다. 실제 언어생활에서의 듣기는 청자가 화자의 말을 수동적으로 단순히 듣는 것이 아니라 자신이 필요한 정보만 골라서 화자에게 적절한 몸짓이나 음성언어를 통해서 반응해 주는 능동적인 활동이기도 하다. 그러므로 구어에서 음성 언어로 이루어지는 듣기의 이해 활동은 다음과 같은 특성[4]을 가지고 있다.

첫째, 음성 언어는 실제 일상생활에서 순식간적인 특성을 가지고 있기 때문에 화자의 발성기관을 통해서 나오자마자 곧 사라져 버려서 녹음기와 같은 기계를 사용하지 않으면 다시 듣는 것도 불가능하고 청자가 임의로 그 속도에 대한 조절도 불가능하다. 그러므로 음성 언어로 이루어지는 듣기 활동은 표현과 이해가 동시로 이루어져야만 그 과정을 완성할 수 있다. 따라서 이런 과정에서 모어 사용자든 제2언어 사용자든 듣기 활동을 진행할 때 집중력이 같은 이해 영역의 읽기보다 훨씬 더 많이 필요하다.

둘째, 듣기는 구어에서 이루어지는 의사소통 활동이라서 구어의 특성도 이에 영향을 많이 미친다. 구어에는 비언어적이고 축약, 생략, 비문법적인 형태들을 많이 사용한다. 또한 구어를 진행하는 과정에서 억양이나 강세, 휴지, 머뭇거림, 반복 등

---

2 강현화 외(2005:199)에서 정리하여 재인용.
3 한재영 외(2010:185)에서 정리하여 재인용.
4 강현화 외(2016:214)에서 정리하여 재인용.

여러 가지의 현상들이 나타난다. 구어의 이런 형태적인 특성들과 진행 과정에서의 현상들이 듣기 활동에 상당한 영향을 미친다. 이는 모어 사용자에게 있어서 이미 일상생활 속 익숙한 내용이라서 인지할 필요가 없이 바로 이해가 되는 반면에 제2 언어 사용자에게는 이런 구어의 특성들이 먼저 익숙해져야 그의 의미를 이해할 수 있다. 따라서 듣기 활동은 제2 언어 사용자에게 쉽지 않다고 본다.[5]

셋째, 음성 언어를 통해서 이루어지는 듣기 활동에서 음성 언어적인 요소들의 영향을 받고 있을 뿐만 아니라 몸짓이나 표정 등과 같은 언어 외적인 요소들의 영향도 받는다. 청자가 화자의 말을 듣고 화자에게 적절한 몸짓이나 음성 언어를 통해서 반응해 주는 과정에서 화자는 청자가 해준 몸짓이나 표정 등을 가지고 청자의 뜻을 정확하게 이해하는 데에 도움이 많이 된다. 만약에 이런 몸짓이나 표정 등 언어 외적인 요소를 볼 수 없는 전화를 하는 경우에는 청자가 외국인이라면 화자의 말소리를 이해하는 데에 더 많은 어려움을 겪을 수 있을 것이라고 예상이 된다.

---

[5] 박영순 외(2013:408~409)에서 정리하여 재인용. 한국어의 구어는 문어보다 어순이나 조사 생략이 자유롭고, 반말과 높임말을 상황에 따라 구별해서 사용하고, 말 억양에 의해 화자의 태도를 나타내기도 하며 '글쎄, 뭐, 그런데 말이야, 자' 등 구어 담화 표지도 많이 사용하기 때문에 제2 언어 사용자들은 한국인의 말을 듣고 이해하는 데에 많은 어려움을 겪을 수밖에 없다고 하였다.

2. 듣기 교육의 이론적 배경

　실제 외국어 교육 현장에서 역사적으로 주로 문법번역식 교수법, 직접 교수법, 청각구두식 교수법, 전신반응 교수법, 의사소통 중심 교수법을 사용해 왔다. 이장에서 이런 교수법들이 변천하면서 각자 듣기 교육에 대한 인식이 어떻게 되어 있는지를 알아보기로 한다.

　문법번역식 교수법은 최초의 외국어 교수법이고 지금까지도 많이 사용된 교수법으로서 문자 언어, 문법에 중심을 두고 문어 능력에 집중하여 교육하는 것을 강조하기 때문에 구어 능력에 속하는 듣기와 말하기의 교육을 중요하게 생각하지 않았다.

　문법번역식 교수법에 이어서 18~19세기에 나온 직접 교수법에서 교육 중점이 문어에서 구어로 전환되면서 이때 처음으로 듣기 교육을 강조하게 되었다. 그런데 직접 교수법은 외국어에 대한 모방과 연습을 통해서 외국어도 모어처럼 습득할 수 있다고 주장하기 때문에 수업 시간에 모어를 전혀 사용하지 않고 전부 외국어로 수업을 진행시켰다. 이렇게 모방과 연습을 통해서 교육하는 방법은 듣기보다는 말하기에 초점을 둔 교육 방법이라고 하는 것이 더 적당하다.

　그다음으로 1950년대에 나타난 청각구두식 교수법에서는 말하기가 제일 중요하다고 생각하고 문형 연습이나 대화 암기를 반복적으로 시키는 것을 통해서 그 목표 언어를 무의식적으로 말할 수 있도록 하여 언어 습관을 기르는 데에 중점을 두었다. 청각구두식 교수법에서 듣기는 말하기를 더 잘 할 수 있도록 보조적인 역할을 하고 있다고 본다.

이어서 1970년대에 나타난 전신반응 교수법에서는 말하는 능력보다 듣고 이해하는 능력을 먼저 길러야 한다고 주장하면서 수업 시간에 학습자가 주어진 명령문을 듣고 거기에 몸으로 직접 반응하여 움직이는 활동을 위주로 연습시켰다. 전신반응 교수법에서 처음으로 듣기 기능을 본격적으로 인정해 주었다.

마지막으로 1970년대 이후부터 지금까지도 성행하고 있는 의사소통 중심 교수법은 실제 언어생활에서 상대방과의 원활한 의사소통을 강조한다. 이에 언어 교육은 이해와 표현 능력을 통합적으로 교육해야 한다고 주장하면서 듣기를 이해 영역에서 언어의 한 기능으로 인정하게 되었다. 실제 의사소통할 때 청자의 역할이 단순히 수동적으로 듣고 이해만 하는 것이 아니고 듣고 화자와 상호작용하면서 능동적으로 대화를 이끌어 나갈 수 있어야 하는 것이다. 따라서 학습자에게 들은 내용을 이해하고 그에 몸짓이나 음성언어로 반응해야만 성공적인 듣기 과정을 완성할 수 있다는 것을 인지시키고 교육해야 한다.

3. 듣기 수업 설계

3.1. 듣기 교육의 목표

듣기 교육의 궁극적인 목표는 학습자들의 의사소통 능력 신장을 위한 언어 기능 중 하나인 듣기 능력을 배양하는 데 있다. 학습자가 발화된 내용을 듣고 단순히 이해하는 데에 그치는 것이 아니라 그에 알맞은 반응까지 할 수 있도록 하는 것이야말로 의사소통 능력 향상을 도모하는 듣기 능력이라 말할 수 있다.

학습 목적에 따라서 듣기 교육의 목표도 분명히 달라질 것이지만 외국어 언어교육에서 교육 대상이 외국어 화자라는 점에서 숙달도 수준을 고려하지 않을 수 없다. 한국어 능력 시험의 등급 기준 및 일부 한국어 교육기관의 교육 과정에 나타난 등급별 교육 내용을 토대로 숙달도에 따른 한국어 듣기 교육의 등급별 목표를 다음과 같이 구체적으로 제시할 수 있다.

〈표 1〉 듣기 교육의 목표

등급	문법·어휘	담화
1급	• 기본적인 음운을 식별할 수 있다. • 기본 문장 구조를 이해하고 기본적인 음운 변화를 식별할 수 있다. • 가장 기본적인 어휘와 기본적인 조사 및 연결 어미를 이해하고 사용할 수 있다. • 시제, 부정문을 이해하고 사용할 수 있다.	• 일상생활과 관련된 간단한 질문에 답할 수 있다. • 간단한 대화를 듣고 내용을 이해할 수 있다. • 사적이고 친숙한 소재의 간단한 이야기를 듣고 내용을 이해할 수 있다.

급수		
2급	• 변별하기 어려운 음운 및 음운 변동을 식별할 수 있다. • 자주 쓰이는 어휘, 조사 및 연결 어미를 이해하고 사용할 수 있다. • 높임법을 이해하고 사용할 수 있다. • 간단한 수식문, 복문을 이해하고 사용할 수 있다.	• 일상생활과 관련된 평이한 질문을 듣고 대답할 수 있다. • 평이한 대화나 이야기의 내용을 이해할 수 있다. • 간단한 안내 방송 등 실용 담화를 듣고 내용을 이해할 수 있다.
3급	• 일상생활에서 사용되는 대부분의 어휘를 이해하고 다양한 음운 변화를 정확하게 식별할 수 있다. • 반말, 간접 화법, 사동 및 피동법을 이해하고 사용할 수 있다. • 긍정의 의미를 갖는 부정 표현을 이해하고 사용할 수 있다.	• 친숙한 소재의 대부분의 대화나 이야기를 듣고 내용을 이해할 수 있다. • 친숙한 사회적 소재를 다룬 대화나 담화를 듣고 내용을 이해할 수 있다. • 광고, 인터뷰, 일기예보 등의 실용 담화를 듣고 대체적인 내용을 파악할 수 있다.
4급	• 신문 기사에 자주 등장하는 추상적 어휘, 개념어 등을 이해하고 사용할 수 있다. • 일상생활에서 보여지는 다양한 담화 계층을 이해할 수 있다. • 군더더기가 많이 포함된 상투어에 대하여 이해할 수 있다. • 생략된 구문을 이해할 수 있다.	• 친숙한 사회적 소재를 다룬 대화나 담화를 듣고 내용을 파악할 수 있다. • 복잡한 맥락의 담화를 듣고 함축된 의미를 파악할 수 있다. • 생활 정보와 관련된 안내 방송이나 간단한 뉴스를 듣고 내용을 파악할 수 있다. • 친숙하고 평이한 소재를 다룬 토론 내용을 이해할 수 있다.
5급	• 맥락 속에서 주어지는 사회 문화적 배경을 갖는 어휘, 관용 표현 및 문법적 표현 등을 이해할 수 있다.	• 업무 수행 영역이나 전문 분야의 연구와 관련 있는 대화나 담화의 내용을 이해할 수 있다. • 친숙한 소재를 다룬 강연 대담 등의 내용 이해할 수 있다. • 화자의 의도를 파악하거나 의도를 추론할 수 있다. • 특수한 상황에서의 담화 내용을 파악할 수 있다.
6급		• 업무 영역이나 전문 영역의 대화나 담화를 듣고 내용을 파악할 수 있다. • 추상적 소재를 다룬 강연, 대담, 토론 등의 내용을 이해할 수 있다. • 화자의 의도를 파악하거나 내용을 추론할 수 있다. • 대부분의 뉴스나 방송 담화를 듣고 내용을 파악할 수 있다. • 널리 알려진 방언을 듣고 이해할 수 있다.

3.2. 듣기 수업 구성의 원리

의사소통 능력을 위한 효과적인 듣기는 어떻게 이루어져야 할까?

1) 실제성 자료(authentic materials)

① 실제와 유사한 다양한 담화 유형을 포함해야 한다.

학습자의 한국어 수준이 높아질수록 듣기의 유형은 더욱 다양해진다. 학습자의 수준에 맞게 재구성된, 하지만 담화 유형의 특성은 그대로 갖춘 자료를 적절한 시기에 학습자에게 제공하여 성공적인 듣기를 할 수 있도록 교육해야할 것이다. 전은주(1998)[6]는 듣기 담화의 유형을 다음과 같이 정리하고 있다.

〈표 2〉 듣기 담화 유형

상호성여부 듣기상황 듣기의 목적	일방향적		쌍방향적	
	공식적	비공식적	공식적	비공식적
친교적	자기 소개, 축사			대화
정보교환적	뉴스, 일기예보, 광고, 안내 방송, 강의, 발표	지시	상담, 문의, 인터뷰	
비평적	연설		토론, 토의	
감상적	낭송, 낭독, 노래		연극, 영화, 드라마	

② 구어적 특성이 잘 나타나야 한다.

음성 언어로 구성된 듣기 자료는 문자 언어와는 달리 발음이나 억양, 화용, 상호작용 등 측면에서 구어의 특성이 드러나야 실제성을 갖춘 자료라고 할 수 있다. 발음, 억양, 속도, 축약, 방언, 은어, 비문법적 요소 등 구어의 특성이 잘 드러난 자료는 실제 생활에서의 적용성을 높여 학습자의 실제 담화 현장에서의 의사소통 능력을 높일 수 있다.

---

6 전은주(1998)는 듣기의 유형을 듣기 상황과 목적을 기준으로 나누었다. 듣기 상황은 공식적 상황과 비공식적 상황으로 나누고, 듣기의 목적은 비판적 이해와 평가를 위한 것, 내용 이해 및 정보 처리를 위한 것, 감상적 이해와 평가를 위한 것으로 나누었다.

③ 모어 환경에서의 듣기 활동과 같은 방법으로 접근해야 한다.

비문법적 요소, 비언어적 요소들은 물론 주변의 소음까지도 듣기를 어렵게 하는 요소들이지만 이들을 배제한 단순한 훈련은 실생활에서의 적응력을 감소시킨다.

2) 수업 내용

① 학습자의 요구와 흥미와 관심사를 최대한 반영하여 학습 동기(motivation)를 극대화하여 듣기의 중요성을 스스로 인지하게 한다.

이를 위해서는 각 수업 시간별 목표가 분명해야 하고 교육 목표에 적합한 문법적 능력 및 담화적 능력을 신장할 수 있는 자료 선정 및 이의 효율적인 활용 방안이 필요하다.

② 실제 생활에서의 과제 수행 능력을 배양하도록 구성해야 한다.

이는 듣기가 단순한 듣기 연습을 넘어서 실제 생활에서 원활한 의사소통을 가능하게 하는 데 목적이 있다. 듣기 능력을 배양하기 위한 과제는 실생활 과제와 그 실생활 과제를 잘 수행할 수 있도록 하는 교육적 과제로 나눌 수 있다(한재영 외, 2005).[7]

③ 학습자의 이해 정도를 관찰하는 데 필요한 다양한 학습 활동이 요구되는데 이때 수업 목적에 따라 상향식 모형(Bottom-up)과 하향식 모형(Top-down)을 적절히 포함하여야 한다.

④ 듣기는 일회적 제한적이므로 학습자가 스스로 듣기 이해를 향상시킬 수 있는 전략을 개발할 수 있도록 교육해야 한다.

궁극적으로 학습자가 접하게 될 듣기 상황들 즉 교실 밖에 나가서 경험하게 될 수많은 듣기에 잘 대처할 수 있도록 수업에서 잘 이끌어 주는 것뿐만 아니라 스스로 자신만의 전략을 개발할 수 있도록 하는 것이 중요하다.

---

[7] 실생활 과제는 실제적인 듣기 자료를 듣고 목적을 가지고 어떤 정보를 구하거나 그것을 토대로 다음 행동을 취하는 등 우리가 모어로 듣기를 수행할 때와 같은 방식으로 과제를 수행하게 한다. 교육적 과제는 이러한 실생활 과제를 성공적으로 성취하도록 돕는 일련의 연습과정이다.

⑤ 다른 언어 능력의 배양과 연계해서 지도해야 한다.

듣고 이해하는 데에 머무는 것이 아니라 말하기, 쓰기 등 생산 능력과의 통합 교육이 필요하다.

4. 듣기 수업 구성

4.1. 듣기 수업 단계

듣기 수업 구성은 듣기 전, 중, 후 세 단계로 나누어서 이루어지며 각 단계별로 적절하고 다양한 활동[8]을 통해서 진행시키는 것이 일반적이다. 듣기 전 단계의 활동은 들을 내용을 잘 이해할 수 있게 하기 위해서 그에 관한 배경지식을 활성화시키고 새로운 어휘나 문법을 학습시키는 것으로 이루어진다. 듣기 중 단계의 활동은 집중해서 들을 수 있게 하기 위해서 들을 내용과 관련된 과제를 제시하고 수행하게 하며 듣기 후 단계의 활동은 들은 내용을 실제로 사용할 수 있도록 하기 위해서 다른 언어 기능과 연결시켜서 연습하는 것으로 구성된다.

(1) 듣기 전 단계

듣기 전 단계는 준비하는 단계로서 학습자가 들을 때 긴장감을 풀어 주고, 들을 내용을 잘 이해하고 그에 관심을 갖게 하는 데 목적이 있다. 여기서 학습자가 관심을 갖고 자신 있게 들을 수 있도록 하기 위해서 먼저 들을 내용에 대하여 학습자가 이미 알고 있는 배경지식을 이끌어내는 활동을 진행하는 것이 좋다. 그 다음에 들을 때의 긴장감을 줄이기 위해서 필요한 어휘, 문법과 같은 언어 지식을 미리 학습시키는 활동을 진행한다. 이외에 읽기 활동을 연결해서 진행시키는 것도 있다. 이런

---

[8] 강현화 외(2009: 78~106)에서 정리하여 재인용. 이런 활동들은 학습자의 언어 능력 수준도 같이 고려해서 그 수준에 맞게 진행해야 할 필요성이 있다. 이 글에서 제시된 활동들은 쉬운 것부터 점점 어려워지는 순서로 제시한다.

활동들은 주로 들을 내용과 관련된 시각적인 자료, 질문, 어휘 등을 이용하여 다음과 같은 활동을 진행한다.

- 그림이나 사진, 도표 등을 제시하고 질문하기[9]
- 보조 자료 없이 들을 내용과 관련된 질문을 하기
- 들을 내용과 관련된 어휘나 표현을 제시해 주고 학습하기[10]
- 읽기 활동에서 듣기 활동으로 유도하기

(2) 듣기 중 단계

듣기 중 단계는 목적을 가지고 집중하여 들을 수 있도록 하기 위하여 듣기 자료에 맞는 실제적인 듣기 과제를 제시하고 수행하게 하는 단계이다. 다양한 과제를 통해 이루어지는 듣기 활동의 유형은 그 과제를 표현하는 내용이나 방법, 그리고 과제 종류에 따라 분류할 수 있다.

우선 표현하는 내용에 따라서 들은 내용, 중심 내용, 이어질 수 있는 내용 등에 관한 활동을 분류하고, 과제를 표현하는 방법에 따라서 O/X 판단하기, 고르기, 나열하기, 쓰기 등에 관련된 활동을 분류한다. 즉 듣기 활동의 유형은 들은 내용에 대하여 'O/X 판단하기, 고르기, 그의 순서를 나열하기, 쓰기'가 있고 중심 내용에 대하여 'O/X 판단하기, 고르기, 쓰기'가 있으며 이어질 내용에 대하여 '고르기'가 있다. 이런 유형들은 텍스트, 그림, 도표 등의 방식으로 나타난다. 과제 자료의 표현 내용에 따라서 듣기 활동에 어떤 것이 있는지 정리하면 다음과 같다.

- 들은 내용에 대하여 O/X 판단하거나 고르기
- 들은 내용과 관련된 그림을 제시하여 그에 맞게 순서대로 배열하기

---

[9] 이 활동에서 학습자가 들은 내용의 주제를 유도하고 그에 대하여 자신의 알고 있는 배경지식으로 대답할 때 주제와 관련된 어휘나 표현도 떠올리게 할 수 있다. 그런데 수업 시간에 이런 시각적인 자료와 같은 보조 자료가 없이 교사가 간단한 질문을 통해서 들을 내용의 주제를 유도하는 경우도 있다. 이는 교사가 들을 내용과 관련된 질문을 하고 학습자에게 그 질문에 대답하게 하는 형식으로 이루어진다.

[10] 듣기 활동을 진행할 때 학습자가 자신이 모르는 어휘나 표현이 나오면 순간적으로 당황해서 긴장하게 된다. 그러므로 모르는 어휘나 표현 때문에 생기는 긴장감을 덜어 주기 위해서 듣기 전에 들을 내용과 관련된 새 어휘나 표현을 모아서 미리 학습시키는 것이 바람직하다.

- 들은 내용에서 나온 어휘나 표현을 써 보기
- 들은 내용을 요약해서 간단하게 이야기하거나 쓰기
- 중심 내용에 대하여 O/X 판단하거나 고르기
- 중심 내용이나 제목을 써 보기
- 주제에 이어질 수 있는 내용을 고르기

(3) 듣기 후 단계

듣기 후 단계는 들은 내용을 다시 확인하고 실제 언어생활에서 활용할 수 있도록 하기 위해서 말하기나 쓰기, 읽기와 연결해서 학습 효과를 강화시키는 단계이다. 이 단계의 활동은 다음과 같다.

- 들은 내용에서 나온 새 어휘나 문법을 이용해서 말하거나 쓰기
- 들은 내용을 요약해서 말하거나 쓰기[11]
- 들은 내용에 대한 자신의 평가, 주장, 해결 방안 등을 말하거나 쓰기
- 들은 내용과 관련된 자료를 찾아서 말하거나 읽거나 쓰기

4.2. 듣기 수업 전략

Naiman et al.(1987)이 언어를 학습하는 학습자들이 사용하는 전략에서 학습자들마다 차이가 있다고 지적하면서부터 언어 학습 전략에 대하여 체계적이고 과학적으로 접근이 이루어졌다.

듣기 전략에 대하여 김미선(2013)은 듣기를 통해 소기의 목적을 달성하려는 계획적이고 의도적인 행위를 말하는데 즉, 화자의 발화 의도를 정확하게 파악하여 의미를 공유하고 특정한 반응을 유도하려는 행위라고 정리하고 있다.

전략 사용과 외국어 듣기 성취도의 상관관계는 아주 높다. Song(2002)은 듣기 전략 사용은 듣기 이해도에 18%의 영향력을 가지는 것으로 가장 높게 나타났는데

---

[11] 들은 내용의 전체를 요약해서 표현하는 것은 학습자에게 아주 어려운 일일 수 있기에 학습자의 언어 능력 수준에 따라 교사가 들은 내용에 대하여 질문하고 대답하는 형식으로 그의 일부분만을 요약하는 것이 좋다.

이는 두 번째로 큰 영향력을 가지는 문법(9%) 요인의 두 배 정도 된다고 한다. 여기서 우리는 전략을 효과적으로 사용하는 학습자들이 새로운 정보를 더 잘 습득하고 듣기 기능을 더 잘 수행할 수 있다는 것을 알 수 있다.

박영순(2008)은 O'Malley et al(1990)[12]의 분류에 기준하여 한국어 듣기 전략을 다음과 같이 열거하였다.

〈표 3〉 한국어 듣기 전략

초인지 전략 (상위-인지 전략)	1. 점검하기: 들으면서 내가 과연 잘 이해하고 있는지를 순간적으로 점검하고, 자신의 능력에 맞게 듣기 수행을 계획한다. 2. 자기 관리하기: 듣기 전이나 듣는 중에 마음을 가다듬고 전신을 집중한다. 3. 목적을 가지고 선택적으로 듣기: 무엇을 들어야 할지를 간단하게 선택한 후 듣는다. 4. 못 들은 내용에 집착하지 않기: 못 들은 문장에 대해 너무 걱정하지 않고 빨리 다음 문장에 주의를 기울여 듣는다.
인지 전략	1. 메모하며 듣기: 간단히 메모를 하면서 듣는다. 2. 한국어로 생각하며 듣기: 자신의 모어로 번역하기보다는 바로 한국어로 의미를 파악하고자 한다. 3. 배경지식을 이용하여 정교화하기: 들리는 내용을 세상에 대한 지식이나 이전에 알고 있던 내용에 비추어 이해하려 한다. 4. 요약하기: 들으면서 들은 부분에 대한 요약을 간단하게 하거나 들은 후 들은 내용을 마음 속으로 정리한다. 5. 비언어적 단서를 통해 추론하기: 발화자, 발화자들의 관계, 발화의 상황을 통해 내용을 추론한다. 6. 언어적 단서를 듣고 추론하기: 조사, 담화 표지, 어조, 문맥 등을 이용하여 내용을 추론한다. 7. 담화적 특징을 통해 추론하기: 듣는 내용이 어떤 종류의 담화인지를 파악하고 그 담화의 특징을 이용하여 내용을 추론한다. 8. 다음 내용을 예측하며 듣기: 다음에 무슨 내용이 나올지를 추측하면서 듣는다. 9. 반복 어구나 강조하는 말을 듣기: 말의 속도가 갑자기 변화되고, 화자가 천천히 명확하게 강조하여 말하거나 반복하여 말하면 그것에 주의를 기울이며 듣는다.

---

12 O'Malley & Chamot(1990)은 인지적 정보 처리라는 측면에서 학습 전략에 접근한다. 그들은 언어 학습 전략은 "특정한 사고나 행위들로서 그러한 활동은 개인이 새로운 정보를 이해하고 학습하고 저장하는 것을 원활하게 하기 위해서 사용하는 것이다"라고 한다. 뿐만 아니라, 상위-인지적(meta-cognitive)이고 사회-정의적(socio-affective)인 전략을 함께 포함한다고 한다. 즉, 단순하게 개인의 학습을 통해서 일어나는 인지적 활동뿐만 아니라, 그러한 활동을 촉진하고 조작할 수 있는 사회적인 관계나 정의적인 측면까지 포함한다. 인지 전략은 정보를 조작하는 데 쓰이는 전략이고, 상위-인지 전략은 듣기에 있어서 계획, 점검, 평가를 말한다. 사회-정의적 전략은 의미 협상이 가능한 상황의 듣기에서는 특히나 중요한데, 의미를 이해하기 위해서 협동하거나 명료하게 부연해 달라는 요구를 하는 등을 그 예로 들 수 있다. (이병민, 2014. 정리하여 재인용)

사회·정의적 전략	1. 협동하기: 모르는 내용을 파악하기 위해 동료와 협동한다. 2. 부연 설명, 반복을 요구하기: 이해하지 못한 내용에 대해 다시 설명해 줄 것을 요구한다.

위 도표의 구체적인 전략들을 아래와 같이 듣기 수업 각 단계에 적용할 수 있다.

〈표 4〉 한국어 듣기 수업에서의 학습자 전략

단계	학습자 전략
듣기 전 단계	• 듣기 전에 주제에 관해 미리 생각한다. 즉 내용과 관련된 단어를 생각해 보거나 배경 지식을 동원한다. • 화자가 말할 내용을 예측해 본다. • 구체적인 목적을 가지고 화자의 의도를 파악하고자 한다. • 정신을 집중하고 다른 불필요한 것들을 최소화 한다.
듣기 단계	• 빠른 속도나 어려운 말에 집착하거나 집중하지 않는다. • 전체적인 의미를 이해하려 한다. 정확성보다는 순발력이 필요하다. • 확인하고, 평가하고, 추론하고, 반성하는 등 다양한 활동을 통해서 내용을 이해한다. • 문맥을 고려하여 단어가 가지는 색깔을 고려해 본다. • 메모를 하고, 요약 하고, 개요를 작성하고, 분류하고, 정리하고, 자신이 갖고 있는 내용을 추가하여 이해한다. • 잘 이해가 안 되는 경우 질문하거나 반응을 보인다.
듣기 후 단계	• 제시된 내용에 대하여 메모한 것을 살펴보고, 분류해 보고 확실하게 한다.

그러나 이러한 전략을 사용한다 하더라도 배경 지식이나 언어문화 지식, 그리고 해당 언어의 음운에서부터 담화에 이르기까지의 구조에 대한 지식이 없으면 청자는 이상에서 언급한 듣기 전략을 사용할 수 없다. 그러므로 이상적인 청자는 평소 듣기를 위한 제반 준비 요소들을 잘 갖추었을 뿐만 아니라 현장에서도 유능한 학습자일 것이다.

또한, 학습자들로 하여금 듣기의 부담감을 가능하면 적게 갖도록 하고 자체에 흥미를 가지도록 도와주는 교사 전략도 살펴볼 필요가 있다. 양명희·김정남(2011)은 교사가 사용할 수 있는 전략을 다음과 같이 나열하고 있다.

• 모든 단어를 다 들어야 한다는 강박 관념에서 탈피시킨다. 즉 교사는 학습자에게 듣기 활동에서 중요한 것이 무엇인지 집중해서 들어야 하는 것이 무엇인

지 사전에 알려 주어 필요한 정보만을 선택해서 들을 수 있도록 적극적으로 돕는다.
- 학습자에게 들어야 하는 이유를 분명히 해 주어야 한다.
- 몸짓, 표정, 시청각 자료를 많이 활용한다.
- 과제 중심적인 듣기 교육을 하도록 한다.
- 듣기의 결과를 가시적으로 표현하는 듣기 활동 유형을 다양하게 구성하여 지도한다.
- 듣기 자료는 학습자의 인지 능력을 고려하여 그에 걸맞은 흥미 있고 쉬운 것이어야 한다.
- 되도록 교실 한국어를 많이 활용한다.
- 교사는 학습자를 위한 중요한 듣기 전략을 지도한다. 특히, 예측하기, 추론하기, 맥락 파악하기, 담화 유형과 표지 인식하기 등의 전략을 지도하여 활용할 수 있도록 가르친다.

5. 듣기 수업의 실제

실제 듣기 수업은 듣기 전 단계, 듣기 단계, 듣기 후 단계 세 부분으로 구성된다. 듣기 전 단계에서 효과적인 듣기를 위하여 학습자의 동기와 흥미를 유발할 수 있도록 하고 듣기 단계에서는 들을 내용과 관련된 과제를 제시하고 수행하게 한다. 듣기 후 단계에서 들을 내용을 다시 확인하고 다른 언어 기능과 연결해서 연습시킨다.

주제	건강한 생활	차시	2
학습 목표	생활습관, 건강과 관련된 대화를 듣고 이해할 수 있도록 한다. 1) 식습관 및 운동 관련된 어휘 2) -는 데(좋다/나쁘다), -게 좋다.		
	교수·학습 활동		학습자료
듣기 전	1. 주제를 예측할 수 있게 하기 위해서 그림이나 사진, 도표 등을 제시하고 질문한다. -교사가 건강한 생활습관에 관련된 그림을 제시하여 질문하고 답하도록 한다. 2. 듣기 자료를 들을 때 긴장을 덜어 주기 위해서 들을 내용과 관련된 어휘나 표현을 제시해 주고 학습시킨다. - 교사가 학습자로 하여금 어휘의 의미를 파악할 수 있도록 생활습관과 관련된 어휘를 제시하고 그 중에서 건강에 좋은 것을 고르게 한다. - 교사가 '-는 데(좋다/나쁘다), -게 좋다'를 제시하고 설명해 준다.		그림

듣기	1. 들을 때 들을 내용에 집중해서 들을 수 있도록 하기 위해서 대화나 담화가 일어나는 상황을 설명해 주고 듣기 자료와 관련된 과제를 제시해 준다. 　- 교사가 먼저 대화의 내용은 다이어트를 하기 위해서 굶다가 쓰러진 환자와 의사의 대화 내용이라는 것을 간단하게 설명해 준다. 그 다음에 듣기 자료와 관련된 과제를 제시해 주고 학습자에게 수행하게 한다. (과제의 유형은 들은 내용과 일치한 것을 고르게 하는 것이다.) 　　① 이 환자가 왜 쓰러졌나요? (환자가 쓰러진 이유를 고르기) 　　② 이 환자는 건강해지려면 무엇을 해야 될까요? (의사가 환자에게 무엇을 해야 하는지를 고르기) 2. 학습자에게 들으면서 과제를 수행할 수 있도록 듣기 자료를 두 번 들려 준다. 그 다음에 교사가 질문을 통해 정답을 확인한다. 3. 선택한 답을 학습자가 직접 다시 확인할 수 있도록 듣기 자료를 한 번 더 들려 준다.	과제
듣기 후	1. 들은 내용을 활용해서 실제 언어생활에서 사용할 수 있도록 새 어휘나 문법을 활용해서 요약하고 말하거나 쓰게 한다. 　- 들은 내용을 바탕으로 친구와 함께 건강에 대하여 이야기하고, 이야기한 내용을 정리해서 표를 완성하도록 한다. 여기서 배운 어휘나 문법을 활용할 수 있도록 하기 위해서는 '건강에 좋은 습관, 건강에 나쁜 습관, 나쁜 습관이 몸 어디에 안 좋은지'라는 내용을 써 보도록 한다. 2. 학습 효과를 극대화시키기 위해서는 그와 관련된 글을 찾아서 읽게 한다. 　- 생활 습관을 고치는 것을 통해서 비만, 불면증, 우울증을 치료하는 방법과 관련된 글을 찾아서 읽게 한다.	표 및 비만, 불면증, 우울증과 관련된 글

자료

학습자의 수준은 중급으로 하고 들을 내용의 주제는 '건강한 생활'을 선정하였다.

```
단계: 중급
주제: 건강한 생활
문법: -는 데 (좋다/나쁘다), -게 좋다.
어휘: 식습관 및 운동 관련 어휘
과제: 생활습관과 건강 관련 대화를 듣고 이해하기
```

(1) 듣기 전 단계

   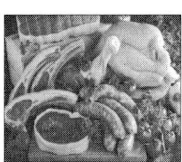

① 그림을 보여 주면서 건강을 지키기 위하여 보통 뭘 하는지 말하기
② 건강한 생활습관과 관련된 어휘를 학습하기

```
1. 다음 행동들 중에서 건강에 좋은 것을 모두 고르세요.
   편식하기              (   )    꾸준히 걷기              (   )
   흰 쌀밥 대신 현미밥을 먹기 (   )    일찍 자고 일찍 일어나기     (   )
   군것질을 많이 먹기       (   )    규칙적인 식습관을 기르기    (   )
   인스턴트 음식을 많이 먹기 (   )    다이어트를 하기 위해서 굶기 (   )
```

③ '-는 데(좋다/나쁘다), -게 좋다'를 제시해 주고 쓰는 방법에 대하여 설명해 준다.

(2) 듣기 단계

① 대화가 일어나는 상황을 설명해 주고 듣기 자료와 어울리는 과제를 제시해 주기

다음은 병원에서 다이어트를 하기 위해서 굶다가 쓰러진 환자와 의사의 대화입니다. 듣고 다음 문제를 풀어 보세요.

1. 이 환자가 왜 쓰러졌나요?
   ① 다쳐서
   ② 날씨가 더워서
   ③ 열이 나서
   ④ 다이어트를 심하게 해서

2. 이 환자는 건강해지려면 무엇을 해야 될까요?
   ① 규칙적인 식습관을 기르기   (   )
   ② 흰 쌀밥 대신 현미밥을 먹기   (   )
   ③ 하루에 한 시간 걷기   (   )
   ④ 군것질을 많이 먹기   (   )
   ⑤ 인스턴트 음식을 안 먹기   (   )
   ⑥ 탄수화물 음식은 아예 안 먹기 (   )

〈듣기 내용〉

의사: 환자 분, 이제 정신 좀 들어요?
환자: 어머, 제가 왜 여기에 와 있지요?
의사: 갑자기 쓰러져서 여기로 실려 오신 거예요. 음식을 안 드신 지 오래된 것 같은데 혹시 일부러 굶으셨어요?
환자: 네, 요새 다이어트를 한다고 해서 이틀 동안 단백질 보충제랑 우유 조금만 마셨어요.
의사: 이렇게 안 드시고 다이어트하면 건강에 아주 나빠요.
환자: 이제 곧 여름이잖아요, 살을 조금이라도 빼고 싶어서 그랬는데 이제 어떡하면 좋아요?
의사: 규칙적인 생활 습관이 가장 중요합니다! 식사는 하루 세끼 제때에 챙겨 드시는 게 좋습니다. 탄수화물은 우리 몸에 필수 영양소라서 한 끼쯤은 밥을 드시는 게 좋겠죠.
환자: 밥을 먹으면 살이 많이 찌는 것 같아서 싫어요. 꼭 밥을 먹어야 하나요?
의사: 그러면 흰 쌀밥 대신 현미밥을 드세요. 현미밥은 건강에 좋을 뿐만 아니라 포만감을 줘서 다이어트를 하는 데 도움이 될 거예요.

환자: 아 네. 황제 다이어트 들어보셨어요? 아무것도 먹지 않는 것보다는 고기를 먹으면서 다이어트를 하면 단백질 보충도 하고 왠지 건강도 해치지 않을 것 같아서 한 번 해보려고 하는데요.
의사: 한 가지 음식만 지나치게 섭취하는 것보다 육식과 채식을 골고루 하는 게 건강에 더 좋아요. 그리고 지나친 군것질이나 인스턴트 음식은 건강에도 안 좋고 다이어트를 하는 데 도움이 안 되니 안 드시는 게 좋습니다.
환자: 다이어트도 식사를 제대로 하면서 하는 게 중요하단 말씀이시군요!
의사: 맞아요. 건강한 식습관을 유지하는 것 외 하루에 한 시간 정도 꾸준히 운동을 해 보세요. 예를 들면 간단한 스트레칭이나 조깅이나 등산을 해보세요. 다이어트도 건강을 챙기면서 해야 더 예쁜 몸매를 만들 수 있어요.
환자: 알겠어요. 선생님. 고마워요.

(3) 들은 후 단계

① 들은 내용을 이용해서 친구하고 건강과 관련된 대화를 하고 대화한 내용을 정리해서 다음 표를 완성하기

질문 내용	친구 1	친구 2
건강에 좋은 습관		
건강에 나쁜 습관		
나쁜 습관이 몸 어디에 안 좋은지		

② 생활 습관을 고치는 것을 통해서 비만, 불면증, 우울증을 치료하는 방법과 관련된 글 읽기

● 생각해 봅시다

1. 듣기 수업의 자료 구성 원리에 대하여 설명해 보시오.
2. 듣기 후 단계에서 진행하는 활동의 특징 및 활동 유형에 대하여 설명해 보시오.

● 풀이

1. 첫째, 듣기 자료는 다양한 구어 유형을 포함해야 한다. 연설이나 강연같이 한 사람이 수많은 청자를 대상으로 하는 자료뿐만 아니라 둘 이상이 함께 대화하는 일상대화, 토론, 회의, 대담과 같은 것도 있어야 한다.
   둘째, 듣기 자료는 실제 생활에 쓰임직한 자료로 선정해야 한다. 발음, 억양, 속도, 축약, 방언, 은어, 비문접적 용소 등 측면에서 구어의 특성이 드러나야 되고 난이도 조정을 위해 어휘나 문법 항목의 대치 등도 고려해야 할 것이다.
   셋째, 모어 환경에서의 듣기 활동과 같은 방법으로 접근해야 한다. 비문법적 요소, 비언어적 요소들은 물론 주변의 소음까지도 듣기를 어렵게 하는 요소들인데 이들을 배제한 단순한 훈련은 실생활에서의 적응력을 감소시킨다.

2. 듣기 후 단계의 활동은 들은 내용을 다시 확인하고 실제 언어생활에서 활용할 수 있도록 하기 위해서 말하거나 쓰기, 읽기와 연결해서 교육시키는 것이 특징이다. 이에 후 단계 활동 유형은 들은 내용을 정리해서 말하기, 들은 내용을 정리해서 쓰기, 들은 내용과 관련된 글을 찾아서 읽기 등이 있다.

참고문헌

곽지영 외(2007), 한국어 교수법의 실제, 연세대학교 출판부.
김미선(2013), 대학생들의 듣기 전략 사용 양상에 대한 연구, 語文論集 第56輯, 중앙어문학회.
김왕규 외(2001), 한국어 능력시험의 평가기준 개발 연구, 미래창조과학부.
강현화 외(2005), 외국어로서의 한국어교육학, 한국방송통신대학교 평생교육원.
강현화 외(2014), 한국어 이해교육론, 형설출판사.
강현화 외(2016), 한국어 교원을 위한 한국어교육학, KNOUPRESS.
강승혜 외(2006), 한국어 평가론, 태학사.
곽지영 외(2015), 한국어 교수법의 실제, 연세대학교 대학출판문화원.
박영순 외(2013), 한국어와 한국어교육, 한국문학사.
양명희·김정남(2011), 한국어 듣기교육론, 신구문화사.
이해영(1999), 한국어 듣기 교육의 원리와 수업 구성, 한국어 교육 10권 1호, 국제한국어교육학회.
전은주(2011), 한국어 말하기 듣기교육에서 "실제성 원리"의 적용 층위와 내용, 새국어교육 제89호, 한국국어교육학회.
조항록(2006), 효율적인 한국어 듣기 교육을 위한 기본 원리와 실제, 한국언어문화학 제3권 제1호, 국제한국언어문화학회.
한국어문학연구소·국어교육연구소·언어교육원 공편(2014), 한국어 교육의 이론과 실제1, 아카넷.
한재영 외(2010), 한국어 교수법, 태학사.
허용 외(2005), 외국어로서의 한국어교육학 개론, 박이정.
Brown, H. Douglas(1994), Principles of Language Learning and Teaching, *Prentice Hall Ins*.
Morley, J.(1991), Listening Comprehension in second/Foreign Language Instruction,

In Celce-Murcia, Marianne (ed.), Teaching English as a second or Foreign Language, (2nd ed.) MA: Heinle & Heinle Publishers.

Naiman, M., M. Froehlich, H. H. Stern, and A. Todesco(1978), The Good Language Learner, *Toronro: Ontario Institute for Studies in Educantion.*

Song Mi-jeong(2002), The Effect of Listening Strategy Use on Listening Ability: 'Using an Immediate Retropective Data Collection Method', *English Teaching Vol 57, No. 3.*

Ur, P.(1984), Teaching Listening Comprehension, *Cambridge University Press.*

8장

한국어 말하기 교육론

박인애

1. 들어가며

 인간의 의사소통은 일상생활에서 상대방에게 자신의 느낌이나 생각, 지식과 정보를 정확하게 전달하는 것이다. 인간의 의사소통은 언어적 요소와 비언어적 요소를 통해 이루어지는데 이중에서 가장 효과적인 의사소통 수단은 바로 음성언어, 즉 말하기라고 할 수 있다. 말하기는 구어를 통한 의사소통 활동이므로 아무리 머릿속에 풍부한 지식이 있다 해도 그것을 말로 표현하지 못한다면 한국어 능력이 좋다고 평가 받기는 어렵다.

 한국어 교육에서 말하기 교육은 상대방과의 상호작용 속에서 자신의 생각이나 느낌을 정확하게 표현할 수 있어야 하며, 청자의 생각이나 느낌을 이해하여 그 상황에 맞게 적절하게 반응할 수 있어야 함을 의미한다. 그리고 자신이 필요로 하는 정보를 요구하거나 자신이 알고 있는 것을 확인할 수 있어야 하며, 말하기 활동을 통해 인간관계를 원활히 유지할 수 있어야 함을 의미한다. 한국어 교육의 궁극적인 목표가 자신의 생각을 청자에게 성공적으로 전달하는 것이라 볼 때 말하기는 실제 생활을 하는데 가장 기본적인 수단이며 언어의 기능 중에서 가장 중요한 기능이라고 할 수 있다.[1]

 전은주(1999:57)는 말하기의 행위는 화자와 청자의 양방향 속에서 이루어지는 행위라고 할 수 있으며, 이 행위를 성공적으로 하기 위해서는 상호작용 기술을 필

---

[1] Rivers(1981)에 따르면 실생활에서의 의사소통은 듣기 45%, 말하기 30%, 읽기 16%, 쓰기 9%라는 비율을 차지한다고 하였다. 그만큼 말하기가 중요하다는 것이다.

요로 한다고 하였다. 따라서 말하기 능력을 향상시키기 위해서는 구어의 일반적인 특징과 이를 바탕으로 한 상호작용 기술들을 익히는 것이 필요하다. Brown(1994)은 말하기의 특성을 8가지 요인을 제시하였다. 첫째, 학습자는 인지적으로 적절한 단위로 무리 짓거나 호흡에 따라 적절한 단위로 무리지어 표현한다. 둘째, 문어와 달리 구어는 반복하는 말, 고쳐하는 말, 설명하는 말, 덧붙이는 말이 많은데 이러한 반복과 부연설명 속에서 의미를 정확하게 할 수 있다. 셋째, 음성적, 형태적, 통사적, 화용적으로 축약형을 많이 사용한다. 축약표현을 적절하게 사용하도록 해야 자연스러운 발화 상황을 유도할 수 있기 때문이다. 넷째, 계획된 담화가 아닌 상황에서 화자는 말하는 도중에 주저하거나 머뭇거리기, 수정하여 말하는 경우가 많다. 모어 화자인 경우에는 자연스럽게 학습이 되어 어려움을 느끼지 않지만 외국어 학습자의 경우에는 새롭게 학습해야 하는 요소이기 때문에 말하기를 어렵게 하는 요인이기도 하다. 다섯째, 대화 속에는 관용적 표현과 축약형, 문화 지식 등이 종합적으로 표현된다. 따라서 교사는 구어 표현과 관용적 표현을 연습할 기회를 제공해야 한다. 여섯째, 유창하게 한국어를 말하기 위해서는 적절한 속도를 가져야 한다. 상황에 맞는 다양한 발화속도를 기르도록 연습이 필요하다. 일곱째, 음성으로 전달되는 말하기는 어조, 억양, 강세 등의 요소가 중요하다. 중요한 부분을 강조하거나 적절한 억양으로 말하고자 하는 의미를 정확하게 전달하는 연습이 필요하다. 여덟째, 말하기는 양방향 활동이므로 서로 협상을 위해서는 대화에서 사용하는 상호작용 기술을 익힐 필요가 있다. 이와 같이 말하기의 8가지 특징을 의사소통 상황에서 적절히 고려한다면 말하기를 향상 시키는데 도움이 될 것이다.[2]

2　Brown(2000), 332~333쪽 내용 인용

1	무리짓기	인지적으로 적절한 단위(구)로 무리지어 표현
2	중복성	반복하는 말, 고쳐하는 말, 설명 등의 부연설명을 통해 의미를 정확하게 전달함.
3	축약형	자연스러운 발화를 위해 축약 표현 사용
4	수행변인	주저하기, 머뭇거리기 등 언어 수행 변인 익히기
5	구어체	구어체 어휘, 관용표현 연습
6	발화속도	유창성을 위한 적절한 발화속도
7	억양/강세	중요부분 강조, 적절한 억양으로 의미표현
8	상호작용기술	협상하기, 신호 주의하기, 순서 지키기, 화제 지정 등 상호작용 기술 익히기

2. 말하기 교육의 이론적 배경

　외국어 교육에서 말하기 능력 향상은 학습의 주된 목표이기에 많은 관심을 가지고 꾸준히 연구되어 온 분야이다. 특히 언어 교육에서 의사소통의 중요성이 증가되며 말하기 능력은 언어교육의 핵심 분야로 자리 잡혀 있다. 전은주(1999)는 한국어 교육에서 말하기는 의미를 언어로 변형하는 인지적 작용이며, 개인의 내적 동기를 충족할 수 있게 언어적·비언어적 의사 표현을 하는 것이며, 화자가 언어적·비언어적 표현을 통해 청자에게 변화를 주기 위해 메시지를 전달하는 일련의 모든 행위하고 정의하였다. 조수진(2006)은 물리적인 음성의 표출, 사고 과정 및 상호적용이 총체적으로 관련된 행위가 말하기하고 주장하였다. 이처럼 한국어 교육에서 말하기란 발화자의 일방적인 의사 표현이 아닌 청자와의 상호 작용을 위한 언어·비언어적 행위를 포함한 총체적인 행위라고 정의할 수 있다. 이에 상호작용적 의사소통을 통하여 화용적 목표를 달성하는 것을 중시하는 의사소통중심교수법에 대해 살펴보고자 한다.

　의사소통중심교수법은 1960년대 후반에 언어습득의 기능주의적 관점을 근간으로 등장한 교수법이다. 그래서 직접교수법이 제시된 이후 학습자의 의사소통 능력의 배양에 대한 가장 포괄적이고 구체적인 방법론이라 할 수 있다. 이것은 언어를 구조보다는 도구로서 인식하는 데에 중점을 두기 때문에 언어 구조에 대한 이해보다는 의사소통 능력을 배양하는 데 중점을 둔다. 여기서 말하는 의사소통 능력은 앞서 말한 것과 같이 실제 발화상황에서의 의사소통 능력이나 언어의 상호작용적 기능으로 이해할 수 있다.

의사소통 중심 교수법에서는 교실 수업이 교육의 목적이라기보다 현실의 다양한 상황들을 위한 준비단계로 실제 상황에서 대화가 가능한지가 교육의 중심이 된다. 의사소통적 교수법에서 일반적인 활동은 정보차 활동, 역할극이다. 먼저 정보차 활동은 학습자가 각자의 자료를 가지고 다른 사람들과 상호작용하면서 의사소통적 목표를 달성하는 활동이다. 역할놀이는 통제된 대화쌍이 아닌 의사소통적 목표를 해결하기 위한 자율적 활동이다. 따라서 과제 수행에서 교사가 수업을 주도하거나 통제하지 않아야 역할극의 학습 효과를 증가시킬 수 있다. 그리고 학습자는 해당 과제에 적절한 문장을 생산하기는 하나 이것이 수업 목표에 벗어날 수도 있는데 이는 역할극의 특징의 하나로 용인될 수 있다. 의사소통중심교수법에서 볼 때 대표적인 과제 들은 정보차 활동이라고 볼 수 있다. 이는 대화상대와 다른 정보를 가진 것은 의사소통의 필요성을 전제로 하는 것이기 때문이다. 또한 의사소통중심 교수법은 학습자의 목표어 체계의 발달 과정을 존중하기 때문에 언어의 용법 위주가 아닌 언어사용 위주의 교육, 맥락을 중심으로 한 담화능력, 정확성보다는 유창성 중심, 사회언어적, 담화적요소의 교육을 통해 학습자의 말하기 능력의 발전을 목표로 한다.

최근 들어 외국어로서의 한국어 교육 중에서 의사소통중심 말하기 교육과 관련된 연구들이 아주 활발히 연구되고 있다. 현윤호(2001)은 과제 수행을 말하기 수업의 교육 방법으로 간주하였다. 말하기의 상호작용 특성으로 인해 말하기 학습에 어려움을 겪는다고 하였으며, 상호작용 기술을 신장하기 위해서 과제 수행 활동 중심 수업 모형까지 제시하였다. 신현숙(2002)는 한국어 교재 중의 대화 자료와 한국인이 실제로 사용하는 대화 자료를 비교 분석한 끝에 실제 대화 자료는 교재에 실린 대화 자료보다 더욱 다양하고 자연스러우며 풍부한 여러 구어적 특징들을 가지고 있다고 하였다. 이 연구에서는 한국어 대화의 교수 모형 개발을 위한 적절한 교수 목표, 교수 내용, 교수 순서를 구체적으로 지적하였다.

안목녀(2002)는 먼저 말하기 교육의 현황을 조사해 말하기 교육의 문제점과 바람직한 발전 방향이 어떤 것인지에 대해 연구하고 실제적으로 말하기에 도움이 되는 효과적인 방법들에 대해 검토하였으며, 현장에서 실질적으로 적용할 수 있는 효과적인 교수 원리와 구체적 수업 지도 방안을 제시했다. 김미경(2007)은 먼저 한국어 교육 기관의 교사와 학습자들을 대상으로 한 설문조사를 통해 의사소통 전략 훈련에 대한 요구사항을 알아보고, 우회적 표현, 유의어, 비언어적 전략 등 효과적인 의사소통 전략 훈련을 선정하여 그에 맞는 여러 가지 활동들을 제시하였다.

이 뿐만 아니라 과제 수행, 교재, 활동 모형, 말하기 전략, 숙달도 평가 등 여러 측면에서 말하기 교육에 대한 연구가 활발히 이루어지고 있다.

3. 말하기 수업 설계

3.1. 말하기 교육의 목표

한국어 교육에서의 말하기 교육의 목표에 대해서 솔로드카마리나(2010)는 발음, 어휘, 문법적 능력 등과 같은 언어적 지식과 유창성, 정확성 등과 같은 여러 가지 의사소통 지식을 아울러 사용할 수 있는 능력을 키우는 것이라 주장하였고, Dina(2012)는 외국어로서의 한국어 말하기 교육의 목표는 학습자들에게 목표 언어인 한국어로 정확하고 유창하게 의사소통할 수 있는 능력을 길러주는 데 있다고 하였다. 이처럼 한국어 교육에서의 말하기 교육의 목표를 의사소통을 위한 어휘, 발음은 물론 문법적 능력을 키우며 정확성과 유창성을 증대시키는 것이라 정의할 수 있다.

말하기 교육의 세부 목표를 살펴보기 위해 숙달도에 따른 교육목표를 확인할 필요가 있다. 동일한 교육과정에서도 숙달도에 따라 말하기 교육의 목표는 심화, 발전될 수 있는데 한국어 말하기 교육과정에서의 목표를 살펴보면 다음과 같다.

분류	한국어 말하기 교육의 목표
1급	• 생존에 필요한 기초적인 언어 기능을 수행할 수 있다. • 사적이고 친숙한 화제에 대하여 간단히 말할 수 있다.
2급	• 일상생활에 필요한 기능을 수행할 수 있다. • 공공시설 이용에 필요한 기능을 수행할 수 있다. • 사적이고 친숙한 화제에 관해 유창하게 말할 수 있다. • 공식적 상황과 비공식적 상황에서의 언어를 구분해 사용할 수 있다.

급	
3급	• 일상생활을 영위하는 데 별 어려움을 느끼지 않을 정도로 말할 수 있다. • 다양한 공공시설의 이용과 사회적 관계 유지에 필요한 기초적 언어 기능을 수행할 수 있다. • 친숙하고 구체적인 소재는 물론, 자신에게 친숙한 사회적 소재에 대하여 말할 수 있다. • 단답식 의사소통에서 벗어나 자기 의견을 구체적으로 말할 수 있다. • 화자와 청자의 관계에 따라 적절한 어법을 사용할 수 있다.
4급	• 공공시설 이용과 사회적 관계 유지에 필요한 언어 기능을 수행할 수 있다. • 일반적인 업무 수행에 필요한 기능을 어느 정도 수행할 수 있다. • 일반적인 사회적, 추상적 소재에 대하여 정확하고 유창하게 말할 수 있다. • 빈도가 높은 추상어, 속담, 관용어를 사용하여 말할 수 있다.
5급	• 전문분야에서의 연구나 업무 수행에 필요한 언어기능을 어느 정도 수행할 수 있다. • 정치, 경제, 사회, 문화 등 친숙하지 않은 소재에 관해서도 말할 수 있다. • 공식적, 비공식적 맥락과 구어적, 문어적 맥락에 따라 언어를 적절히 구분하여 말할 수 있다. • 토론, 토의, 협상, 설득, 연설 등을 할 수 있다. • 속담, 관용어, 표현을 자연스럽게 사용하여 말할 수 있다.
6급	• 전문분야에서의 연구나 업무수행에 필요한 언어기능을 비교적 정확하고 유창하게 수행할 수 있다. • 정치, 경제, 사회, 문화 등 전문적인 주제에 대해서 유창하게 말할 수 있다. • 원어민화자의 수준에는 이르지 못하나 기능 수행이나 의미표현에는 어려움을 겪지 않는다. • 토론, 토의, 협상, 설득, 연설 등을 유창하게 할 수 있다. • 한자를 포함하여 고급 표현 의성어, 의태어 표현을 자유롭게 구사할 수 있다.

3.2. 말하기 수업 구성의 원리

앞서 말하기 교육의 등급에 따른 세부 목표를 살펴보았다. 말하기 교육의 세부 목표를 달성하기 위해서는 말하기 수업을 목표에 맞게 구성해야 한다. 이처럼 언어 교육의 효율성을 높일 수 있는 말하기 수업이 되기 위해서는 어떤 원리에 따라 수업을 구성해야 하는지 살펴보고자 한다. 본 연구에서는 Brown(2001), Canale & Swain(1980)를 바탕으로 하여 말하기 수업에 적용할 수 있는 원리를 제시하고자 한다.

첫째, 정확성, 유창성, 상호작용성을 다루는 다양한 기능을 목표로 해야 한다. 의사소통은 자연스럽게 의미를 전달하는 것이므로 유창성을 중점으로 하되 올바른 의사를 전달하기 위해 정확성을 갖추어야 한다. 정확성만을 중시한다면 문법적 지식에 초점을 맞춰져 상호작용이 충분히 이루어질 수 없고, 유창성만을 강조한다면 음운, 어휘, 통사적인 지식에 대한 연습이 부족하게 된다. 따라서 정확성과 유창성을 동시에 아우르는 활동을 통하여 상황에 맞는 적절한 어휘와 표현을 사용하고 문법적인 문장을 구성하여 정확하고 유창하게 말하는 능력을 키워야 한다.

둘째, 교사는 학습 동기를 충분히 부여해 주어야 한다. 말하기 수업에서 교사의 역할은 매우 중요하다. 교사의 동기 부여를 통해 학습자는 말하기 상황을 두려워하지 않고 학습내용을 수용하기 때문이다. 하지만 학습자가 스스로 학습에 동기를 부여하기란 쉽지 않다. 그러므로 교사는 학습자 스스로 학습 전략과 발화 전략을 개발하여 사용할 수 있도록 학습자의 정서적인 측면을 강조하고 유도해야한다. 교실에서 진행하는 학습 활동이 학습자에게 어떤 도움이 되는지, 이 활동을 하는 이유가 무엇인지 학습자들이 이해한다면 수업에 효과적일 것이다.

셋째, 유의적인 맥락 속 실제적인 표현을 제시해야 한다. 수업에 제시되는 대화 맥락이 현실성이 떨어지는 통제된 것이거나 상호작용성이 없다면 학습자들이 실제 의사소통 상황에서 학습한 내용을 충분히 활용할 수 없을 것이다. 따라서 교사는 한국어 사용에 관한 관습, 문화를 이해하고 격식표현, 비격식적 표현, 공손한 표현, 친근한 표현, 직접적인 표현과 간접적인 표현 등을 익혀서 상황에 따라 사용할 수 있도록 유의적인 맥락과 실제적 자료를 바탕으로 수업을 구성해야 한다.

넷째, 의사소통이 상호교류 속에서 이루어짐으로 듣기와 말하기가 함께 이루어져야 한다. 말하기와 듣기를 자연스럽게 접목하면 두 기능이 서로 강화되어 효과적으로 수업을 진행할 수 있게 된다.

다섯째, 특정한 상황에서 학습자가 적절하게 발화할 수 있도록 과제 중심의 수업을 구성해야 한다. 이를 통해 학습자들은 과제를 수행하기 위해서 기능에 맞는 역할을 수행해 가는 가운데 상호작용 기술을 습득하고 발전하게 될 것이다. 상호작용은 말하기 수업에서 활발히 이루어져야 한다. 이를 위해 정보를 주고받거나 의미 협상하기, 생각과 감정 공유하기 등을 소그룹이나 짝 활동 통해 활성화 한다. 무엇보다 다양한 상호작용 상황을 학습자들이 경험할 수 있도록 수업을 구성하는 것이 바람직하다.

여섯째, 학습자에게 다양한 의사소통 기회를 제공해야 한다. 수업에서 이루어지는 말하기는 교사가 주도하여 이루어지는 경우가 많다. 이때, 학습자들은 교사가 시키는 것에만 말하기를 할 수 밖에 없다. 하지만 말하기 수업은 대화를 시작하고 화제를 정하고, 질문을 하고, 대화를 통제하고, 화제를 전환하는 등의 다양한 말하기 상황을 연습하는 것이 중요하다. 따라서 교사는 말하기 기능을 구성할 때 학습자들이 적극적으로 의사소통에 참여할 수 있도록 해야 한다.

일곱째, 의사소통 능력을 갖추기 위해서는 담화적 능력이 있어야 한다. 말하기는 문장의 연속으로 이루어지고 화자와 청자가 서로를 의식하며 상호 작용하는 것이다. 따라서 일관된 내용으로 말하기, 자신의 생각을 논리적으로 표현하기 등의 담화적 능력을 갖추기 위한 학습 내용으로 구성되어야 한다.

여덟째, 의사소통의 장애를 극복하고 효율성을 높이기 위해 언어적, 비언어적 전략을 개발해야 한다. 말하기는 언어적, 비언어적 요소를 함께 사용하는 표현 영역이므로 이를 적절하게 활용할 수 있어야 한다. 얼굴표정, 몸짓, 발화속도, 강세 등을 상황에 맞게 조절하거나 몸짓언어로 의사를 전달하는 것, 주저하기, 반복하기, 시간 끌기, 주요부분 강조하기, 돌려서 말하기 등 언어적인 전략을 활용함으로써 의사소통 능력을 기를 수 있도록 지도해야 한다.

아홉째, 소집단 활동을 활용한다. 말하기 수업에서 가장 중요한 것은 학습자들이 한국어를 최대한 많이 사용하게끔 하는 것이다. 이를 위해서는 교사가 아닌 학습자들이 중심이 되는 수업으로 구성해야 한다. 소집단으로 모여 활동을 하도록 하면 학습자가 수업을 주도하게 되어 한국어를 적극적으로 사용하게 된다. 이때 교사는 소집단 활동이 잘 진행될 수 있도록 촉진자 역할을 해야 한다.

이와 같이 말하기 교육 내용을 구성한다면 성공적으로 의사소통 목표에 도달할 수 있을 것이다.

4. 말하기 수업 구성

언어를 수행하는데 상대방이 무엇을 말하는지, 언제, 어떻게 말하고 누구와 대화를 나누는지 등이 큰 영향을 미친다. 그러므로 교실에서 교사는 이러한 말하기의 특성을 최대한 개발할 수 있는 자료를 기반으로 수업을 구성하여 지도해야 할 것이다. 기존의 말하기 교육은 주로 반복 훈련과 연습을 통해 기본 구조 및 문형을 기계적으로 숙달시키는 것이었다. 이러한 교육 방식은 교실 밖 실제상황에서의 의사소통을 불가능하게 하였다. 따라서 말하기 수업은 학습자를 의사소통에 적극적으로 참여하게 하여 정보의 공유, 의미의 협상, 상호작용과 같은 의사소통과정 속에서 언어를 통해서 중재되는 과제를 완수하는 데 초점을 두어야 한다. 이를 위해 교재 또한 과제 중심의 학습활동이 원활히 이루어지도록 고안해야 한다.

4.1. 말하기 수업의 단계

말하기 구성 단계에 따른 수업은 말하기 전, 말하기, 말하기 후 단계로 구성할 수 있다. 다음은 각 단계에 따른 수업 지도 내용이다.

수업을 준비하는 말하기 전 단계에서는 학습자의 흥미를 유발시키고 학습동기를 부여한다. 이때 내용은 학습 목표와 적절히 연계되어야 한다. 말하기 단계는 학습목표가 실제적인 문맥 속에서 제시되고, 제시된 대화문을 연습하는 단계이다. 목표 문법의 의미는 단순한 대화를 통해 제시한다. 이 때 목표 문법의 의미 전달이 제시 되고 난 후 형태적인 측면의 학습이 이루어져야 한다. 목표 문법에 대한 이해를 점검하고 연습 단계로 들어간다. 연습은 쉽고 단순한 것에서 어렵고 복잡한 것으로 구성하고 연습시킨다. 연습 초기 단계는 그 날의 목표 문법에 초점을 둔 연습 유형으로부터 시작하여 후기 단계에 이르면 나중에 과제 학습에서 하게 될 과제와 관련된 연습 활동을 하게 한다. 즉 오늘의 목표 문법과 기존에 이미 학습한 문형 및 구조를 복합적으로 사용하는 연습의 형태로 이끌어야 한다. 바로 이러한 점이 후에 학습이 수행하게 될 과제 활동을 보다 효과적으로 이끌 수 있게 하는 결정적인 요인이 된다. 또한 연습 단계에서는 학습자의 발화량을 최대한 확보할 수 있는 연습 유형들을 개발하여 학습자의 듣기와 말하기 시간을 최대한 확보한다. 연습 유형을 구성할 때는 과제 학습이 잘 이루어질 수 있도록 연습 유형의 주제나 단어 및 표현 등을 고려한다. 말하기 후 단계는 학습 목표를 사용한 실제 활용의 단계로 과제 수행 단계이다. 과제 수행 단계를 거쳐 마무리로 이른다. 마무리에서는 그 날의 학습 목표를 다시 정리하고 오류를 수정해 주며 과제를 부과한다. 이처럼 말하기 수업은 의사소통 행위가 일어나기 전 단계 즉, 연습 단계까지를 확실히 거쳐 의사소통 단계인 활용 단계로 지도해야 한다.

4.2. 말하기 수업의 전략

말하기 전략은 말을 할 때 표면적으로 들어나는 언어적, 비언어적인 모든 의사소통전략을 말한다. 말하기 전략의 유형을 살펴보기 앞서 의사소통 전략의 유형을 살펴 볼 필요가 있다. 의사소통 전략 유형을 분류한 학자에는 Tarone(1978), Faerch & Kasper(1983), Poulisse(1987), Yarmohamadi & Sief(1992), Dornyei & Scott(1997), Bialystok(1983)가 있다. 이 중 Tarone(1978)가 의사소통 전략을 최초로 분류했는데 바꾸어 말하기, 빌려오기, 도움 요청하기, 흉내내기, 회피하기의 다섯가지로 말하기 전략을 제시하였고, Faerch & Kasper(1983)은 형식적 축소 전략, 기능적 축소 전략, 성취전략으로 전략의 유형을 구분하였다. Poulisse(1987)은 개념적 전략과 언어적 전략으로 구분하였으며 Yarmohamadi & Sief(1992)는 축소전략, 성취전략으로 Dornyei & Scott(1997)은 비상호적 전략과 상호적 전략으로 Bialystok(1983)은 목표어 근거 전략, 모국어 근거 전략으로 의사소통 전략을 구분하였다. 이와 같은 연구들은 각각 의사소통을 보는 관점에 따라 유형을 다르게 구분하고 있는데 지나치게 분석하거나 세분화 시킨 학자도 있고 각 전략 간의 차이가 명확하지 않은 것도 있다. 본 연구는 위에서 제시한 다양한 학자들의 유형 분류에서 언급 빈도가 높은 유형을 가려 재분류한 진제희(2000)과 말하기를 수행하는 과정에 따라 전략을 나누어 범주화 한 정명숙(2014)의 말하기 전략을 살펴보고자 한다.

〈표 1〉 진제희(2000)의 의사소통 전략의 범주와 범주별 유형

범주	전략의 유형
회피 전략	주제 회피
	메시지 포기
제1언어근거 전략	코드 전환
	외국어화
	직어
제2언어근거 전략	풀어말하기
	유사어
	신조어
	비언어적 전략
	도움 요청
	분명히 말하기

〈표 2〉 정명숙(2014)의 말하기 전략의 하위범주와 범주별 전략

과정	범주	세부전략
말하기 전	담화차원의 전략	담화 목적 인식하기
		청자 및 청자와의 관계 분석하기
		담화 목적 달성을 위한 내용 구상하기
		담화 유형에 따른 적절한 담화 구조 떠올리기
		담화 구조 및 기능에 따른 적절한 담화 표지 떠올리기
		담화의 격식성에 따른 적절한 발화스타일 결정하기
		순서 교재, 끼어들기 등의 담화 규칙 떠올리기
	점검하기	발화 계획에 대한 점검하기

말하기	전달력을 높이는 전략		정확한 발음과 억양으로 말하기
			의미 단위별로 끊어서 말하기
			적절한 속도로 말하기
			구어적 발음 사용하기
			적절한 표정, 동작 활용하기
			휴지, 주저 발화, 수정 발화 등의 전략 사용하기
			상대방의 이해를 돕는 담화 표지 사용하기
			내용의 중요도에 따라 발화의 강약, 완급 조절하기
	장애를 극복하는 전략		분명히 해 주도록 요구하기
			반복해서 말해 주도록 요구하기
			생각할 시간을 벌기 위해 군말 사용하기
			대화 유지를 위한 표현 활용하기
			청자의 주의를 요구하기
			표현하기 어려운 구조를 쉽게 바꿔 말하기
			상대방에게 도움 요청하기
			비언어적 기호 사용하기
	점검하기		발화에 대한 점검하기
말하기 후	평가하기		발화에 대한 평가하기

5. 말하기 수업의 실제

 이 장에서는 실제 수업을 어떻게 구성할 것인지를 살펴보고자 한다. 즉, 수업을 어떻게 시작하고 끝내며 이 수업에서 학습자와 교사는 어떤 활동을 해 나가는지를 구체적으로 살펴보고자 한다. 말하기 전 단계는 학습할 주제에 대해 학습자들의 학습 동기를 유발하고 구체적인 학습 목표를 제시한다. 말하기 단계는 주제와 관련된 어휘와 문법 표현을 제시하고 통제된 연습과 유의적인 연습을 한다. 이 단계에서 학습자는 어휘와 문법 표현의 의미와 쓰임을 이해하고 활용할 수 있도록 한다. 마지막 말하기 후 단계에는 말하기 단계에서 배운 표현을 활용하여 과제를 해결한다. 역할극이나 소그룹 활동, 발표 등을 통해 교사는 학습내용을 점검하며 학습자는 말하는 기회를 얻을 수 있다.

단원 주제	약국이용하기
학습 목표	약국에 가서 증상을 이야기할 수 있다. 약사의 주의사항을 듣고 이해할 수 있다.
어휘	병, 증상에 관련된 어휘
문법	-ㄴ/는 것 같다

단계	학습 내용	지도방법
말하기 전	1. 주제 도입 • 교사-학생 대화로 주제도입 - 아팠을 때의 경험에 관한 대화로 자연스럽게 주제를 도입한다. 2. 학습목표 제시 • 몸이 아플 때는 약을 먹거나 병원에 가서 치료를 받아야 함을 이야기하며 오늘은 약국에 가서 어디가 어떻게 아픈지 이야기하는 것을 배워보자고 한다.	• 교사-학생 대화로 자연스러운 도입과 학습목표 제시하기
말하기	1. 어휘 표현 의미와 쓰임 이해시키기 • 학생들에게 감기에 걸렸을 때 어디가 어떻게 아픈지 질문하고, 배가 아프면 어떻게 하는지, 또 언제 배가 아픈지 질문하며 학생들이 이야기하는 증상이나 표현하는 행동을 보고 학생들에게 오늘 학습할 어휘를 판서하며 제시한다. - 감기에 걸리다, 머리가 아프다, 열이 나다, 기침을 하다, 콧물이 나다, 몸살이 나다, 코가 막히다, 목이 아프다 - 토하다, 설사를 하다, 배탈이 나다, 체하다 2. 어휘 표현의 형태 정보 제시하기 - '감기에 걸리다, 몸살이 나다, 코가 막히다, 체하다'는 과거형으로 사용한다는 것 설명한다. 3. 어휘 표현의 이해 정도 확인하기	• 귀납적 어휘제시 • 그림카드 맞히기
	1. 그림카드 연습하기 • 그림에 맞는 증상 맞히기 - 전체→교사 따라 읽기→짝 또는 개별	

말하기	2. 소그룹 활동하기 • 사람들마다 감기에 걸리면 증상이 조금 다른데 학생들은 증상이 어떤지 짝과 함께 이야기해 본다. – 교사가 먼저 교사의 증상을 이야기하고 학생들에게 활동시간을 준다. – 활동을 할 때 조별 대화에 참여하여 같이 이야기 한다.	• 소그룹활동말하기
	1. 문법의 의미와 쓰임 이해시키기 • 학생들에게 질문하면서 목표문법을 사용한 예문을 자연스럽게 제시한다. 2. 문법의 형태 정보 제시하기 – 칠판에 '-ㄴ/는 것 같다' 판서 후 예문을 가리키며 학생들에게 동사와 형용사가 모두 올 수 있음을 확인하고 판서한다. 3. 문법 이해 정도 확인하기	• 형용사, 동사에 따라 형태가 달라지는 것 판서하기
	1. 문장카드, 그림카드 연습하기 • 문장카드 연습 – 전체→교사 따라 읽기→짝 또는 개별 • 그림카드 연습 – 전체→교사 따라 읽기→짝 또는 개별 2. 소그룹활동하기 – 학생 한 명 가리키면 다른 학생들이 그 학생에 대해 이야기한다. 　예 재미있는 것 같아요. 인기가 많은 것 같아요.	• 문장카드, 그림카드 활용하기 • 소그룹활동말하기

말하기 후	1. 실제적인 과제 제시하기 약사: 어서 오세요. 어떻게 오셨어요? 환자: 약사: 콧물도 나요? / 설사도 해요? 환자: 약사: 그럼 오늘은 찬 음식을 먹으면 안 돼요. 환자: 약사: 이 약을 하루 3번 식사 후에 드세요. 환자: 네, 알겠습니다. 안녕히 계세요.	• 판서로 약사가 하는 말 제시하기
	2. 역할극하기 • 환자에게 교사가 증상카드를 주고 그 증상에 맞게 대화 연습을 시킨다. • 교사는 활동 하는 것을 보면서 도움이 필요한 곳에 가서 도움을 준다. • 활동이 빨리 끝난 조는 역할을 서로 바꿔서 연습하게 한다. 3. 활동 내용 발표하기 • 실제 약사와 환자처럼 일어서서 대화를 해보고 같이 이야기한다. • 교사는 학생들 발표에 간략하게 평가를 한다.	• 상황극 연습하기
	1. 수업내용 정리하기 • 수업 내용을 정리하며 적절하게 격려하고 주의를 준다. 그리고 학습자 스스로 평가해 보는 시간을 갖는다. • 수업 중 학습한 내용을 강화시킬 수 있는 과제물을 부여한다.	

◉ 생각해 봅시다

1. 한국어 말하기 수업의 목표를 설명하십시오.
2. 한국어 말하기 수업의 내용을 구성하기 위한 원리를 설명하십시오.

◉ 풀이

1. 한국어 교육에서의 말하기 교육의 목표를 의사소통을 위한 어휘, 발음은 물론 문법적 능력을 키우며 정확성과 유창성을 증대시키는 것이라 정의할 수 있다.

2. 첫째, 정확성, 유창성, 상호작용성을 다루는 다양한 기능을 목표로 해야 한다. 둘째, 교사는 학습 동기를 충분히 부여해 주어야 한다. 셋째, 유의적인 맥락 속 실제적인 표현을 제시해야 한다. 넷째, 의사소통이 상호교류 속에서 이루어짐으로 듣기와 말하기가 함께 이루어져야 한다. 다섯째, 특정한 상황에서 학습자가 적절하게 발화할 수 있도록 과제 중심의 수업을 구성해야 한다. 여섯째, 학습자에게 의사소통 기회를 제공해야 한다. 일곱째, 의사소통 능력을 갖추기 위해서는 담화적 능력이 있어야 한다. 여덟째, 의사소통의 장애를 극복하고 효율성을 높이기 위해 언어적, 비언어적 전략을 개발해야 한다. 아홉째, 소집단 활동을 활용한다.

참고문헌

민현식(2005), 『한국어 교육론 3』, 한국문화사.
박영순(2008), 『한국어와 한국어교육』, 한국문화사.
박영순(2002), 『21세기 한국어 교육학의 현황과 과제』, 한국문화사.
조수진(2010), 『한국어 말하기 교육의 이론과 실제』, 소통.
김선정, 김용경, 박석준, 이동은, 이미혜(2010), 『한국어 표현 교육론』, 국제한국어교육학회. 형설출판.
전은주(1999), 『말하기듣기교육론』, 박이정.
조수진(2006), 한국어 말하기 교수의 원리 연구, 서울대학교 대학원 박사학위논문.
현윤호(2001), 과제 수행 중심의 말하기 지도방안, 한국어 교육, 12권 2호.
신현숙(2002), 한국어 대화의 교수모형: 잘문과 응답, 한국어교육, 제13권 2호.
안목녀(2003), 말하기 교육의 효율적인 교수방안 연구, 홍익대학교 석사학위논문.
김미경(2007), 의사소통전략 훈련을 위한 한국어 말하기교육 방안 연구 -소통장애 극복을 위한 전략을 중심으로-, 고려대학교 석사학위논문.
정명숙(2014), 말하기 전략 개발을 위한 과제 구성 방안, 이중언어학 57, 이중언어학회, 173~198.
진제희(2000), 외국어로서 한국어 학습자들의 의사소통 전략 연구, 연세대학교 석사학위논문.
솔로드카마리나(2010), 다시말하기 활동이 한국어 유창성과 정확성에 미치는 효과 연구 -중급학습자를 대상으로-, 연세대학교 석사학위 논문.
Bialystok, E(1983), *some factors in the selection and implementation of communication strategies*. In C. Faerch & G. Kasper (eds), Strategies in interlanguage communication. Harlow, England: Longman.
Brown, H. Douglas (1994). *Teching by Principles*, Englewood Cliffs, NJ: Prentice-Hall.

Brown H. Douglas (2000). *Principles of Language Learning and Teaching*, 권오량 김영숙 한문섭 공역(2001)『원리에 의한 교수: 언어 교육에의 상호작용적 접근법』Pearson Education Korea.

Brown, H. Douglas. (2001). *Teaching by Principles*.『원리에 의한 교수』(권오량 외 역). Longman.

Rivers, W. M. (1981). *Teachine Foreign laguage skills*(2nd ed). The University of Chicago Press.

Canale & Swain, M.(1980). *Theoretical Bases of Communicative Approaches to Second Language and Testing*. Linguistics, I.

Dina, Y. (2012), *A Study on the Development Methods of Korean Speaking Materials for Arab Learners of Korean Language* : Focusing on Beginner Learners in Ain Shams University in Egypt, 연세대학교 대학원 석사학위논문.

Dornyei & Scott.(1997). *Communication strategies in second language*: Definition & taxonomies. Language Learning, 47-1.

Faerch & Kasper, G,(1983a). *Introduction. Strategies in interlanguage communication*, In C. Faerch & G. Kasper (eds), xv-xxiv. London : Longman.

Faerch & Kasper, G,(1983b). *Plan and strategies in foreign language communication*, In C. Faerch & G. Kasper (eds), xv-xxiv. London : Longman.

Poulisse, N. (1987). *Problems and solutions in the classification of compensatory strategies*. Second Language Research, 3, 141-153.

Tarone, E. (1980), *Communication Strategies, Foreign Talk, and Repair in the Interlanguage*. Language Learning, 30.

Yarmohamadi & Sief(1992). *More on communication strategies : Classification, resource, frequency and underlying process*. IRAL, 30.

9장

한국어 읽기 교육론

김유선

1. 들어가며

읽기(reading)는 글을 읽고 필자가 의미하는 바를 파악하고 이해하는 행위를 말한다. 읽기는 기본적으로 지식이나 정보를 얻기 위해서 수행하는데 여기에는 생존에 필요한 정보를 얻기 위한 읽기도 있고 순수한 지적 호기심을 충족시키기 위한 읽기도 있다. 또한 언어 자체를 배우기 위한 읽기도 있는데 외국어를 배우는 사람의 목표어의 어휘, 문법, 표현 방법 등을 익히기 위해 글을 읽는 경우가 이에 해당한다.

이러한 읽기 행위는 글을 읽는 독자가 필자의 생각을 일방적으로, 수동적으로 받아들이지 않는다는 측면에서 일방적이 아니라 쌍방적인 의사소통 행위라고 할 수 있다. 이것은 읽기 활동을 통해 독자가 의미를 재구성하는 과정을 거치게 되는 것을 의미하는데 필자가 써 놓은 글의 의미를 수동적으로 파악하는 것이 아니라 독자 자신이 가지고 있는 사상과 감정이 투영이 되어 글 속의 의미를 자신의 머릿속에 재구성하게 된다.

읽기의 개념을 개인적 측면과 공동체적 측면에서 생각해 볼 수 있다. 먼저 개인적인 측면에서 보면 읽기는 문자언어를 통해 정보를 획득하고 처리하는 사고 과정으로 문자 자극에 의해 읽기 주체의 정서 및 가치관이 변해가는 과정이라고 볼 수 있다. 공동체의 측면에서 보면 읽기 행위는 하나의 언어 공동체가 통합하는 기제가 되며, 문자언어로 표상된 문화를 전승하고 전파하는 과정이라고 볼 수 있다.

이러한 읽기의 중요성[1]은 다음과 같다. 첫째, 읽기를 통해 우리는 정보(지식)을 얻을 수 있다. 책, 신문이나 잡지, 광고문 등을 통해 많은 정보를 얻게 된다. 둘째, 읽기는 문화를 전수하고 유지, 발전시키는 수단이 된다. 문화는 대부분 문자의 형태로 기록되며 이들 기록은 다음 세대로 이어지게 된다. 영화나 텔레비전, 컴퓨터 등의 다양한 매체가 발전하더라도 문화를 유지, 발전시키는 데에 문자의 중요성은 줄어들지 않을 것이다. 셋째, 우리는 글의 내용을 분석, 종합, 비판하는 과정을 통해 글의 내용을 이해하게 된다. 이 과정에는 여러 요소들이 복합적으로 작용한다. 이러한 과정을 통해 독자는 사고력을 기를 수 있다. 넷째, 우리는 수많은 신문, 잡지, 문학 작품 등을 읽고 수많은 사람들을 만나게 되며, 때로는 울고 웃는 과정에서 자신의 정서를 함양할 수 있다. 다섯째, 읽기는 언어 발달을 가져온다. 책을 읽음으로써 많은 어휘와 지식을 습득하게 되는데, 이는 읽는 사람의 언어를 발달시킨다. 책을 많이 읽는 사람은 말을 잘하며, 깊은 사상의 내용을 듣고 이해할 수 있다. 여섯째, 다른 사람과 의사소통을 원만히 하는 데에도 읽기는 필요하다. 우리는 일상적인 삶 속에서 편지나 메모를 주고받는 행위 등을 통해 다른 사람들과 의사를 소통한다. 좀 더 넓게 보면 문학작품을 읽는 것도 작자와의 의사소통 행위이며, 글을 읽는 것 자체가 결국 작자와 독자의 의사소통 행위이다.

---

1 천승록, 이재승(2002) 인용하여 정리.

2. 읽기 교육의 이론적 배경

읽기 과정(reading process)은 문자를 해독하고 배경지식과 텍스트의 정보를 사용하여 의미를 구성하는 과정을 포함하는 인지적인 사고 과정을 말한다. 일반적으로 읽기 과정은 상향식, 하향식, 상호작용 모형으로 나누었다.

상향식 읽기(bottom-up model)는 기본적으로 독자가 문자, 단어, 구, 절, 문장의 순서를 서로 의미를 구성하고 이러한 단계를 통해 수동적으로 텍스트의 의미를 받아들이는 것으로 본다. 한국어 읽기 교육에서 상향식 모형을 강조할 때는 문자의 해독이나 텍스트의 분석 등에 중점을 둔다. 단어의 의미를 파악하기 위해서 음절 단위로 분절하여 의미를 유추하거나 동족어(cognate), 음성적인 유사성(phonemic similarities) 등의 정보를 이용하는 것은 상향식 모형에 기반을 둔 접근 방법이다. 일반적으로 학습자의 목표어 숙달도가 낮을 경우에는 상대적으로 상향식 모형에 기반을 두어 글을 이해한다고 알려져 있다. 그러나 한국어교육에서는 학습자의 언어적 배경에 따라 음성적인 유사성이 높을 경우에는 고급 학습자도 상향식 모형에 의지하여 글을 이해한다는 연구 결과가 있다.

반면에 하향식 읽기(top-down model)는 독자가 자신의 배경지식을 사용하여 텍스트 내용을 예측하고 검증하는 과정을 통해 의미를 재구성한다고 본다. 독자의 역할을 강조하는 하향식 모형에서는 읽기 과정이 텍스트가 아닌 독자의 사고 과정에서부터 시작한다고 가정한다. 즉 독자가 텍스트와 관련된 자신의 배경지식을 이용해서 텍스트 내의 의미를 적극적으로 예측하고 확인한다는 것이다. 이러한 측면에서 하향식 모형을 독자 주도적 모형(reader-driven model)이라고도 한다. 하향식 모형에서는 상향식 모형과는 달리 이해 과정에서 텍스트의 자질보다는 독자의 배경지식이 중요하다고 본다. 읽기 과정은 글에 대한 독자의 적극적인 가정이나 추측을 토대로 의미를 파악하는 과정이기에 독자는 자신이 가정하거나 추측한 의미를 토대로 텍스트를 읽고 자신의 예측이 맞는지 검증하고 확인하는 작업을 계속적으로 반복하면서 텍스트를 이해하고 된다는 것이다. 그러나 하향식 모형은 실제 텍스트를 읽는 과정에서 이루어지는 모든 과정을 명확하게 설명하지 못한다는 단점이 있다. 텍스트의 전체적인 의미는 파악하면서도 텍스트의 세부적인 요소와 텍스트의 의미가 어떻게 연결되는지에 대해서는 구체적으로 설명하지 못한다.

과정/영역	상향식 읽기	하향식 읽기
글의 의미 소개	글에 내재	글에서 독자가 구성
단어와 이해의 관계	단어 인지는 이해에 필수	단어를 몰라도 이해 가능
정보파악의 단서	단어, 음성-문자 단서 사용	의미, 문법적 단서 사용
읽기 진행 방향	해독 → 어휘 → 통사 → 담화	담화, 통사, 어휘 지식 → 해독
읽기 구성 방식	문자를 소리로, 소리를 의미로	의미의 예상과 확인
강조하는 언어 단위	문자, 문자와 음성의 연결	문장, 문단, 글
읽기 학습	단어인지 기능을 숙달하여 학습	유의미한 활동을 통해 학습
지도의 중점	단어의 정확한 인지	글의 의미 이해
학생평가의 중점	하위기능의 숙달	글에서 얻은 정보의 종류와 양

상호작용 모형(Interactive model)은 읽기 과정을 글과 독자 간의 상호작용에 의한 이해 과정으로 설명하는 모형이다. 이것은 독자가 들어있는 새로운 정보와 독자 자신이 갖고 있는 정보를 관련시키려고 하면서 이 두 과정 전략이 서로 영향을 주고받으며, 동시에 작용하는 것으로 본다. 이 모형에서는 과정의 단계에 관계없이 어느 한 가지 정보의 원천이 부족하면 다른 정보에 더 의존하게 된다. 즉, 독자가 단어를 처리할 때는 잘 아는 주제에 대한 지식에 의존하지만, 주제를 잘 모를 경우에는 글을 이해하기 위해 단어 지식에 의존한다.

읽기 과정에서 가장 큰 영향을 미치는 요인은 스키마(schema)이다. 스키마는 기억 속에 저장된 지식의 구조를 말한다. 지식은 특정한 경험과 관련된 일회적 지식(episodic knowledge)과 개념적 지식은 물론이고 지식을 사용하는 방법에 관한 지식을 모두 포괄한다. 읽기 과정에서 스키마는 다음과 같은 여섯 가지의 기능을 수행한다. 첫째, 스키마는 읽기 자료에 담긴 정보를 받아들이기 위한 이상적 지식 구조를 형성한다. 둘째, 많은 정보들 중에서 중요한 정보와 그렇지 않은 정보를 선택적으로 받아들이게 된다. 셋째, 추론의 과정을 통해 글을 명시적으로 드러나지 않은 정보를 찾게 한다. 넷째, 정보의 탐색 순서와 절차를 제공한다. 다섯째, 독자가 읽은 내용을 재편집하고 요약한다. 여섯째, 새로운 정보들을 기존의 정보와 연결시켜 일관성 있는 형태로 재구성한다.

스키마는 그 종류에 따라 형식 스키마와 내용 스키마로 나눌 수 있다. 형식 스키마(fomal schema)는 필자가 자신의 생각을 구성해 나가는 방식에 대한 독자의 지식을 말한다. 이는 글의 전형적인 구조나 규약에 대한 지식이다. 반면에 내용 스키마(content schema)는 사물이나 사건에 대한 기본 지식으로서 글의 주제에 대한 지식이라고도 한다. 내용 스키마는 글의 내용에 대한 새로운 메시지의 해석을 구조화하도록 돕기 때문에 형식 스키마보다 글의 이해해 큰 영향을 끼친다. 실제 한국어 읽기 교육 현장에서는 학습자의 문화나 배경지식, 모어에서의 텍스트 구성 방식 등이 많이 다르기 때문에 이 둘을 적절히 안배하고 그 상호작용을 강화할 수 있게 하고 있다.

3. 읽기 수업 설계

3.1. 읽기 교육의 목표

　한국어 읽기 교육의 목적은 첫째, 학습자들이 읽기 활동을 통해 유창하고 정확하게 필요로 하는 내용을 파악할 수 있는 능력을 길러 주는 데 있다. 이러한 능력을 기르는 데 무엇보다 필요한 것은 읽는 목적에 적합한 읽기 전략을 구사할 수 있는 연습 기회를 제공하는 것이다. 둘째, 읽기 활동을 통해 한국어 형태와 담화 구조에 관한 지식을 확장시켜 의사소통에 기여할 수 있게 하고, 이후의 읽기 이해에 도움을 줄 수 있도록 하는 데 있다. 즉, 읽기 자료를 통해 어휘·문법 등에 대한 지식과 한국어의 담화 구조·격식 등에 대한 지식을 확장할 수 있는 기회를 제공해야 하는 것이다. 셋째, 읽기 활동과 후속 활동을 통해 한국어 학습자가 알아야 할 한국 문화 내용이나 인류 보편적 가치·지식 등에 관련된 정보를 제공하는 데 있다. 이러한 문화와 지식 내용이 한국어 의사소통을 원활히 하는 데 큰 기여를 하기 때문이다.
　읽기 능력의 지속적인 성장을 위해서는 단계별 학습자 수준에 맞는 읽기 교육의 목표를 설정 하는 것이 중요하다. 학습자의 수준별로 필요한 목표를 설정하여 그것에 맞는 교재의 사용과 활동이 체계적으로 이루어져야 한다.

　　1) 초급
　　　- 일상생활에서 자주 접하는 친숙한 주제, 개인적이고 비공식적인 상황에서의 담화를 이해하고 처리함.

- 문법적 능력: 한글 자·모음 익히기, 발음 어려운 문자 및 음운 규칙에 따라 변하는 발음 지도, 기초 어휘와 기본적 통사 구조를 갖는 문자의 의미 파악
- 담화 능력 및 사회 문화적 능력: 일상적이고 친숙한 주제를 소재로 하는 텍스트 이해, 기본적 생활에 필요한 공공 텍스트의 기초적 이해, 한국 사회 문화의 기초적 특징 이해.

2) 중급
- 좀 더 복잡한 개인적 상황에서의 담화, 자주 접하는 공식적 상황에서의 담화, 특정 주제를 갖는 일상적 담화를 이해하고 처리함.
- 문법적 능력: 음운 규칙에 의해 변하는 발음에 대한 지도 강화, 기본적 어휘와 문법 습득한 학습자를 대상으로 한 어휘 확장, 비교적 복잡한 통사 구조를 갖는 문장의 의미 파악.
- 담화 능력 및 사회 문화적 능력: 특별한 주제를 갖는 글의 의미 파악, 특히 한국의 전통 문화와 현대 문화, 한국인의 사고방식, 현대 한국 사회의 일면을 주제로 하여 사회적 맥락을 갖는 텍스트의 이해, 실생활에서 접하는 공공 텍스트의 일반적인 이해.

3) 고급
- 공식적이고 전문적인 주제에 대한 다 단락 구조의 담화, 복잡한 의미협상 과정을 수반하는 공식적 상황의 담화를 이해하고 처리함.
- 문법적 능력: 비교적 사회문화적 함의를 갖는 어휘의 학습, 전문적 주제에 대한 어휘 학습, 전문적인 영역에서 쓰이는 문장의 형식 및 구조에 대한 이해
- 담화 능력 및 사회 문화적 능력: 신문, 수필, 소설, 시, 평론, 학술문 등 다양한 실제 텍스트를 읽고 정보 파악, 다양한 한국어 텍스트를 통한 한국의 사회, 문화, 풍습, 역사 등 제 분야에 대한 이해 향상, 전문적 주제에 대한 학술문(현대 사회의 상식적인 범위 안에서)의 독해 연습 및 요약, 평가 연습

이러한 읽기 교육의 목표는 특정한 읽기 과제를 어느 정도의 수준으로 수행할 수 있도록 하는데 있으며 그것을 평가하는 평가의 목표가 또 하나의 학습 목표로 대체할 수 있다.

한국어능력시험(TOPIK)은 한국 문화 이해 및 유학 등에 필요한 한국어 능력을 측정·평가하는 시험으로 수준별 평가 기준과 영역별 평가 기준은 참고할 만한 하나의 대안이 될 수 있다. TOPIK의 수준별 총괄 평가 기준과 읽기 영역 평가 기준은 다음과 같다.

〈표 1〉 한국어능력시험 읽기 영역의 수준별 평가 기준

시험 종류	평가 등급	읽기 영역 평가 기준
초급	1급	• 기본적인 표지나 표지어의 의미를 이해할 수 있다. • 짧은 서술문을 읽고, 소재를 파악할 수 있다. • 일기, 편지 등 간단한 생활문을 읽고, 내용을 파악할 수 있다. • 메모, 영수증 등 간단한 실용문을 읽고, 정보를 파악할 수 있다.
	2급	• 실생활에서 자주 접할 수 있는 표지어의 의미를 이해할 수 있다. • 일상생활과 관련된 설명문이나 생활문 등의 글을 읽고, 내용을 파악할 수 있다. • 실생활에서 자주 접하는 간단한 광고나 안내문 등의 실용문을 읽고, 정보를 파악할 수 있다.
중급	3급	• 일상생활을 다룬 대부분의 생활문을 이해할 수 있다. • 친숙한 사회·문화 등의 소재를 다룬 간단한 글을 읽고, 내용을 파악할 수 있다. • 실생활에서 자주 접하는 간단한 광고나 안내문 등의 실용문을 읽고, 정보를 파악할 수 있다.
	4급	• 경제, 사회, 문화 분야의 소재를 다룬 설명문, 논설문 등의 글을 읽고, 내용을 파악하거나 추론할 수 있다. • 계약서, 사용설명서, 광고, 안내문 등 실용문을 읽고, 구체적인 정보를 파악할 수 있다. • 수필이나 동화 등의 작품을 읽고, 내용을 파악할 수 있다.
고급	5급	• 정치, 경제, 사회, 과학 등의 소재를 다룬 글을 읽고, 내용을 파악 할 수 있다. • 비교적 쉬운 시, 소설 등의 문학 작품을 읽고, 내용을 파악할 수 있다. • 대부분의 신문 기사, 건의문 등을 읽고, 정보를 파악할 수 있다. • 본격적인 수필, 동화 등의 작품을 읽고, 내용을 추론하거나 작자의 태도를 파악할 수 있다.
	6급	• 전문적이고 추상적인 소재를 다룬 설명문이나 논설문 등의 글을 읽고, 내용을 파악할 수 있다. • 한국 문학의 대표적인 수필이나 소설, 희곡 등의 작품을 읽고, 작중 상황, 인물의 심리 등의 내용을 파악할 수 있다. • 다양한 종류의 글을 읽고, 내용을 추론하거나 글을 쓴 의도를 파악할 수 있다. • 전문 영역에 관련된 논문이나 저술을 읽고, 내용을 파악할 수 있다.

3.2. 읽기 교육의 원리

읽기 교육의 기본 원리는 다음과 같다.

첫째, 읽기의 목적을 가지고 동기를 부여할 수 있도록 유도해야 한다. 일반적으로 글의 내용에 대한 흥미를 가진 학습자는 뚜렷한 읽기 목적을 가지고 있고, 학습자 스스로 부여한 목적은 읽기의 흥미를 유발시킨다. 이를 위해서 교사는 글과 관련된 시청각 자료를 제시하거나 흥미 있는 이야기를 해 주거나 글과 관련된 주제로 말하기 활동을 수행하게 함으로써 학습자의 흥미를 고취시킨다.

둘째, 읽기 자료와 수행과제가 실제적이어야 한다. 실제적인 자료란, 담화 유형이 실제적인 자료와 유사한 것을 의미한다. 이러한 실제적인 자료를 구성하기 위해 과제가 실제적이면서 또한 실제적인 언어생활을 반영한 것이어야 한다.

셋째, 읽기 교육이 문장 차원의 이해를 넘어 전체 담화의 이해를 목적으로 실시되어야 한다. 이를 위한 활동으로는 텍스트 이해 여부 묻기, 주제문이나 주제를 찾아보기, 뒤섞어 놓은 문단의 순서 맞춰 보기, 지시어가 가리키는 것을 고르거나 접속서 넣기, 앞뒤의 문맥에 맞게 중간 채워 넣기, 글의 뒷부분 유추하기 등이 있다.

넷째, 학습자의 읽기 전략의 발전을 도모할 수 있어야 한다. 독자가 낯선 단어를 접하는 경우에도 텍스트의 맥락이나 주변의 문법적 사실로부터 예측을 하고 의미를 추출해 낼 수 있도록 실시되어야 한다.

다섯째, 독자의 스키마를 형성하고 텍스트를 이해하는 데 중요한 역할을 하는 배경 지식과 문화 내용에 대한 교육이 언어 기호에 대한 교육과 함께 실시되어야 한다. 읽기가 독자의 스키마를 최대한 활용하여 이해에 이르게 하는 전략 지도의 측면이 강하지만, 내용과 관련된 배경 지식의 교육도 소홀히 할 수 없다. 특히 낯선 언어의 문화는 독자에게는 너무나 생소하므로, 문화에 대한 이해가 없으면 언어적으로 아주 간단한 문장이라고 하더라도 이해하기 어려울 수 있다.

여섯째, 어휘 추측 전략을 사용해야 한다. 학습자가 글을 읽으면서 문맥이나 지시어, 글의 조직, 통사적 지식, 배경 지식 등을 적극적으로 활용하여 단어의 의미를 추측하는 것이 어휘 학습 면에서나 전체 텍스트를 효과적으로 이해하는 데 있어 좋은 방법이다.

일곱째, 읽기 활동은 전체 교육 과정 안에서 말하기, 듣기, 쓰기의 다른 언어 기술과 통합되어 교육되어야 한다. 예를 들어, 읽은 글과 비슷한 주제로 글을 다시 써 보기와 글에 대한 느낌이나 비판을 자신의 글로 표현하기 등은 읽기와 쓰기가 통합된 형태이며, 관련된 주제의 비디오를 시청하거나 광고를 듣는 활동, 관련 대화를 듣는 활동 등은 읽기와 말하기 등이 통합된 형태이다. 또한 읽기 전 단계의 말하기 활동은 흥미를 유발시키고 읽는 목적을 확인시켜 주며 스키마를 세우는 데 큰 역할을 하게 되며, 읽은 후의 말하기 활동은 읽은 내용을 정리하고 강화하는 데 도움을 주며 주제에 대한 깊이 있는 대화도 유도하게 된다.

읽기 수업에서 사용할 자료를 선정할 때는 다음과 같은 기준이 중요하다.

첫째, 학습자의 수준을 고려한 자료여야 한다. 학습자의 숙달도 수준을 고려하여 텍스트 자료 구성의 난이도를 조정해야 한다. 읽기 자료의 언어 수준의 난이도도 고려해야 한다. 학습자에 따라 익숙한 내용이나 장르 형식이 있을 수 있다. 이러한 점을 고려하여 자료를 선정해야 한다.

둘째, 읽기 자료를 선택할 때에는 학습자의 흥미와 동기에 대한 고려가 필요하다. 내용 측면에서의 학습자 흥미도 고려되어야 하고 학습자의 읽기 학습에 알맞은 읽기 자료를 선택하도록 노력해야 한다. 특수 목적과 일반 목적에 따른 읽기 자료를 학습자의 읽기 학습 목적에 따라 선택해야 한다.

셋째, 다양한 읽기 전략을 개발시킬 수 있는 자료를 선택해야 한다.

넷째, 읽기 자료는 실제적이어야 한다. 장르의 특징을 반영한 텍스트 담화의 실제성, 학습을 유도하는 과제의 실제성, 교실 내의 사회적 상황의 실제성 등을 고려하여 읽기 자료를 선정해야 한다. 장르의 특징을 반영한 텍스트 담화의 실제성, 학습을 유도하는 과제의 실제성, 교실 내의 사회적 상황의 실제성 등을 고려하여 읽기 자료를 선정해야 한다.

다섯째, 목표어권의 문화에 대한 정보를 제공하는 읽기 자료를 선택하는 것이 좋다. 몇 나라에 편중된 문화, 뉴스, 소재는 피하고 특히, 역사적으로 예민한 사안은 자료 선택에서 주의해야 한다.

여섯째, 제목이 자료의 전체 내용을 함축적으로 요약하고 있는 것이 바람직하다. 일곱째, 읽기 자료의 내용 및 주제가 학습자에게 친숙하고 동기를 유발할 수 있어야 한다.

4. 읽기 수업 구성

4.1. 단계별 읽기 수업 구성의 단계

읽기 활동은 읽기 전, 읽기 중, 읽기 후 활동으로 구분된다. 이 단계는 읽기 교육에서뿐만 아니라 말하기, 듣기, 쓰기 등의 전 영역에서 사용되는 교육방법이다. 그러나 이 단계별 과정에만 치우치기보다 종합적 모형 내에서 일부로 활용하는 것이 효과적이다.

1) 읽기 전 활동(pre-reading)

읽기 전 활동은 텍스트를 읽기 전에 주제에 관한 배경지식을 활성화하고 부족한 지식을 제공하여 주고 텍스트에 새로 도입될 어휘지식을 미리 학습시키기 위한 과정이다. 수업할 주제와 관련된 시각 자료나 간단한 질문 등으로 관심을 불러일으킬 수도 있고, 읽을 내용에 관하여 간단하게 개관을 파악할 수도 있다.

가. 읽기 전 단계에 교사가 해야 할 것들
- 학습자가 읽기 목적을 인식할 수 있도록 도와주어야 한다.
- 읽기를 시작하기 전에 읽기 자료를 소개한다. → 학습자가 관련된 배경 지식을 가져올 수 있도록 준비 시키는 것이므로 주제에 관련된 질문에 대해 간단히 답해 보거나 간단하게 토론을 하는 등으로 끝낸다.
- 읽기 자료에 대한 전반적인 정보를 얻을 수 있도록 해줄 수 있는 하향식 과제

를 제공하는 것이 좋다. → 제목이나 그림, 사진보고 글의 내용 예측하기, 글의 주제 파악을 위한 훑어 읽기, 단락에 제목 붙이기, 단락 순서 맞추기 등
- 읽기 자료를 적당한 길이로 나눈다. → 읽기 능력이 우수한 학습자들과 미숙한 학습자들 간의 속도 차이를 줄이고 학습자의 부담을 줄이기 위해서
- 길잡이 질문을 제시한다. → 읽기의 목적을 명확히 하기 위해서이다.

나. 읽기 전 단계에 유용한 활동
- 미리 훑어보기
- 특정 정보 검색하기
- 읽기 선행 질문 답하기
- 시각 자료 보고 생각하기 또는 토론하기
- 글의 주제와 관련된 것 떠오르는 대로 말해보기
- 의미망 작성하기
- 핵심 어휘 연결하기
- 설문 조사하기 또는 설문에 대답하기
- 새로운 어휘 학습하기
- 질문 만들기

읽기 전 활동은 독자가 예측 가능한 어려움을 예측하여 해결책을 찾도록 도와주는 기능을 하는 것이다. 그러므로 읽기 전에 학습자로 하여금 텍스트에 대한 관심을 얼마나 불러일으키느냐에 따라 앞으로의 읽기 과정이 흥미롭게 진행될 수도 있고, 그렇지 않을 수도 있을 것이다. 그러므로 교사는 읽기 전에 학습자의 수준과 흥미에 맞도록 텍스트를 제시해 주어야 한다.

2) 읽기 중 활동(while-reading)
학습자는 읽기 전 활동을 통하여 독자의 배경지식을 활성화하고 텍스트의 전체적인 흐름을 이해한 후에 실질적인 읽기 활동으로 들어간다. 이 단계는 읽기 자료를 실제로 읽는 단계로 학습자가 자신의 읽기 기술과 전략 활용을 연습하는 단계이

다. 능숙한 독자는 상향식과 하향식 기술과 전략을 읽기 목적, 자료에 따라 자동적으로 선택할 수 있어야 하므로 이러한 것이 잘 이루어지지 않는 학습자들을 위해 이러한 과정을 학습하고 연습할 수 있도록 해야 한다.

가. 효과적인 읽기 기술과 전략
- 글의 요지를 파악하기 위해 단락 별로 중요한 핵심 단어를 찾아 밑줄을 치게 하거나 페이지의 여백에 메모를 한다.
- 독해 과정이나 독해 정도를 점검: 학습자가 예측한 내용과 글을 읽어가면서 파악하는 내용이 일치하는지를 점검한다.
- 읽기 전략의 수정: 글을 읽으면서 다음 내용이나 주제에 관한 예측이 맞는지 틀리는지 자신의 전략을 점검한다.

나. 읽기 중 단계에 유용한 활동
- 훑어 읽기
- 읽기 전 단계의 선행 질문 답 확인하기
- 글의 내용에 표시하기
- 글의 구조 파악하기
- 메모하기
- 정보차 활동[2]
- 길잡이 질문에 대답하기: 읽기 자료 옆 여백에 길잡이 질문을 제시하여 글의 이해를 도와주는 활동이다. 질문에 집중하여 읽으므로 글의 중요한 정보를 놓치지 않고 읽기 때문에 이해를 높일 수 있다.

3) 읽기 후 활동(post-reading)

읽기 후 단계는 읽기 본 단계에서 읽은 글의 내용에 대한 이해 정도를 점검하거나 추론적 이해나 비판적 읽기를 하는 기회를 제공하는 단계이다. 이 단계의 가장 중요한 역할 중의 하나는 읽기 본 단계에서 얻은 새로운 정보를 기존 지식과 연계

---

[2] 정보차 활동이란 집단의 구성원이 서로 다른 부분을 읽고 전체 글 내용을 파악한 후 하나의 글을 완성하게 하는 활동이다.

하여 장기 기억에 저장하는 일이다.

가. 읽기 후 단계에 유용한 활동
- 독해 질문에 답하기[3]
- 요약하기 또는 요약 완성하기
- 의미망 작성하기
- 표 또는 지도, 그래프, 그림 완성하기
- 내용이나 정보 추론하기
- 개요 만들기
- 관계없는 문장 찾기
- 적절한 연결사 찾아 쓰기
- 이야기 재구성하기
- 단락의 기능 파악하기
- 글의 수사 구조 파악하기
- 글쓴이의 의도나 목적 파악하기
- 사실과 의견 구분하기
- 글 내용에 대해 토론하기
- 글의 내용을 자신의 생각이나 경험과 연결하기
- 글의 내용을 새로운 상황에 적용해 보기
- 읽은 내용을 구두 언어로 전이하기
- 읽은 내용을 글이나 편지 쓰기
- 역할극 또는 연극하기

4.2. 읽기 수업의 전략

읽기 전략(reading strategies)은 독자가 글의 내용을 이해하기 위해 의식적으로, 의도적으로 사용하는 전략을 말한다. 독자가 글을 이해하기 위해서 의식적으로 목

---

[3] 이 활동은 읽은 내용을 검토하고 이해 정도를 점검하는 기회를 제공할 뿐만 아니라 자세하게 정독할 기회를 제공한다. 질문 내용은 글의 요지, 세부 정보 등 글의 내용에 초점을 맞출 수 있고 또는 글의 구성, 문장 구조, 어휘 등 언어에 초점을 맞출 수도 있다.

적을 갖고 수행하는 특정의 읽기 과정이라고 볼 수 있으며 이것은 무의식적으로 수행되는 읽기 기능과는 차별성이 있다.

독자가 사용하는 읽기 전략은 몇 가지 범주로 나눌 수 있는데 일반적으로 상위인지적 전략, 인지적 전략, 보조적 전략으로 나눈다. 상위 인지적 전략(metacognitive strategies)에는 독자가 글을 읽을 때 사용하는 감시하기, 조정하기의 방법이 있고, 인지적 전략(cognitive strategies)에는 상향적 전략과 하향적 전략이 있다. 보조적 전략(support stratagies)은 앞의 두 유형에 포함되지 않는 읽기 방법인 메모하기(taking notes), 사전 이용하기(using dictionary) 등의 하위 전략을 포함한다. 이 외에도 읽기 전략을 일반적인 전략의 성격을 지닌 총체적 전략(global strategies), 독자가 글을 읽을 때 발생하는 어려움을 해결하기 위해 사용하는 문제 해결 전략(problem solving strategies), 글에 표시하기(marking the text)와 같이 독자가 자신의 부족한 부분을 보충하기 위해 사용하는 보조적 전략으로 나누기도 한다.

읽기 전략에 대한 교육은 학습자를 능률적인 한국어 독자가 되도록 이끌어준다. 물론 읽기 전략은 텍스트와 분리되어 개별적으로 가르쳐야 할 내용은 아니다. 학습자가 교실 밖에서도 텍스트를 읽기 전과 읽는 동안에 적극적으로 활용할 수 있도록 수업 중에 자연스럽게 녹아 있어야 한다.

제목이나 자신의 배경 지식을 통해 텍스트의 내용을 예측하고, 자신의 예측이 맞는지 확인하거나 틀렸을 때 수정하며, 텍스트의 내용 이해에 필요한 정보와 불필요한 정보를 구분하고, 모르는 어휘나 문법에 대해서는 맥락을 통해 의미와 기능을 유추할 수 있어야 한다.

읽기 활동의 전략에는 훑어 읽기(Skimming), 찾아 읽기(Scanning), 뜯어 읽기(intensive reading), 예측하기(guessing) 등이 있다.

1) 훑어 읽기(Skimming)

훑어 읽기는 텍스트 전체를 빠르게 훑어 읽으면서 글의 성격이나 정보의 특성, 대략적인 주제나 요지 등을 파악하는 읽기 전략이다. 대부분의 읽기 상황에서는 일정한 속도와 동일한 집중도로 세부 정보를 다 읽어 나가는 것이 비효율적이다. 따라서 훑어 읽기를 통해 전체 대의를 파악하되 비중 있게 읽어야 할 부분과 가볍게 건너뛰어야 할 부분을 선별하면서 정보에 따라 속도를 조절하는 것이 좋다.

훑어 읽기는 다음 단계로 진행된다. 첫째, 글의 제목이나 목차, 삽화, 도표 등을 보며 배경지식을 떠올려 글의 의미를 구성할 준비를 한다. 둘째, 신문을 펼쳐 보듯 전체를 빠르게 읽어 나가되 자신에게 필요한 정보나 주장이 드러나는 부분, 중요하다고 판단한 정보의 위치 등에 유의한다. 셋째, 글의 구조 및 장르별 특성을 파악할 수 있도록 문단의 연결 관계를 드러내는 담화 표지에 유의하며 읽는다.

2) 찾아 읽기(Scanning)

찾아 읽기란 텍스트를 전부 다 읽지 않고 필요한 정보만을 빨리 찾아 그 부분만 읽는 전략이다. 찾아 읽기는 정보가 여기저기 흩어져 있는 경우에 독자가 보다 효과적으로 정보를 수집할 수 있도록 도와준다. 또한 독서 목적이 뚜렷하기 때문에 독자가 의미 구성에서 오는 혼란이 없이 쉽고 빠르게 필요한 정보를 찾을 수 있다.

예를 들어 일상생활 및 비즈니스 상황에서 사용 설명서나 일정 등을 통해 시간, 장소, 이름 등의 정보를 빨리 확인하려면 찾아 읽기를 하면 된다.

찾아 읽기는 다음 단계로 진행된다. 첫째, 찾으려고 하는 정보를 머릿속에 구체적으로 떠올린다. 둘째, 글의 형식에 따라서 정보가 숫자나 고유 명사, 표 등으로 나타날 수 있다는 것을 예측한다. 셋째, 찾아 읽기를 시작하기 전에 내용의 구조를 분석해 본다. 넷째, 본문을 읽을 때는 한 번에 몇 줄씩 빠르게 읽는다. 다섯째, 대부분 절(section)을 건너뛰며 읽되 필요한 부분과 관련된 정보가 있을 것 같으면 멈추고 그 부분을 꼼꼼히 읽는다.

한국어교육에서 찾아 읽기를 적용할 때는 장르 특성을 활용하는 것이 좋다. 예컨대 논설문이 서론, 본론, 결론으로 구성되어 있다면 대부분 결론에서 내용을 요약하거나 주장을 반복하는 경우가 많다. 이 점을 활용하여 글의 중심 내용이나 주장을 빨리 파악하려면 글의 결론이나 맺음말을 찾아 읽는다. 또 화제나 쟁점이 무엇인지를 빨리 파악하고자 한다면 논지 전개의 흐름을 고려하여 도입 부분을 찾아 읽는다.

5. 읽기 수업의 실제

 실제 읽기 수업은 읽기 전 단계, 읽기 단계, 읽기 후 단계 세 부분으로 구성된다. 읽기 전 단계에서는 삽화나 그림 사진을 이용하여 주제와 관련한 지식이나 경험을 질문하면서 글의 내용을 예측해 보게 한다. 읽기 중 단계에서는 본문을 2~3회 읽는데 묵독을 할 수도 있고 낭독을 할 수도 있다. 중간 끊기를 통해 학생들에게 내용을 질문하고 다음 내용을 예측하게 한다. 읽기 후 단계에서는 글에 대한 내용을 확인하고 학생들의 이해가 부족한 부분에 대해 보충 설명을 한다. 글의 내용을 요약하게 하게나 관련 활동을 말하기, 쓰기 활동으로 연계하여 수행할 수도 있다.
 지금까지의 내용을 바탕으로 한국어 읽기 수업의 실제 사례를 제시하고자 한다. 대상 학습자 수준은 중급(3급)이며 주제는 '한국생활'이다. 자세한 내용은 〈표 2〉와 같다.[4]

---

4 수업 지도안에 대상이 된 교재는 부산외국어대학교 한국어문화교육원에서 개발한 읽기·쓰기 교재로, 한 단원에 어휘·문법 학습과 쓰기 활동이 포함되어 있으며 총 8~10차시로 운영되고 있다.

<표 2> 읽기 수업 교육안

주제		한국생활	차시	8차시	
학습목표		한국에서 생활하는 외국인에 대한 글을 읽고 내용을 이해할 수 있다.			
단계		학습 내용			학습 자료
읽기 전		1. 교사는 학생들에게 한국 생활에 대한 에피소드를 말해 보도록 함으로써 주제를 도입하고 스키마를 활성화시킨다. 2. 교사는 관련 주제의 읽기 텍스트에서 등장할 수 있는 어휘와 문법을 제시, 연습하도록 한다. 학습 어휘와 문법을 사용해서 주제와 관련된 문장을 만들어 볼 수 있도록 한다.			ppt 교재
읽기 중		1. 읽기 텍스트를 접하기 전 읽기 전에서와 유사한 도입 질문을 하면서 다시 한 번 주제를 상기시킨다. 2. 전체 글의 '훑어 읽기'를 통해 전체 내용을 파악한다. -글의 질문을 읽고 어떤 내용의 글일지 추측해 보도록 한다. -훑어 읽게 한 후 중심 내용을 말해 보도록 한다. 3. 세부내용을 파악할 수 있는 질문에 대한 답을 찾도록 한다. -질문에 대한 답변을 텍스트에서 찾고 확인한다.			교재
읽기 후		1. 학습자들은 글을 읽은 소감을 이야기해 본다. -자신의 생각과 같은 부분이나 다른 부분 말하기 -글을 읽으면서 느끼거나 생각한 부분 말하기 -글을 쓴 사람에게 하고 싶은 말 이야기하기 2. 교사는 학습자들이 말하면서 나온 정보를 활용하여 한국 생활 대한 글을 쓸 수 있도록 한다.			교재

자료 1. 읽기 활동 자료

어휘 문법 학습을 마친 후 읽기 활동을 수행할 때의 읽기 활동을 순서를 제시함.

> 단계 : 중급
> 주제 : 한국 생활
> 문법 : -(으)면 -(으)ㄹ수록
> 어휘 : 적응 어휘
> 과제 : 외국인이 느낀 한국 생활에 대한 글 읽기

(1) 읽기 전

① 어휘를 학습하며 알게 된 단어를 활용하여 한국 생활의 어려움을 말해 보도록 한다.

> • 여러분은 한국에서 생활하면서 가장 힘든 점이 무엇입니까?

② 질문에서 나타난 정보를 활용하여 글의 내용을 추측하여 말해 보도록 한다.

> • 다음은 한국에 유학을 온 어느 유학생의 글입니다. 이런 글에는 어떤 내용이 들어 있을까요?

(2) 읽기

① 글을 읽으면서 찾아야 하는 정보를 제시하여 전체 내용을 파악, 중심 내용을 찾도록 한다.

> • 다음 글을 읽고 글을 쓴 사람은 한국에서 어떤 경험을 했는지 알아보세요.

[읽기 텍스트 전문]

> 나는 일본에서 고등학교를 졸업하자마자 한국으로 유학을 오게 되었다. 처음으로 집을 떠나 언어가 통하지 않는 한국에서 혼자 지내는 것은 쉬운 일이 아니었다. 기숙사에서 낯선 외국인과 함께 생활하는 것도 힘들고, 한국어도 서툰 내가 한국어로 수업을 듣는 것도 힘들었다.
> 특히 가장 적응하기 힘든 것은 음식이었다. 일본에서는 음식을 만들 때 고춧가루, 고추장, 마늘은 사용하지 않는다. 그래서 나는 매운 음식을 못 먹었다. 그런데 학교 식당에는 항상 김치찌개와 김치 등 빨간색 반찬이 나왔고, 그 매운 맛에 너무 놀랐다. 한국 사람들은 고추장이 맛있다는 말을 많이 하는데, 나는 도저히 이해할 수 없었다.

어느 날 나는 감기에 걸려서 혼자 기숙사 침대에 누워서 쉬고 있었다. 일본에 돌아가고 싶다는 생각도 들었다. 그때 한국어 선생님이 기숙사로 찾아오셨다. 선생님은 나를 데리고 횟집에 갔다. 그동안 한국 음식이 입에 맞지 않아서 힘들었는데, 오랜만에 생선회를 아주 맛있게 먹었다. 회를 다 먹은 후에 매운탕이 나왔다. 감기에 걸렸을 때는 따뜻한 국물이 좋다는 선생님의 말을 듣고 처음으로 빨간 국물을 먹어 보았다. 매울 거라고 생각했는데 의외로 맛이 좋았다. 이 맛 때문에 한국 사람들이 매운탕을 즐겨 먹는구나 하고 생각했다. 고추장이 맛있다는 것을 그때 처음 알았고, 그 후부터 조금씩 매운 음식을 먹을 수 있게 되었다.

그 날 이후 신기한 일이 생겼다. 지금까지 어렵다고 생각한 한국어가 내 귀에 쏙쏙 들어오기 시작했다. 그리고 한국 사람들의 표정이 따뜻하게 느껴졌다. 마치 꽉 막혔던 가슴이 뻥 뚫리는 느낌이 들었다. 고추장의 깊은 맛이 내 몸과 마음을 열어 준 것 같다. 지금 나는 빨간 색깔의 김치, 떡볶이, 순두부찌개 등 한국 음식을 아주 좋아한다. 이 매운 음식들은 먹으면 먹을수록 매력에 빠지게 된다.

외국 생활에 적응하기가 힘들 때는 그 나라의 음식을 맛있게 먹는 것도 좋은 방법이라고 생각한다. 같은 음식을 먹고, 같은 맛을 느끼면서 그 사람들과 같은 생각을 하게 되는 것 같다. 그래서 외국 생활이 편안해지는 것 같다. 지금까지 보지 못한 낯선 색깔과 모양이라서 안 먹은 음식이 있으면, 두려워하지 말고 한 번 먹어 보는 것은 어떨까?

② 다시 읽으면서 중심 생각을 찾아보도록 한다.

(1) 이 사람은 한국 생활을 통해서 어떤 생각을 하게 되었습니까? 이 사람의 생각을 한 문장으로 써 보세요.
"외국 생활을 잘하려면, _____."

③ 주어진 질문에 답을 찾는 활동을 통해 세부 내용을 파악한다.

☐ 날씨가 익숙하지 않다.　　☐ 외국에 있어서 외롭다.
☐ 한국어가 서툴다.　　　　☐ 숙제가 너무 많다.
☐ 기숙사 시설이 안 좋다.　　☐ 룸메이트가 이상하다.
☐ 몸이 자주 아프다.　　　　☐ 음식이 입에 안 맞다.

(3) 다음 중 읽은 내용과 같은 것을 고르세요.
① 나는 고등학교 때 한국에 왔다.
② 유학 생활이 힘들어서 일본에 돌아갔다.
③ 지금 나는 매운 한국 음식을 잘 먹는다.
④ 선생님이 나에게 매운탕을 만들어 주셨다.

(3) 읽기 후

글 전체를 이해한 후 필자에게 느낀 점이나 하고 싶은 말 등에 대해 이야기해 본다.

• 여러분은 이 사람의 생각에 대해 어떻게 생각합니까?

생각해 봅시다

1. 읽기 교육 원리에 대해 설명하시오.
2. 읽기 자료 선정의 원리에 대해 설명하시오.

풀이

1. 첫째, 읽기의 목적을 가지고 동기를 부여할 수 있도록 유도해야 한다. 둘째, 읽기 자료와 수행과제가 실제적이어야 한다. 셋째, 읽기 교육이 문장 차원의 이해를 넘어 전체 담화의 이해를 목적으로 실시되어야 한다. 넷째, 학습자의 읽기 전략의 발전을 도모할 수 있어야 한다. 다섯째, 독자의 스키마를 형성하고 텍스트를 이해하는 데 중요한 역할을 하는 배경 지식과 문화 내용에 대한 교육이 언어 기호에 대한 교육과 함께 실시되어야 한다. 여섯째, 어휘 추측 전략을 사용해야 한다. 일곱째, 읽기 활동은 전체 교육 과정 안에서 말하기, 듣기, 쓰기의 다른 언어 기술과 통합되어 교육되어야 한다.

2. 첫째, 학습자의 수준을 고려한 자료여야 한다. 둘째, 읽기 자료를 선택할 때에는 학습자의 흥미와 동기에 대한 고려가 필요하다. 셋째, 다양한 읽기 전략을 개발시킬 수 있는 자료를 선택해야 한다. 넷째, 읽기 자료는 실제적이어야 한다. 다섯째, 목표어권의 문화에 대한 정보를 제공하는 읽기 자료를 선택하는 것이 좋다. 여섯째, 제목이 자료의 전체 내용을 함축적으로 요약하고 있는 것이 바람직하다.

참고문헌

강명순(1999), 독해력 향상을 위한 한국어 읽기 교육 방안, 말 23-1, 연세대학교 한국어학당.

강현화 외(2009), 『한국어 이해 교육론』, 형설출판사.

권혜경(2010), 한국어 읽기 교육 연구의 흐름과 동향, 언어학연구 16, 한국중원언어학회.

김미옥(2008), 읽기 교육의 효과적 방법, 외국어로서의 한국어교육 33, 연세대학교 어학당.

김영규(2005), 외국어 텍스트 수정 연구가 한국어 읽기 및 듣기 교재개발에 시사하는 점, 이중언어학 29, 이중언어학회.

김정숙(2000), 국어과 교육과 한국어 교육의 읽기 영역 상관성 문제: 2007 개정 교육과정의 읽기와 한국어 읽기 교재를 중심으로. 한국어교육 11-2, 국제한국어교육학회.

김중섭(2002) 중국인 학습자를 위한 한국어 읽기 교육 방법 연구, 한국어 교육, 13-1, 한국어교육학회.

김태자, 김혜숙(2006), 외국인을 위한 한국어 읽기 교육의 화용론적 인식 지도, 인문과학연구 11.

윤웅진(2001), EFL 독자를 위한 읽기 지도의 읽기와 실제, 한국문화사.

이승은(2007), 텍스트 상세화가 한국어 학습자의 읽기 이해에 미치는 영향, 한국어교육 18-2, 국제한국어교육학회.

이정희, 김지영(2003), 최고급 단계 내용중심 한국어 읽기 수업의 실제, 외국어로서의 한국어교육 28, 연세대학교 한국어학당.

천경록, 이재승(2002), 『읽기 교육의 이해』, 우리교육.

최현섭 외(2005), 『국어교육학개론』, 삼지원.

한재영 외(2005), 『한국어 교수법』, 태학사.

허용 외(2007), 외국어로서의 한국어교육학 개론, 박이정

허재영(2010), 국어과 교육과 한국어 교육의 읽기 영역 상관성 문제: 2007 개정 교육 과정의 읽기와 한국어 읽기 교재를 중심으로, 우리말교육현장연구, 4-1. 우리말 교육 현장연구.

Carrell, P., Devine, J., & Eskey, D. E.(1988), *Interactive Approaches to Second Language Reading*, Cambridge University Press.

H. D. Brown(2001), *Teaching by principles*, Longman.

Grabe, W. & Stoller, F.(2002), *Teaching and researching reading*, Pearson Education.

Urquhart, A. & Weir, C.(1998), *Reading in second language:Prosess, product, and practice*, Longman.

10장

한국어 쓰기 교육론

권혜경

1. 들어가며

쓰기는 대부분의 학습자들에게 매우 어렵고 힘든 활동으로 인식되고 있다. 쓰기가 어려운 것은 외국어뿐만 아니라 모국어의 경우에도 마찬가지이다. 그러나 쓰기를 숙달하지 않고는 해당 언어의 의사소통 능력을 갖추었다고 할 수 없으며 특히 학문 목적의 학습자에게 쓰기 능력은 필수불가결한 것이다. 또한 쓰기는 학습자들에게 지금까지 학습한 어휘와 문법 등의 한국어 표현을 활용할 수 있는 기회를 제공하여 한국어 습득을 용이하게 한다는 점에서도 쓰기 교육은 매우 중요하다고 할 수 있다.

이처럼 쓰기 교육이 중요함에도 학습자들은 쓰기에 대한 흥미와 동기를 갖지 못하는 경우가 많고, 한국어 교사들도 쓰기 교육에 대한 부담을 가지고 있어 교실 내 쓰기 활동의 비중을 줄이고자 하는 경우가 많다. 이는 쓰기가 다른 언어 기능에 비해 학습이 어렵고 학습의 효과도 더디게 나타나는 편이라는 것에 기인한다고 할 수 있다. 더욱이 한국어 지식이 부족한 외국인 학습자에게 쓰기는 더욱 어렵고 지루하게 느껴질 수 있다. 또한 쓰기는 활동을 하는 데 소요되는 시간이 긴 데다가 지속적인 오류 수정과 다시 쓰기를 반복해야 하기 때문에 교사 역시 쓰기 수업에 대한 부담을 가지게 된다.

쓰기 교육에 관한 연구 중 교육 방법에 대한 연구의 한 축이 바로 이러한 쓰기 수업의 어려움을 극복하는 방법에 대한 연구라고 해도 과언이 아닐 것이다. 강명순(2005: 71-73)[1]에서는 실제로 한국어 교육에서 쓰기 수업의 변화가 다음과 같은 네 가지 방향으로 이루어졌다고 언급하고 있다. 첫째, 교실 밖의 방과 후 활동으로 이

---

1 강명순, 2005, 쓰기 교육의 연구사와 변천사,「한국어교육론 3」, 한국문화사.

루어지던 쓰기 수업이 수업 중에 이루어지게 되었고, 둘째, 결과 중심의 쓰기 교육에서 과정 중심의 쓰기 교육으로 변화하였고, 셋째, 학습자 전략 계발에 초점을 둔 쓰기 교육이 실시되었으며, 넷째, 유도된 쓰기에서 자유로운 쓰기 교육으로의 시각 변화가 일어났다는 것이다.

이러한 4가지 변화는 별개의 것이 아니라 서로 유기적으로 연결되어 있는데, 이들 변화를 가장 핵심적으로 잘 표현해 주는 것이 바로 '과정 중심의 쓰기 교육'으로의 변화라고 할 수 있다. 과정 중심의 쓰기 교육은 학습자들이 생성한 쓰기 결과물을 검토하여 학습의 결과를 확인하는 방식에서 벗어나 학습자들이 쓰기 과정을 통해 거치게 되는 인지적인 정신 과정을 이해하고 그 과정에서 학습자들에게 적절한 도움을 주고자 하는 교육 방법이다. 과정 중심 쓰기 교육은 수업의 결과보다는 쓰기 과정 그 자체를 매우 강조하며 학습자들이 문제를 효과적으로 해결해 나가는 데 관심을 갖는 교육 방식이다.

이와 같은 교육 관점에 따라 한국어 쓰기 교육은 '글을 쓰기 전, 글을 쓰는 중, 글을 쓴 후'로 단계를 나누고 각 단계에서 학습자들로 하여금 글을 어떤 과정으로 써 나가야 하는지, 즉 글쓰기의 방법과 절차를 익히게 한다. 또한 그 과정에서 학습자들은 글을 쓰는 각 단계별로 필요한 쓰기 전략을 개발할 수 있게 된다. 특히 '쓰기 전 단계'에서 글을 쓰는 목적을 확인하고, 예상되는 독자를 분석하고, 필요한 내용을 생성하고 조직하는 등의 쓰기 전략과 절차 지식을 터득하게 된다.

그러나 우리가 글을 쓰는 목적은 누군가와 의사소통을 하기 위해서, 다시 말해 의사소통을 목적으로 상대방에게 자신의 생각을 전달하기 위해서 글을 쓰는 것이다. 쓰기를 비롯한 언어 능력의 일차적인 목표가 의사소통에 있음을 인식한다면 일련의 언어 교육은 화자와 청자, 즉 쓰기에서는 필자와 독자의 상황을 고려해야 한다. 글을 쓸 때는 내가 표현하고자 하는 바를 어떻게 글로 표현할 것인가, 내가 쓴 글을 상대방이 읽었을 때 어떤 의미로 받아들이게 되는가 등을 끊임없이 고민하면서 써야 한다. 이와 같은 '독자를 고려한 글쓰기' 능력은 쓰기에 대한 피드백 경험을 많이 함으로써 길러질 수 있다.

그러나 교실 내 쓰기 수업에서 이루어지는 피드백은 주로 텍스트 자체의 완성도에 초점이 놓여 있고, 학습자들도 글의 완성도를 높이는 데 목적을 두고 피드백을 수용한다. 이러한 피드백 경험을 통해서도 '독자를 고려한 글쓰기' 역량은 길러질 수 있다. 그러나 독자를 고려한 글쓰기 능력은 실제로 다양한 독자들의 반응을 경험해 봄으로써 길러질 수 있다. 이런 점에서 협력적 글쓰기 활동의 도입이 필요한 것이다. 즉 협력적 쓰기 활동을 통해 동료 학습자들은 자신의 글에 대한 독자로서의 역할을 해 줄 수 있는 것이다.

즉 의사소통을 목적으로 하는 글을 쓰기 위해서는 '독자를 고려한 글쓰기'가 필수이며, 이러한 능력을 기르기 위해서는 쓰기를 사회적 기제의 일환으로 이해하고 일정한 사회적 맥락에서 수행할 수 있도록 해야 한다. 작문의 내용과 방식 등은 그 담화 공동체의 사회적 관습 및 사회적 상호작용에 의하여 결정되기 때문이다. 따라서 쓰기 의사소통 능력을 기르기 위해서는 독자를 고려한 내용과 상황에 맞는 표현의 학습이 중요하며 쓰기 활동 중 실제 독자의 반응을 주고받을 수 있는 수업 환경도 필요하다.

2. 쓰기 교육의 이론적 배경

쓰기에 대한 관점은 쓰기를 보는 눈을 말하는 것으로 쓰기가 무엇인가 하는 쓰기의 개념이나 철학과 관련된 문제이다. 쓰기라는 현상에 대해 어떤 관점을 가지고 보느냐 하는 것은 쓰기 교재를 구안하거나 쓰기 수업을 하는 데 직접적인 영향을 끼치게 된다. 쓰기 현상을 둘러싸고 있는 상황 중에서 어느 측면을 강조했느냐에 따라 형식적 관점(formal view), 인지적 관점(cognitive view), 사회적 관점(social view)으로 나누어 볼 수 있다.

형식적 관점은 글을 구성하고 있는 객관적인 요소를 강조한다. 의미는 텍스트 내에 고정되어 있는 것으로 파악한다. 이러한 관점에서는 쓰기라는 현상을 지식을 전달하기 위한 하나의 방편으로 파악하게 된다. 쓰기란 문자라는 형태를 빌려 내용을 전달하는 행위로 파악하게 된다. 여기에서는 얼마나 전달하고자 한 것을 얼마나 객관적이고 정확하게 전달했느냐에 초점을 둔다. 그러다 보니 필자의 주관적 개입이나 상황을 통한 추론은 배재하는 것이 바람직하다는 입장을 취한다. 이러한 관점은 1950년대 이전에 풍미했다가 점점 쇠퇴하면서 1960년대 중반에 들어서면서 강하게 비판을 받게 되었다.

1960년대 중반에는 인지심리학자들에 의해 쓰기에 대한 연구가 본격적으로 이루어지게 되었다. 이들은 쓰기 현상 속에서 필자가 쓰기를 해 나가는 과정을 강조했다. 특히 필자의 인지적인 측면을 강조했는데 이들의 관점은 쓰기에 대한 인지적 관점으로 부를 수 있을 것이다. 이들은 쓰기를 단순히 의미를 나열하는 것으로 보지 않고 의미를 재구성하는 행위로 파악했다. 이러한 관점에서 이들은 쓰기를 일종의 문제해결 행위로 보았던 것이다. 그러다 보니 글을 구성하고 있는 객관적인 요소보다는 필자의 개인적인 의미 구성 행위를 강조하였다.

    1980년대에 들어서면서 이러한 관점도 비판을 받게 되었다. 특히 인지적 관점은 쓰기 행위를 둘러싸고 있는 상황을 간과한 채 쓰기 행위를 필자의 개인적인 행위로만 파악했다는 점에서 많은 비판을 받았다. 인지적 관점은 글이 어떻게 생성되었는가에 대해서는 해답을 주었지만, 이 글이 어떤 토대로 구성되었으며 구성된 글이 어떻게 수용되는가에 대해서는 무관심했다. 또한 인지적 관점은 개인의 인지적 측면을 지나치게 강조한 나머지 필자의 정의적 측면은 소홀히 했다는 점에 대해서도 비판을 받았다. 쓰기에 대한 사회적 관점은 쓰기 현상을 둘러싸고 있는 상황 전체, 좀더 정확하게 말하면 상황을 구성하고 있는 요소들 간의 상호작용을 강조한다.

    이들은 의미란 형식적 관점에서 보듯이 글 자체에 있는 것도 아니며 인지적 관점에서 보듯이 필자에게 있는 것도 아니라는 관점을 취한다. 의미란 사회 구성원들 간의 상호작용을 통해 형성되는 것으로 파악한다. 그러다 보니 이들은 '담화 공동체'의 개념을 강조하는데 담화 공동체는 필자가 글을 생성하게 하는 데 토대가 되며 한편으로 생성된 글이 의미를 형성하게 하는 바탕이 된다.

    이런 점을 생각해 볼 때, 사회적 관점은 필자 자신보다는 필자를 둘러싸고 있는 상황, 특히 독자 측면을 강조하는 것으로 볼 수 있다. 인지적 관점이 쓰기 행위를 '개인 내에 이루어지는 인지적 행위'로 파악했다고 한다면, 사회적 관점은 '개인 간에 이루어지는 사회적 행위'로 파악했다고 할 수 있다. 사회적 관점에서는 글을 쓰는 행위를 사회 구성원들 건의 합의를 이루어 내는 과정으로 파악한다.

    일반적으로 한국어 쓰기 수업 교실에서 사회적 관점을 반영하기 위해서는 학습자들이 글을 생성해 내는 과정에서 그들이 속한 공동체를 충분히 고려하도록 하는 장치나 동료·교사와 상호작용을 할 수 있는 장치, 필자 개인의 정의적인 면을 신장할 수 있는 장치, 그리고 쓰기를 문화의 한 현상으로 파악하면서 일종의 사회화의 과정으로 파악할 수 있도록 하는 장치 등을 마련해야 할 것이다. 그리고 인지적 관점을 반영하기 위해서는 자신의 배경 지식이나 경험을 충분히 활용할 수 있게 하는 장치, 일련의 쓰기 과정을 체험해 볼 수 있게 하는 장치나 필자 자신의 의미 형성 과정을 점검해 볼 수 있는 장치, 다양한 문제 상황을 제시하고 여러 측면에서 이를 해결할 수 있는 기회를 부여하는 장치 등이 마련되어야 할 것이다. 그리고 형식적 관점을 반영하기 위해서는 수사학적 규칙이나 원리 자체보다는 이들을 활용할 수 있도록 하는 장치, 언어적 규칙을 터득하고 이를 실제의 쓰기 상황에서 적절히 사용할 수 있도록 하는 장치가 마련되어야 할 것이다.

3. 쓰기 수업 설계

3.1. 쓰기 교육의 목표

외국인 학습자를 위한 쓰기 교육의 공통적인 목표는 문자 언어를 통한 의사소통 능력을 향상하는 데 있지만 교육 기관별, 교육 목적별, 교육 대상별로 약간의 차이가 있을 수 있다. 여기에서는 학습자들의 교육 목적에 따라 일반적인 목적과 학문 목적으로 분류하여 쓰기 교육의 목표를 제시하고자 한다.

1) 일반 목적의 한국어 쓰기 교육

일반적 목적의 한국어 교육의 목표는 다양하고 특수한 상황에서의 의사소통 능력의 신장이라고 할 수 있다. 일반 목적의 쓰기 교육의 목표도 이와 다르지 않아, 학습자가 자신의 생각이나 감정을 내용상으로나 형식상으로 완전한 담화를 구성할 수 있도록 아이디어를 모으고, 그것을 한국어 글쓰기의 방식에 알맞게 구성할 수 있도록 하는 것이다.

이에 따라 한국어 쓰기 교육에서는 학습자들에게 실제 의사소통 상황에서 수행할 가능성이 높은 담화의 유형과 기능, 담화 구성 방식, 담화 상황에 맞는 적절한 표현, 한국어의 사회 언어학적인 특징과 쓰기 전략 등을 교수학습 하여야 하며(김지영, 2001), 이러한 교수학습 목적을 달성하기 위해서는 학습자들의 요구 상황이나 교사의 변인, 학습 환경 등의 다양한 변인들을 고려하여 효율적인 쓰기 교수학습 방안을 강구해야 한다.

한국어 능력 시험의 쓰기 평가 기준을 토대로 작성된 일반 목적의 한국어 쓰기 교육의 목표는 다음 〈표 1〉과 같다.

〈표 1〉 한국어 쓰기 교육의 목표

분류	한국어 쓰기 교육의 목표
1급	• 정형화된 표현이나 외운 표현을 사용하여 텍스트를 구성한다. • 기본적인 문장 구조를 이해하여 간단한 문장이나 텍스트를 구성한다. • 일상적이고 친숙한 소재에 대해 짧은 생활문을 쓸 수 있다. • 글자 구성 원리를 이해하여 맞춤법에 맞게 글씨를 쓸 수 있다
2급	• 사용 빈도가 높은 조사와 연결 어미를 사용하여 문장을 구성할 수 있다. • 일상생활에 관한 간단한 텍스트를 구성할 수 있다. • 간단한 메모, 편지, 안내문 등의 실용적인 글을 쓸 수 있다.
3급	• 사적이고 친숙한 소재의 글을 유창하고 정확하게 쓸 수 있다. • 설명문의 구조를 이해하여 간단한 글을 쓸 수 있다. • 자신에게 친숙한 사회적 소재에 대해 글을 쓸 수 있다. • 문어와 구어의 기본적인 특성을 구분할 수 있으며, 문어체 종결형을 사용해 글을 쓸 수 있다.
4급	• 친숙한 사회적, 추상적 소재에 대해 글을 쓸 수 있다. • 일반적인 업무와 관련된 간단한 서류 및 보고서를 작성할 수 있다. • 간단한 감상문, 설명문, 수필 등을 쓸 수 있다.
5급	• 자신과 관련이 적은 사회적, 추상적 소재의 글을 어느 정도 쓸 수 있다. • 업무나 학문 등의 전문 분야에서 요구되는 글을 쓸 수 있다. • 다양한 담화 상황에 맞는 적절한 격식을 사용하여 글을 쓸 수 있다. • 감상문, 설명문, 수필, 보고서, 논설문 등을 쓰거나 요약할 수 있다.
6급	• 자신의 업무나 전문 분야와 관련된 글을 정확하고 유창하게 쓸 수 있다. • 한국어 담화 구조의 특징을 이해하여 설득력 있고 논리적인 글을 쓸 수 있다. • 다양한 표현법 중 가장 적절한 표현을 선택해 사용할 수 있다. • 논문, 연설문, 공식적인 문서 등을 쓸 수 있다.

2) 특수 목적의 쓰기 교육

특수 목적의 한국어 교육에는 직업을 위한 한국어 교육과 학문 목적의 한국어 교육이 있는데, 이들에서의 쓰기 교육은 일반 목적의 쓰기 교육 목표에 더하여 각각의 목적에 부합하는 한국어 쓰기 교육의 목표가 첨가된다. 예를 들면 직업을 위한 한국어 교육에서는 기업에서의 문서 작성, 비즈니스 한국어, 직업과 관련된 전문 용어 등과 연관된 쓰기 교육의 내용에 따라 목표가 정해질 것이다. 또한 학문 목적의 쓰기 교육에서는 대학에서 수학하는 데 필요한 강의 내용 기록, 보고서, 논문, 시험 답안 작성에 관련된 쓰기 교육 내용과 관련된 목표가 설정된다.

3.2. 쓰기 수업 구성의 원리

1) 내용 선정에 관한 원리

쓰기 수업을 설계할 때 어떤 내용을 선정할 것인가 하는 문제는 대단히 중요하다. 사실 교재는 교육과정을 토대로 만들어지는 것이기 때문에 교육 과정에서 이러한 점을 먼저 고려해야 할 것이다. 때문에 학습 내용 선정에 관한 논의는 교재보다는 교육과정에 가까운 것이라 할 수 있다.

쓰기 교육 내용을 선정하는 틀은 여러 가지가 있을 수 있다. 한 방법으로 글의 갈래 중심으로 설명하는 글, 주장하는 글, 감정 및 정서 표현을 위한 글 등으로 나누어 이들 각각을 신장하기 위한 내용을 선정하는 방식이 있을 수 있다. 또 하나는 글을 쓰는 데 공통적으로 필요한 지식이나 기능, 책략, 태도 등을 중심으로 할 수 있다. 예를 들어 적절한 재목을 붙일 줄 아는 것은 모든 종료의 글을 쓰는 데 필요한 것이므로 이러한 요소들을 중심으로 선정할 수 있다. 또는 일련의 원리나 규칙 등을 중심으로 구성할 수도 있다. 예를 들어 언어의 단위를 중심으로 단어, 문장, 문단, 글 전체를 잘 쓰게 하는 데 필요로 하는 요소를 선정하거나 수사학적 원리나 규칙으로 묘사, 서사, 설명이나 인과, 문제 해결 구조 등을 중심으로 선정할 수 있다. 또 다른 방식으로는 이른바 과정별 접근 방식을 취해 그을 써 나가는 데 필요한 기능이나 전략, 태도 등을 선정하는 방식이 있을 수 있다. 예를 들어 쓰기의 과정을 크게 내용 생성, 조직 표현, 교정 등으로 나눌 때 각각의 과정에 필요한 지식이나 기능, 책략, 태도 등을 표현하는 방식이 있을 수 있다.

이들 방법 중에서 어느 방법이 가장 적합한 것인지에 대해서는 앞으로 많은 연구가 따라야 하겠지만 이들 방식 중에서 어느 하나라도 무시할 수 없다는 점은 분명하다. 글의 갈래를 중심으로 선정하더라도 여기에서는 지식, 기능, 전략, 태도 등으로 범주화할 필요가 있게 되며 한편으로 과정 중심 접근으로 고려하여 여러 갈래의 글을 쓰는 과정에 따른 학습 내용을 고려해야 할 것이다. 결국 이들 방식 중에서 어느 것을 우선하고 나머지 것을 보조적으로 채택할 것인가 하는 문제이다.

여기에서는 과정 중심 접근을 우선적으로 고려해야 한다는 관점을 취한다. 과정 중심 접근을 강조하는 입장에서 설 때, 몇 가지 접근 방식을 생각해 볼 수 있다. 하나는 글의 종류를 중심으로 하되 각 종류의 글을 쓸 때 과정 중심 접근을 강조하는 것이다. 예를 들어 설명문을 쓸 때 각 과정에 필요한 지식이나 기능, 책략 등을 선정하는 방식이 있을 수 있다. 또 하나의 방식은 글을 쓰는 데 공통적으로 필요로 하는 기능이나 책략을 중심으로 선정하되 이들 각각의 기능이나 책략을 과정 중심으로 가르칠 수 있도록 내용을 선정할 수 있다. 예를 들어 문장 쓰기 기능을 신장하기 위해 주어진 글감에 따라 단어를 선정하고 조직, 표현, 교정하는 데 필요로 하는 학습 내용을 선정할 수 있다. 또 하나의 방식은 일반적으로 쓰기 과정별로 필요한 지식, 기능, 전략, 태도를 중심으로 선정하는 것이다. 내용을 선정하는 데 필요한 요소, 조직, 표현, 교정하는 데 필요한 요소들을 선정하는 것이다. 이 때 글의 종류에 따라 필요로 하는 것이 다를 수 있기 때문에 글의 종류에 따라 특별히 필요한 요소를 고려할 필요가 있을 것이다. 예를 들어 설명하는 글을 쓸 때에 내용 조직 방식으로는 분류나 예시 등의 요소가 고려될 필요가 있으나 주장하는 글의 경우에는 문제-해결, 주장-근거 구조 등을 익히게 하는 요소가 포함될 수 있을 것이다. 공통적인 요소들을 선정하고 다음에는 글의 종류에 따라 달라져야 할 부분을 선정할 수 있다는 것이다.

과정 중심 접근을 강조하는 내용 선정 방식 중에서 어느 하나를 취사선택하기보다는 이들 방식을 절충하는 것이 좋다. 대체로 쓰기 과정에 따라 공통적으로 필요한 지식이나 기능, 책략, 태도 등을 중심으로 선정하고 여기에 글의 종류에 따라 특별히 필요한 요소들을 첨가하는 방식을 고려하는 것이다.

2) 내용 조직에 관한 원리

논리적으로 교육 내용이 먼저 선정되고 이들 내용을 조직하는 과정이 필요하다. 선정된 교육 내용을 조직하는 과정에서는 다음과 같은 점을 염두에 두어야 할 것이다.

첫째, 개별적인 기능이나 책략의 습득에서부터 활용의 순서로 조직해야 할 것이다. 예를 들어 쓰기 과정별로 필요한 전략, 예를 들어 생각 꺼내기, 다발 짓기, 생각 그물 만들기를 충분히 가르친 후에 실제 쓰기 상황에서 이들을 종합적으로 활용하도록 해야 할 것이다. 물론 생각 꺼내기나 다발 짓기 등을 할 때에도 실제 한 편의 글과 긴밀하게 연관을 맺도록 해야 할 것이다. 탈 맥락적인 상황에서 이들 개개 전략을 지도하게 되면 학생들의 흥미를 떨어뜨릴 수 있으며 익혔다고 하더라도 활용도가 낮게 된다. 그러므로 초급과정에서는 대체로 개개 기능이나 전략을 익히는 데 초점을 두고 고급과정으로 올라갈수록 이들을 통합적으로 활용하는 측변을 강조할 필요가 있다.

둘째, 인지 전략과 초인지 전략을 묶어서 내용을 제시하는 것이 바람직하다. 인지 전략 자체보다는 인지 전략을 상황에 맞게 적절하게 활용할 수 있게 하는 초인지 전략을 함께 가르쳐야 한다. 예를 들어 생각 꺼내기, 다발 짓기, 생각 그물 만들기 등은 인지 전략이라고 할 수 있는데 이들 인지 전략을 실제 쓰기 상황에서 활용할 수 있게 하기 위해서는 초인지 전략을 함께 가르쳐야 한다.

셋째, 공통적인 것에서 특수한 것으로 조직해야 할 것이다. 대체로 앞 쪽에서는 글의 종류와 관계없이 공통적으로 필요한 기능이나 전략을 중심으로 가르치고 뒤 쪽으로 갈수록 글의 갈래에 따라 특별히 필요로 하는 기능이나 전략을 제시하는 것이 바람직하다. 예를 들어, 생각 꺼내기를 집중적으로 가르칠 때, 이를 활용하도록 하기 위해서 설명하는 글이나 주장하는 글을 쓰는 활동이 이루어지게 된다. 다만 교육 내용 제시의 경제성을 위해서 공통적인 것을 제시하고 특수한 부분을 골라 제시하는 것이 바람직하다.

넷째, 지식과 태도 부분은 각각의 기능이나 전략을 익히는 과정에서 통합적으로 이루어지도록 하는 것이 바람직하다. 물론 경우에 따라서는 지식이나 태도를 별도의 영역으로 구성하여 이를 중심으로 단원을 구성할 수도 있겠으나, 대체로 이들은 쓰기 활동 속에 통합되는 것이 바람직하다. 이것은 쓰기에 관한 지식은 자체로서 중요한 것이라기보다는 쓰기 수행을 하는 데 필요한 것이기 때문이고 태도의 경우에는 항상 쓰기 활동 속에 내재해 있는 것이기 때문에 이들 요소들은 통합적으로 다루어지는 것이 원칙이라는 뜻이다.

다섯 째, 친숙한 것에서 친숙하지 않은 것으로 조직해야 할 것이다. 글의 주제나 독자에 대한 친숙도가 쓰기 활용에 많은 영향을 끼칠 수 있기 때문에 가급적 친숙한 것부터 제시해야 할 것이다. 글의 주제는 개인적인 것에서부터 점점 사회적인 것으로 나아가는 것이 바람직할 것이며 독자는 친숙하고 친근감을 줄 수 있는 독자에서부터 제시하는 것이 바람직하다. 아울러 글의 갈래면에서도 대체로 흔히 접할 수 있는 글(일기문, 생활문)에서부터 접하기 어려운 글(기사문, 논설문) 순서로 제시하는 것이 바람직하다.

여섯 째, 학습자들의 참여 수준을 최대한 높이도록 해야 할 것이다. 학습자들이 교재 내용에만 집착하기보다는 학습자 스스로 쓸 수 있는 공간이 마련되고 필요에 따라 달리 조직해서 사용할 수 있도록 하는 장치가 마련되어야 할 것이다. 그리고 학생들의 참여 수준을 높이기 위해서는 그들이 선택할 수 있는 여지가 많아야 한다. 예를 들어 글의 주제의 경우에도 모든 학습자들이 똑같은 주제를 쓰도록 하기보다는 학습의 목적을 달성할 수 있는 것이라면 자신의 흥미나 능력에 맞게 선택하도록 하는 것이 바람직하다.

이밖에도 선정된 교육 내용을 조직할 때에는 여러 가지 방식이 있을 것이다. 예를 들어 '쉬운 것에서 어려운 것 순서로, 기초 기능이나 전략에서부터 고등 기능이나 전략 순서로, 일반적인 것에서 구체적인 것으로, 쓰기 발달상의 원리를 고려하여 단순 연상적인 것에서부터 의사소통적인 쓰기나 인식적인 쓰기를 가능하게 하는 것으로'와 같은 원리가 강조될 필요가 있다.

4. 쓰기 수업 구성

4.1. 쓰기 수업의 단계

글쓰기의 과정은 일반적으로 쓰기 전, 초고쓰기, 쓰기 후 과정으로 나눌 수 있다. 이를 좀 더 구체적으로 살펴보면 다음과 같다.

<표 2> 쓰기 수업의 단계

□ 쓰기 전 단계
  주제 선정
  아이디어 수집과 조직
  잠재적(예상) 독자에 대한 고려
  쓰기 목적 인지
  최적의 장르 선정

□ 쓰기 단계
  거친 초고쓰기
  독자의 주목을 끄는 글의 첫머리나 도입부 쓰기
  표현의 정확성보다 내용에 중점 두기

□ 쓰기 후 단계
  동료 초고에 관한 건설적인 토의 참여
  자신의 글을 객관적인 입장에서 읽기
  교사나 동료의 지도 조언을 반영하여 내용 변경
  초고와 최종 원고 사이에 실질적인 변화가 있도록

그러나 이와 같은 과정의 순서는 그리 중요하지 않다. 과정이 선조적이지 않고 회귀적이기 때문이다. 이 과정은 언제든지 전 단계로 돌아갈 수도 있고 과정을 건너

뛸 수도 있는 가변적인 과정이다. 또한 필자의 개인차와 쓰기 과제에 따라서도 다양하게 변화할 수 있다. 각 과정에 대해 구체적으로 살펴보도록 하겠다.

1) 쓰기 전 단계

쓰기 전 단계는 쓰기 준비 단계이다. 필자는 쓰기 전에 쓸 주제에 대하여 생각을 완료해야 한다는 전통적인 관념은 어리석은 것이다. 주제에 대한 생각을 완전하게 정리하려면 어떤 때는 영원히 기다리기만 하다 끝날지도 모른다. 그 대신 필자는 대화하기, 읽기, 아는 것이나 보고 있는 것 쓰기, 어떻게 쓸지 간단히 써 보기 등의 활동을 하면 된다. 한국어가 잘 생각나지 않을 때는 학습자 자신의 모국어로 메모해 두는 것도 좋다.

학습자들이 생각 꺼내기 활동을 하기 위해서는 최소한 글의 목적과 관련된 지식, 주제에 대한 지식, 글 구조에 관한 지식, 문제 해결에 관한 지식이 필요하다 (Englert & Raphael, 1989). 이것을 구체적으로 살펴보면 다음과 같다.

첫째, 글을 쓰는 목적과 독자를 고려해야 한다. 미숙한 작가는 유능한 작가에 비해서 글의 용도와 목적에 대해서 협소한 관점을 가지고 있다. 숙련된 작가는 생각을 꺼내는 과정에서 다음의 세 가지 질문들을 마음속으로 하게 된다.

- 글을 쓰는 목적이 무엇인가?
- 누구에게 쓰는 것인가?
- 글감과 관련된 배경지식은 충분한가?

유능한 작가는 이러한 사고 활동을 통해서 생각 꺼내기 단계에서 산만하게 수집되거나 만들어지기 쉬운 아이디어들을 글과 관련지어 제한할 수 있다. 미숙한 작가들도 이러한 사고활동을 배워서 글의 목적이나 독자를 고려하는 글을 써야 한다.

둘째, 생각 꺼내기를 원활하게 하기 위해서는 주제에 대한 지식이 필요하다. 자기주도성이 뛰어난 숙련된 작가들은 자신들이 가지고 있는 모든 지식들을 쏟아내기 위해서 노력을 한다. 이들은 아이디어 생성에 필요한 전략이 무엇이며 그것을 어떻게 사용해야 하는지를 잘 알고 있는 작가들이다. 자기주도성을 획득한 숙련된 작가는 자료 조사, 아이디어 생성, 관련되는 글 다시 읽어보기 등과 같은 생각 꺼내기 활동에 많은 시간을 보낸다. 이에 비해서 미숙한 작가는 이러한 활동에 참여하는 시간이 매우 적다. 이들은 좋은 글을 쓰기 위해서 글감과 관련된 정보를 수집하거나 아이디어를 생성하기 위해서 생각을 꺼내는 활동에 노력을 기울이지 않는다.

셋째, 글 구조에 대한 지식이다. 작가는 한 편의 글을 쓰기 위해서는 글 구조에 관한 지식이 필요하다. 이러한 지식들에게는 작가가 글을 전개해 나아갈 때 정보를 제시하기 위해서 사용하는 중심 단어나 구문 및 의미 구조와 형식 구조 등이 포함된다.

넷째, 문제 해결에 필요한 지식이다. 작문은 문제 해결의 과정이라는 점에서 문제 해결 전략은 작문 교육의 핵심을 이룬다고 할 수 있다. 미숙한 작가들의 경우에는 자신들의 계획하기 활동이 부적절하다는 생각을 미처 하지 못하기 때문에 자신들의 문제를 스스로 해결하려는 노력을 거의 하지 않는다. 또한 자신들의 계획이 부적절하다는 사실을 알면서도 과제와 관련된 문제 해결 전략을 사용하는 시기와 방법을 몰라서 적절히 대처하지 못하는 경우가 허다하다.

2) 쓰기 단계

필자는 쓰기 단계에서 아이디어를 종이에 옮겨 초고를 완성한다. 쓰기 전 과정에서 얻은 잠정적인 아이디어를 개발하고 조직해서 정교하게 작업한다. 이 쓰기 단계는 초고를 완성하는 것에 목표를 두기 때문에 맞춤법, 문법, 문장 부호를 무시하고 아이디어를 쏟아놓는 것에 집중한다.

학습자들은 교사의 첨삭을 위해 한 줄씩 뛰어 가면서 초고를 쓰는 것이 좋다. 이 띄어놓은 줄은 읽기에도 편하고 교사나 학습자 자신이 수정하기에도 용이하다. 학습자는 초고에 '초고'라는 표시를 달아 두는 것도 좋다. 이 표시는 필자와 동료, 교사에게 문법적 수정은 중요하지 않고 내용에 초점을 둔다는 것을 알려준다. 또한 왜 교사가 점수를 매기거나 오류 수정을 하지 않았는지도 설명해준다. 학습자들은 초고를 쓰면서 먼저 이루어진 목적, 독자, 자신의 생각을 바꿀 수도 있다. 교사는 이 과정에서 어떤 학생들이 다른 학생들 대부분이 틀리지 않는 글자를 틀리는 실수를 범했다 해도 절대 기계적인 오류 수정은 강조하지 말고 내용에 집중하도록 해야 한다.

3) 쓰기 후 단계

필자는 쓰기 후 단계를 통해 아이디어를 명확히 하고 재정의한다. 미숙한 필자는 초고쓰기로 글쓰기가 끝났다고 생각하는 경우가 많다. 수정 사항이 많으면 많을수록 좋은 글이 아니라고까지 생각한다. 그러나 수정하기 단계는 자신의 글을 다시 보게 되고 동료와 교사의 도움을 받아 글을 개선하는 단계이다.

4.2. 쓰기 수업의 전략

1) 쓰기 전 단계의 전략

글을 쓰기 전 쓸 내용을 생각해 내는 방법에는 여러 가지가 있는데 대표적인 방법으로 브레인스토밍이 있다. 이는 양으로 축적된 아이디어를 목록별로 정리하고, 발산시켜서 목적한 바를 얻는다는 것이다. 그러나 브레인스토밍은 목표지향적인 사고활동이므로 생각이 문제의 핵심을 벗어나서는 안 된다는 단점이 있다.

최근에는 브레인스토밍과 같이 창의적인 사고 활동을 강조하면서 작문 교육에 쉽게 적용할 수 있는 '생각 그물 만들기' 전략이 소개되고 있다. 생각 그물 만들기는 머리 속에 들어 있는 생각들을 눈으로 볼 수 있도록 하는 장점을 가지고 있다. 특정 주제에 대한 자신의 생각을 몇 마디 정보나 단어, 문장 등으로 회상하고 표현할 수 있도록 하는데 도움을 주므로 전통적인 전략들이 안고 있는 정보의 선조적인 특성을 극복할 수 있다.

2) 초고쓰기 단계의 전략

초고쓰기 전략으로는 구두작문하기와 얼른쓰기가 있다.

구두작문하기는 생성되고 조직된 아이디어를 문자언어로 표현하기 전에 말로 표현하는 전략이다. 특히 한국어에 서툰 외국인 학습자들은 이러한 구두작문하기를 통해서 생각을 글로 변환시킬 때 발생하는 인지적 제약요인들을 극복할 수 있게 된다. 구두작문을 지도할 때에는 먼저 구두작문이 입으로 하는 글쓰기라는 것을 알려주어야 한다.

구두작문은 짧은 시간 내에 할 수 있으며 구어로 표현하므로 자연스럽게 작문의 형식적인 측면보다는 내용적인 측면에 초점을 둘 수가 있으며 구어로 표현하는 것이므로 글이 일관성 및 응집성, 유창성을 갖게 된다. 또한, 학습자들은 동료협의를 통해서 서로 구두작문을 할 수 있다. 이 경우 구두작문은 돌려읽기 전략을 사용하는 효과를 갖게 된다.

얼른쓰기는 학습자들이 작문의 형식에 구애받지 않고 글을 빨리 쓰도록 구안된 전략이다. 얼른쓰기는 다음 단계인 다듬기와 밀접한 관련을 맺는다. 그런데 대부분의 학습자들은 초고쓰기의 목적을 완성된 글쓰기로 오해하여 초고쓰기에 지나치게 힘을 들여, 그 다음 단계인 다듬는 활동에 지장을 주는 경우가 있다. 따라서 지나치게 많은 양의 글을 쓰지 않도록 시간을 제한해서 지도하는 것이 중요하다.

3) 다듬기 단계의 전략

다듬기와 관련된 전략으로는 돌려읽기가 있다. 일반적인 원칙을 살펴보면 다음과 같다.

① 서로 마주보도록 의자를 배열한다.
② 동료 협의를 위한 종이를 배부한다.
③ 교사의 시범을 통해서 작성 방법을 숙지해야 하며 지나치게 부정적인 반응은 하지 않도록 미리 숙지시켜야 한다.
④ 몇 번을 읽은 후에 시계 방향으로 돌아가면서 자신의 반응을 기록한다. 반응의 기록은 처음에는 내용에, 두 번째는 조직화에 초점을 맞춘다.

학습자들은 돌려읽기를 통해서 작가 중심에서 독자 중심으로 전환을 하게 된다. 독자가 쉽게 이해할 수 있는 표현을 사용하고 있는지, 독자의 흥미를 고려했는지, 독자에게 설득력을 지니고 있는지, 독자가 쉽게 이해할 수 있도록 표현되었는지 등을 살펴보게 된다.

돌려읽기는 다른 사람의 글을 보고 반응할 수 있는 기회를 준다. 학습자들은 동료들이 작성한 내용을 보고 언어 사용, 글의 형식 등을 익힐 수 있으며, 독자의 중요성을 깨닫게 된다.

5. 쓰기 수업의 실제

지금까지의 내용을 바탕으로 한국어 쓰기 수업의 실제 사례를 제시하고자 한다. 대상 학습자 수준은 고급(6급)이며 수업은 모두 4차시이다. 자세한 내용은 다음 〈표 3〉과 같다.

〈표 3〉 쓰기 수업 교육안

학습단계	6급		총 차시	4차시
학습 목표	최근 문제가 되고 있는 고령화 사회 현상과 문제점을 분석하고 해결 방안에 대한 글을 쓸 수 있다.			
수업 단계	교수-학습 활동		참고	차시
쓰기 전	① 아이디어 수집 • 교사는 학습자들에게 주제와 관련된 읽기 자료를 배부하고 읽게 한다. • 학습자들은 자료의 내용을 파악한 후 고령화 사회 현상과 문제점에 대해 다각도로 토론한다. 　-고령화 사회가 되면 어떤 문제가 있습니까? 　-고령화 사회의 문제를 해결하기 위해 우리는 무엇을 할 수 있습니까? 　-우리 자신의 미래를 위해 준비해야 하는 것은 무엇입니까? • 학습자들은 자유로운 토론을 통해 문제 발견, 원인 분석, 해결 방안 모색 등에 대해 고민한다.		자료1	1
	② 아이디어 수집 및 내용 구성하기 • 지금까지 토론한 내용을 바탕으로 학습자들은 무엇에 대해 쓸지 주제를 선정하고 내용을 생각한다. • 서론, 본론, 결론 세 부분으로 나누어 내용 구성표에 각각 쓸 내용을 정리한다.		자료2	2

쓰기	• 학습자들은 먼저 구두로 내용 구성표에 쓴 내용을 풀어 설명해 본다. • 구두로 설명하는 것이 자연스러워지면 초고를 작성한다. • 초고는 맞춤법·문법 등을 신경쓰지 않고 머릿속 내용을 풀어 쓰는 데 집중한다. • 초고를 완성한 후에 고령화 사회의 문제점과 해결책이 잘 드러났는지 확인한다.	자료3	3
쓰기 후	• 초고를 다 쓰고 나면 학습자들은 스스로 자신이 쓴 글을 소리 내어 읽으면서 글의 통일성과 유창성에 유의하여 수정한다.	자료4	4

자료 1. 읽기 자료

주요 국가별 인구고령화 속도

*자료: 보건사회연구원, 보건복지포럼

	고령화	고령	초고령	소요연수(고령화▶고령▶초고령)
한국	2000	2018	2026	26년
일본	1970	1994	2006	36년
프랑스	1864	1979	2018	154년
독일	1932	1972	2009	77년
이탈리아	1927	1988	2006	79년
미국	1942	2015	2036	94년

고령화 사회

　국제연합(UN)이 정한 바에 따라 정확히 말하자면, 65세 이상 노인인구 비율이 전체 인구의 7% 이상을 차지하는 사회를 고령화 사회라 한다. UN은 또 65세 이상 노인인구 비율이 14% 이상이면 고령사회, 20% 이상이면 초고령 사회로 구분하고 있다. 한국에서는 2000년 7월 1일을 기준으로 65세 이상의 인구가 전체 인구의 7.1%를 차지해 고령화 사회에 진입했다. 통계청은 2020년경이면 노인인구의 비율이 14%를 넘어서서 본격적인 고령사회로 접어들 것으로 전망했다. 고령화 사회는 의학이 발달하고 생활환경이 개선되면서 평균수명이 늘어나 생기는 선진국형 사회이지만, 많은 문제점을 가져올 수 있다. 고령화 사회에서 발생하는 대표적인 노인문제는 빈곤·질병·고독감 등이다. 선진국의 경우 고령화 사회에서 고령사회로 변하는 데 상당 기간이 소요되어 그에 대한 준비도 체계적이고 점진적으로 이루어졌다. 하지만 한국의 경우 성장 속도만큼이나 빠르게 고령화 사회가 이루어져 20년 정도밖에 걸리지 않을 것으로 본다. 따라서 급격한 변화에 따른 해결책 마련에 어려움을 겪고 있다. 고령사회에 대비해 국가적인 차원에서 제도와 의식을 재정립하고, 무엇보다 선진국형 노인복지체계를 마련하는 것이 시급한 과제라 할 수 있다.

출처: 다음 백과사전

자료 2. 내용 구성표

자료 3. 학습자 초고

　한국에서는 2000년 7월 1일을 기준으로 65세 이상의 인구가 전체 인구의 7.1를 차지해 고령화 사회에 진입했다. 고령화 사회는 생활환경이 개선되면서 평균수명이 늘어나 생기지만 많은 문제점을 가져올 수 있다.
　고령화 사회되는 이유는 여러 가지이다. 먼저 젊은 세대의 부담이 증가하고 있다. 일자리가 적기 때문에 돈만 아니라 스트레스를 많이 받는다. 둘째 뉴스의 보도에 따르면 출산율이 아주 낮다고 한다. 출산율이 낮음으로 인해 미래 노동력이 부족해서 전문가는 경제력이 떨어지는 것으로 전망한다. 셋째, 은퇴한 후에 노인 사람들은 할 일이 없어서 심심하고 자녀도 밖으로 나가서 일하기 때문에 고독감을 쉽게 느낄 수 있다.
　고령화 사회가 되는 이유는 여러 가지이다. 첫째, 한국은 한국전쟁 이후 태어난 아이가 712만 명이다. 이제 베이비붐 세대(베이비부머)가 은퇴를 시작하면서 세대에서 가장 빠른 속도로 고령화가 진행될 것으로 전망된다. 둘째, 현대 사회에서 경쟁이 심하고 스트레스를 많이 받아서 맞벌이 현상이 많기 때문에 직장생활과 육아를 병행하는 것이 어려울 것 같은 것이다. 그러니깐 아이가 있어야 한다는 편견에서 벗어나야 한다고 주장한다. 셋째, 젊은 세대는 육아에 대한 관념 변화가 나타난다. 독신주의나 딩크족의 관념을 가지는 사람이 많아졌다. 육아보다는 더 중요한 것이 있다고 생각한다.
　이러한 문제는 당사자뿐만 아니라 사회 전체가 노력해서 해결해야 하는 문제이다. 우선, 정부는 노인복지체계를 마련하고 실버산업을 개발함으로 은퇴한 후에 생활을 보장하면서 빈곤·질병·고독감 등 생활을 방지해야 한다. 또는 산아가 장려되어야 한다. 아이 두 명 이상 갖고 있는 부부에게 혜택을 줘야한다. 예를 들면, 입원비가 무료되는 동시에 은퇴하는 사람도 스스로 노력이 필요한다. 정상적인 생활을 보장하기 위하여 저축이나 보험을 통해 재산을 잘 관리해야 한다. 또는 자주 밖으로 나가서 친구를 만나고 아야기를 한다. 이렇게하면, 재미있고 즐거운 노후의 생활을 누릴 수 있다.
　여러 가지 노력으로 통해 국가 경제는 지속적으로 중장하는 것을 보장하면서 은퇴한 노인들에게 좋은 생활의 환경을 제공할 수 있겠다.

자료 4. 수정 후 작문

한국 고령화 사회의 문제 및 해결책

한국에서는 2000년 7월 1일을 기준으로 65세 이상의 인구가 전체 인구의 7.1를 차지해 고령화 사화에 진입했다. 고령화 사회는 생활환경이 개선되면서 평균수명이 늘어나 많은 문제점을 가져올 수 있다. 지금부터 고령화 문제 및 해결책에 대해 자세히 소개하려고 한다.

고령화 사회가 되는 원인은 두 가지로 나눌 수 있다. 첫째, 사망률이 하락하고 있다. 현대 의학의 발전으로 인간의 평균 수명이 연장되었다. 한국에 대해 특별한 이유가 있다. 한국전쟁 이후 태어난 아이가 20만 명인데 이제 그 당시에 태어난 베이비붐세대(베이비부머)가 은퇴를 시작하면서 세계에서 가장 빠른 속도로 고령화가 진행되고 있다. 둘째, 출산율이 낮아지고 있다. 현대 사회에서 경쟁에 대한 스트레스를 많이 받아서 맞벌이를 할 수 밖에 없기 때문에 직장생활과 육아를 병행하는 것이 어렵다. 경제적인 이유뿐만 아니라 젊은 세대는 육아에 대한 관념이 변하고 있다. 결혼이나 출산을 거부하는 독신주의나 딩크족이 많아졌다.

이런 원인대문에 많은 문제점이 생긴다. 첫째, 젊은 사람들은 부양의 부담이 증가한다. 노인들의 적극적으로 취업으로 인해 젊은사람들의 일자리가 적어진다. 둘째, 노동력이 많이 부족하다. 출산율이 낮기 때문에 국가 노동력이 부족해서 국제 경쟁력이 떨어질 것이다. 셋째, 은퇴한 후에 노인들은 할 일 없어서 심심하고 자녀도 밖으로 나가서 일하기 때문에 고독감을 쉽게 느낄 수 있다.

이런 문제는 당사자뿐만 아니라 사회 전체가 노력해서 해결해야 하는 문제이다. 우선, 정부는 가난한 노인들에게 복지체계를 마련해서 기본적인 생활을 보장하면서 빈곤,질병 등 생활을 방지해야 한다. 또는 출산율을 높이기 위해서 출산을 장려해야한다. 예를 들면, 입원료가 무료하는 동시에 정기적으로 육아비를 제공한다. 셋째, 실버산업을 개발함으로 노인들에게 좋은 생활의 환경을 제공한다. 이렇게 하면, 노인들의 고독감을 줄일 수 있고 생활의 주거움을 누닐수 있다.

이상 방법을 통해 고령화 사회로 생긴 문제점을 잘 해결할 수 있을 것이다.

● 생각해 봅시다

1. 내용 조직을 위한 쓰기 수업을 구성 원리 여섯 가지를 서술하시오.
2. 초고 쓰기 단계에서 활용할 수 있는 전략을 설명하시오.

● 풀이

1. 첫째, 개별적인 기능이나 책략의 습득에서부터 활용의 순서로 조직한다. 둘째, 인지 전략과 초인지 전략을 묶어서 내용을 제시한다. 셋째, 공통적인 것에서 특수한 것으로 조직한다. 넷째, 지식과 태도 부분은 각각의 기능이나 전략을 익히는 과정에서 통합적으로 이루어지도록 한다. 다섯 째, 친숙한 것에서 친숙하지 않은 것으로 조직한다. 여섯 째, 학습자들의 참여 수준을 최대한 높이도록 하는 장치가 필요하다.

2. 초고 쓰기 단계에 활용할 수 있는 전략으로는 구두 작문하기와 얼른 쓰기가 있다. 구두 작문은 아이디어를 문자로 표현하기 전에 말로 표현해 보는 전략이다. 구두 작문은 짧은 시간 내에 할 수 있으며 구어로 표현하므로 자연스럽게 작문의 형식적인 측면보다는 내용적인 측면에 초점을 둘 수 있고, 글의 일관성·응집성·유창성을 갖게 된다. 얼른 쓰기는 학습자들이 작문의 형식에 구애받지 않고 글을 빨리 쓰도록 구안된 전략이다. 이때 학습자들은 지나치게 많은 양의 글을 쓰지 않도록 시간을 제한해서 지도하는 것이 중요하다.

참고문헌

강명순(2005), 쓰기 교육의 연구사와 변천사, 「한국어교육론 3」, 한국문화사.
김규선·이재승(1998), 〈쓰기〉교재 구성 원리와 방안, 「쓰기수업방법」, pp. 33-65, 한국초등국어교육학회.
김정숙(1999), 담화 능력 배양을 위한 외국어로서의 한국어 쓰기 교육 방안, 한국어교육 10권 2호, pp. 195-213, 국제한국어교육학회.
김지영(2001), 한국어 작문의 상호협력적 교수-학습 방안 연구, 고려대학교 교육대학원 석사학위 논문.
김호정(2007), 한국어 쓰기 교육의 원리와 교육 방안 탐색, 국어교육학연구 30, pp. 233-260, 국어교육학회.
송정은(2012), 쓰기 전 활동을 통한 효과적인 글쓰기 전략, 독서교육연구 9, pp. 83-124, 한국독서교육학연구회.
최현섭·박태호·이정숙·이수진(2003), 「자기주도 쓰기 학습을 위한 과정 중심의 쓰기 워크숍」, 도서출판 역락.
Englert, C. A., Raphael, T. E.(1989), Developing successful writers though cognitive instruction, In J. E. Brophy (Ed.), Advanced in research on teaching, Vol 1, Greenwich, CN: JAI Press.
Murray, D. M.(1980), 「*Writing to learn*」, Boston: Thomson/Wadsworth.
Tompkins, Gail, E.(2012), 「Teaching writing: Balancing process and product」, Pearson Education, Inc, 이재승 외 옮김, 2012, 「글쓰기 어떻게 가르칠 것인가」, 박이정.

11장

한국 문화 교육론

배고운

1. 들어가며

외국인 학습자가 목표어권 화자와의 의사소통 시 어느 정도의 언어 구사 능력을 갖추고 있어도 의사소통 상의 어려움에 부딪치는 경우가 종종 있다. 실제로 서로 상이한 문화를 가진 사람들 간에 의사소통이 원활하게 이루어지기 위해서는 정확한 목표 언어의 구조와 형태뿐 아니라 목표 언어권의 문화적 특성 등을 잘 이해해야 한다. 한 나라 언어 속에는 그 나라 사람들의 민족 가치관이나 정서가 담겨져 있기 때문이다. 또한 목표 언어권 화자와의 지속적인 관계를 유지하기 위해서는 상대방의 사고방식이나 가치관 등의 다름으로 인하여 생길 수 있는 불필요한 오해나 갈등을 최소화하는 것이 무엇보다도 중요하다고 할 수 있다.

한국어 교육에서는 외국인 학습자들로 하여금 문화적인 충격을 완화시키고 한국의 문화에 대한 호기심을 자극하여 학습 효율을 고취시키고자 문화 교육을 하기 시작하였다.

1.1. 문화 교육의 필요성

한 사회의 문화는 정치, 경제, 종교 등 다양한 문화요소들이 서로 밀접한 관계를 맺으면서 전체를 이루고 있으며, 언어에는 그 사회의 문화와 전통, 습관 등이 담겨져 있기 때문에 외국인 학습자는 목표어의 복잡하고 미묘한 여러 가지 문화까지도 이해해야 한다. 즉, 문화에는 한 사회 구성원들의 행동, 습관 등의 외형적인 것부터 그 사회 구성원들의 사고방식, 신념, 가치관 등 내형적인 것까지 다 담겨져 있다. 따라서 외국어로 원활한 의사소통을 하기 위해서는 그 목표어의 문화를 이해하고 그 문화에 대한 풍부한 경험과 지식을 가지는 것이 중요하다. 이러한 근거로 한국어 교육에서 문화 교육이 필요한 이유는 다음과 같다.

1) 언어에는 한 사회의 가치관, 생활 습관, 예절, 풍습 등의 생활양식이 반영되어 있다.

예를 들어, 한국어에는 높임말이 발달되어 있다. 그렇기 때문에 한국 사람은 높임말을 적절히 사용하기 위해 만난 지 몇 분이 되지 않은 사람에게 나이와 직업 등을 물어보는 경우가 많다. 또한, 한국어에서는 '나'보다는 '우리'라는 대명사의 빈도가 훨씬 자주 사용되어진다. 예를 들어, '나의 집'을 '우리 집'으로, '나의 엄마'를 '우리 엄마'로 표현하는데 이는 '개인'보다는 '집단'을 중시하는 한국인의 사고방식이 담겨져 있는 것이다. 그리고 한국인이 생각하는 '겸손'의 사고방식에 대한 것이다. 예를 들어, 식사에 초대해서 음식을 많이 준비하였음에도 "차린 건 없지만 많이 드세요.", 선물을 주면서도 "약소하지만 받아주세요."라고 말한다. 이러한 의사 표현을 처음 접하는 외국인들은 이 말을 이해하지 못하고 당황해 하는 경우가 있다.

2) 외국어를 학습할 때 문화 충격(Culture Shock)과 사회적 거리감(Social Distance)을 경험하게 된다.

문화 충격은 자신에게 익숙하지 않은 문화를 접했을 때 스스로가 가지고 있는 기준이나 시각이 파괴되며 심리적으로 당황하거나 놀라게 되는 것을 말한다. 예를 들어, 한국에서는 비친족인 관계에서 친족 호칭을 사용하는 경우가 있다. 즉 식당에서 일하시는 분을 부를 때나 물건을 살 때 '이모'라는 호칭을 사용하는 경우, 화장품이나 옷 가게 점원에게 나이 여부를 따지지 않고 '언니'라고 부르는 경우 등이다.

사회적 거리감은[1] 한 개인이 다른 나라의 문화를 만났을 때 느끼는 심리적, 인지적 거리감을 말한다.

1.2. 한국어 교육에서 문화 교육의 역사

의사소통에서 생기는 거의 모든 오해는 문화의 차이에 그 원인이 있다고 해도 과언이 아니다. 이에 한국어 교육에서 문화 교육의 중요성이 대두되기 시작하면서 의사소통 능력을 향상시키기 위해서는 문화에 대한 이해를 바탕으로 해야 한다고 하였다. 문화 교육에 대한 연구는 1990년대 중반 이후부터 본격적인 논의가 시작되었으며, 초기에는 문화 교육의 중요성을 강조하면서 한국어 교육에서의 문화 의미, 언어와 문화의 관계에 대한 논의 및 문화 교육과 관련된 이론과 목표 및 방향을 제시한 연구들이 주를 이루었다. 2000년대에 들어서면서 문화 교육 방안 및 문화 교재 개발 등 문화 교육에 대한 연구가 다양하게 이루어지기 시작하였다.

---

1 John Schumann(1976c:136)에서 기술한 사회적 거리감의 구성요소는 다음과 같다.
①지배성(dominance): 한 문화가 다른 문화를 지배하는가, 종속받는가 또는 동등한 관계인가?
②통합성(integration): 한 문화가 다른 문화에 쉽게 통합될 수 있는가, 독립적인가?
③응집성(cohesiveness): 그 언어를 사용하는 사람들끼리 얼마나 응집적인가?
④일치성(congruence): 두 그룹의 문화가 얼마만큼 서로 일치하는가?
⑤영속성(permanence): 목표 언어 문화권에서의 거주 기간은 얼마인가?

2. 문화 교육의 목표 및 내용

2.1. 문화 교육의 목표

외국어 교육에서 문화 교육의 목표는 목표어권의 문화 이해를 바탕으로 하여 의사소통 능력을 향상시키는 것이다. 한국어 교육에서 문화 교육의 목표는 상위 목표와 하위 목표로 나눌 수 있다. 상위 목표는 문화 이해를 통해 효율적인 한국어 의사소통 능력의 신장에 기여하는 것이고, 하위 목표는 다음과 같이 여덟 가지로 나눌 수 있다. 첫째, 문화 다원성 이해이다. 즉, 다른 문화의 존재와 가치를 이해하게 해야 한다는 것이다. 둘째, 일상적 생활 방식의 이해이다. 대다수의 보편적 일상생활 및 활동 방식을 이해하게 해야 한다. 셋째, 보편적 사고방식의 이해로 대다수의 일상생활에 구현되는 생각의 방식을 이해하게 해야 한다. 넷째, 보편적 문화 지식의 이해이다. 대다수의 일상생활에 구현되는 생각의 방식을 이해하게 한다. 다섯째, 언어와 문화 관계 이해이다. 언어와 문화가 상호 반영되는 현상을 이해하게 한다. 여섯 째, 인위적, 자연적 산물 이해로 인간의 활동과 결과물, 그리고 자연적 산물을 이해하게 한다. 일곱 째, 문화 이해와 실천 태도이다. 문화를 이해하고 실천해 보고자 하는 능동적 자세를 갖게 한다. 여덟째, 일상생활 적응력으로 문화 이해를 통해 일상생활에의 적응력을 길러준다는 것이다(성기철, 2011). 이런 문화 교육 목표를 바탕으로 각 단계별에 맞는 목표를 정하면 다음과 같다.[2]

---

[2] 한재영 외(2005)에서 재인용.

1) 초급 단계 목표
   - 한국어에 흥미를 가지고 한국어로 의사소통 할 수 있는 기본 능력을 기른다.
   - 표정이나 제스처 같은 비언어적 의사소통의 차이를 이해한다.
   - 문화간의 차이점을 이해하고 인정한다.
   - 한국 문화에 대한 선입견이나 고정관념을 갖지 않고 한국 문화를 객관적이고 체계적으로 이해하려는 태도를 기른다.

2) 중급 단계 목표
   - 한국어로 다양한 정보를 받아들이고 활용한다.
   - 한국인들의 행동양식과 의사소통 요령을 터득하여 일반적인 화제에 대하여 한국어로 자연스럽게 의사소통한다.
   - 한국어의 언어 표현에 담긴 문화적 의미를 이해한다.
   - 한국어로 표현된 말이나 글을 통해 한국인의 가치관과 세계관을 이해한다.
   - 한국의 사회제도와 풍습을 이해한다.

3) 고급 단계 목표
   - 한국어로 상황에 맞는 자연스러운 의사소통을 한다.
   - 일반적 주제 및 추상적 내용의 말이나 글의 의미를 평가하면서 이해한다.
   - 문화 현상의 심층적 의미를 이해한다.
   - 한국의 전통 문화를 이해하고 그 문화적 특성을 바르게 소개한다.
   - 상호문화적인 이해를 하여 문화적 정체성을 갖는다.

2.2. 문화 교육의 내용

Brooks(1975)는 문화를 'big C(culture)'와 'little C'로 나누고 있는데 'big C'는 문화적 관례들을 일컫는 것으로 문학, 고전 음악, 무용, 예술 작품, 건축, 정치 제도 등을 말하며, 'little C'는 인간 생활의 모든 것을 의미하는 것으로 일상생활의 모든 단면들 즉, 일상생활에서 나타나는 사회 구성원들의 전반적인 행동, 태도, 신념, 가치 세계를 의미한다. 1960년대 이전에는 'big C'를 중심으로 문화 교육이 이루어졌으나 이후 의사소통 기능이 강조됨에 따라 'little C'에 대한 이해가 문화 교육의 중요한 학습 내용으로 삼게 되었다.

문화 교육 내용은 행동문화, 성취문화, 정신문화로 나눌 수 있다. 행동문화에는 의식주, 일상생활, 여가생활, 세시 풍속, 정치·사회·교육제도 등을 의미하며, 성취문화는 언어, 준언어, 비언어 문화, 예술, 역사 유물 등이 포함이 된다. 정신문화에는 민족성, 가치관, 정서, 사상, 종교 등이 속한다. 이러한 문화 내용을 중심으로 각 단계에 맞는 문화 교육 내용을 정리해 보면 다음과 같다.[3]

1) 초급 단계

초급 단계에서는[4] 한국어와 한국 문화에 대해 흥미를 가지고 접하는 단계이다. 새롭게 접하는 한국 문화에 대해 친밀감으로 다가오나 낯선 문화를 접함으로써 느낄 수 있는 거리감으로 인해 문화 충격을 겪을 수 있다. 따라서 이 단계에서는 한국 문화에 대한 선입견이나 고정 관념을 최소화하여 한국 문화에 대한 거부감을 줄일 수 있도록 비교적 친숙하고 가벼운 주제와 표정·제스처 등 비언어적인 의사소통 표현을 배우는 것이 좋다. 다음은 이 단계에 사용할 수 있는 문화 내용들이다.

- 인사예절
- 언어예절(예: 높임말)
- 호칭
- 가족관계
- 화폐 단위

---

[3] 한재영 외(2005), 조항록(1998), 조항록(2000), 강승혜(2010)을 참고하여 정리하였다.

[4] 한국어능력시험(TOPIK) 초급단계에서 제시된 '사회 문화적 요구'는 다음과 같다.

	사회 문화적 요구
1급	이질적 문화에 대한 적극적인 접촉 의지와 주변 한국인들의 최소한의 도움 아래 개인 영역에서 기본적인 사회 생활에 대한 적응력을 길러야 한다. 공공 영역에서의 활동은 남의 도움을 필요로 한다.
2급	한국 사회에 대한 기본 이해를 바탕으로 개인 생활을 별 무리 없이 유지할 수 있어야 한다. 공공 영역에서는 아직 약간의 도움이 필요하다. 한국 사람과 사회에 대한 이해는 있지만 아직 충분히 익히지는 못한 상태이다.

- 몸짓 언어
- 한국 음식(예; 종류, 맛)
- 식사 예절
- 초대하기
- 교통(예; 교통 수단)
- 전화예절
- 경제 활동(예; 재래시장, 마트 이용하기, 전단지 읽기)
- 한국의 명절, 공휴일(예; 명칭, 날짜)
- 지리(예; 길찾기)
- 병원(예; 접수하기, 증세말하기)

2) 중급 단계

중급 단계에서는[5] 일상생활을 하는 데에 있어서 어려움이 없으며 한국인들이 자주 사용하는 표현들을 이해할 수 있다. 초급 단계에서 이미 문화 충격을 경험하였기 때문에 자국의 문화와의 비교를 통해 문화의 차이를 인식하게 되고 한국인의 가치관과 생활 습관·관습 등을 이해할 수 있을 것이다. 따라서 이 단계에서는 한국 사회 문화에 대한 이해를 넓힐 수 있도록 다양한 사회적 주제에 대해 이야기를 나누는 것이 좋다. 이 단계에서 이용할 수 있는 문화 내용들은 다음과 같다.

- 생일 문화
- 여가 생활
- 한국 음식(예; 요리법)
- 명절 풍습(예; 세시 풍속)
- 대표적인 유적지, 관광지 소개
- 한국 축제 소개
- 관공서(예; 통장만들기, 출입국관리소에서 비자 연장하기)
- 경제 활동(예; 환율에 따른 경제생활)
- 한국 도시들의 특징

---

[5] 한국어능력시험(TOPIK) 중급단계에서 제시된 '사회 문화적 요구'는 다음과 같다.

- 속담, 관용어(예: 직설적인 것)
- 병원(예: 보험료 환급받기)

3) 고급 단계

고급 단계에서는[6] 한국 문화에 대한 이해 영역이 넓어져서 정치, 경제, 역사, 사회 등 한국의 전반적인 문제에 대해 심도 있는 이야기를 나눌 수 있다. 따라서 이 단계에서는 문화 정체성을 통한 한국 사회 문화를 이해할 수 있도록 하는 것이 좋다. 이 단계에 이용할 수 있는 문화 교육 내용은 아래와 같다.

- 문화유산
- 역사와 위인
- 한국의 현대사
- 문학 작품
- 전통 문화
- 결혼 문화
- 한국의 가정과 세대별 갈등
- 한국인의 가치관, 민족성
- 한국의 종교, 정치, 교육 제도
- 현대 사회 현상(예: 청년실업, 저출산, 최저 임금, 감정노동)

	사회 문화적 요구
3급	한국 사회에서의 단순한 일상생활에서는 언어적으로는 큰 불편이 별로 없다. 모르는 사항은 스스로 물어가면서 해결할 수 있다. 아직 한국 문화에 대한 깊은 이해나 문학 감상 혹은 학술, 교육 활동에는 한계가 있다. 갓 온 자국인에게 각종 조언과 안내가 가능하다.
4급	혼자 한국 사회에서 생존하거나 자신의 이해 관계를 처리할 수 있다. 직장에서 한국인들과 공동 근무는 가능하나 전문적인 영역에서는 아직 적잖은 도움이 필요하다. 외국인에 대한 배려가 있다면 토론이나 집회에 참여가 가능하다.

6 한국어능력시험(TOPIK) 고급단계에서 제시된 '사회 문화적 요구'는 다음과 같다.

	사회 문화적 요구
5급	사실상 한국에서 기본적인 직장생활이 가능하다. 매우 복잡한 논쟁이 아니라면 대학 강의 수강도 가능하다.
6급	사실상 이 이상 학습 과정을 통해 배울 필요는 없는 정도이다. 참고 서적이나 기타 정보를 이용하며 자율적 발전이 가능하다. 단, 아직 전문가가 아니라면 한국 고전, 방언 등에 대해서는 모르는 경우가 많을 수 있다.

- 직장 문화(예: 면접, 회식, 조직 생활 문제)
- 속담, 관용어(예: 문화적인 색채가 짙으며 비유적인 것)

3. 문화 교육의 방법

외국어 교육의 궁극적인 목표는 외국인 학습자들이 기본적인 언어 능력뿐만 아니라 학습자의 목표 언어의 문화 이해를 바탕으로 하여 외국어를 구사하도록 하는 데 있을 것이다. 따라서 언어를 문화와 같이 교육하는 것이 필요하다. 즉, 언어 학습에 문화교육이 병행이 되어야 문화적인 거리감을 줄이게 되며, 목표 언어에 대한 정확한 이해를 도울 수 있을 것이다.

다음은 문화 수업 시간에 사용될 수 있는 지도 방법이다.

3.1. 영상매체 활용

영상 매체는 목표 문화권 사람들의 과거에서 현재, 그리고 미래로 이어진 일상생활 문화뿐 아니라 비언어적인 표현 등 시·청각 언어로 구성되어 있기 때문에 학습자들이 생소한 내용일 경우에도 이해를 높이는데 도움을 줄 수 있는 학습 자료라고 할 수 있다. 즉, 영상 매체는 목표 문화권의 사람들과 목표 문화의 특성을 잘 보여주기 때문에 학습자들에게 자연스럽게 한국과 한국 문화를 이해시킬 수 있다. 영상 매체는 영화, 드라마, 뉴스, 광고 등으로 분류할 수 있어서 학습자의 특성에 맞게 활용할 수 있다.

1) 영화

영화는 실제적인 상황을 다양하게 가장 잘 묘사한다고 볼 수 있다. 다양한 인물들의 모습을 통해서 다양한 배경과 인물들 간의 관계, 비언어적인 의사소통 방법 등을 파악할 수 있다는 점에서 문화 교육 학습 자료로 좋다. 특히 나이, 성별, 직업 등에 따른 언어 사용의 차이를 분명히 알 수 있으며 자국 문화와의 비교를 통해 목표 문화의 생활, 풍습, 사고방식 등을 이해하는데 도움을 줄 수 있다. 예를 들어, '최종병기 활', '광해', '왕의 남자', '황진이' 등은 조선 시대를 배경으로 하고 있으며 그 시대의 생활 풍습, 관습, 시대 상황 등을 엿볼 수 있다. 또 '공동경비구역 JSA', '웰컴 투 동막골', '코리아', '태극기 휘날리며' 등은 한국과 북한의 상황을 이해하는 데 도움을 줄 수 있을 것이다.

2) 광고

문화는 시대적 흐름이나 상황에 따라 끊임없이 변화하고 있다. 특히 광고에는 변화하고 있는 한국 사회와 한국인의 가치 변화 등의 모습이 잘 반영되어 있다. 예를 들어, 인구정책 관련 공익 광고를 살펴보면 다음과 같다. 60년대에는 '적게 낳아 잘 기르자', 70년대에는 '딸 아들 구별 말고 둘만 낳아 잘 기르자', 80년대에는 '하나씩만 낳아도 삼천리는 초만원'의 광고 문구가 나왔었지만, 90년대에는 '선생님! 착한 일 하면 여자 짝꿍 시켜 주나요?', 2000년대에 와서는 '하나는 외롭습니다. 자녀에게 가장 좋은 선물은 동생입니다.', '아이는 당신과 대한민국의 미래입니다.'라는 저출산을 극복하기 위한 광고의 문구가 나오는 것을 봐도 시대별로 사회·문화적 환경을 알 수 있다.

이처럼 광고에는 시대적 상황에 따른 가치관과 사고방식 반영뿐만 아니라 공공장소에서 지켜야 할 예절, 다문화 사회, 인터넷 관련 문제 등 다양한 사회적 주제를 다루고 있다. 따라서 학습자들이 문화 오해에서 비롯되는 갈등을 최소화시키며 한국 사회와 문화에 대한 이해를 높일 수 있는 학습 자료라고 할 수 있다.

3.2. 전래 동화 활용

전래 동화는[7] 구전 문학이므로 내용이 짧고, 구성이 간단하며 주제가 확실하다. 충, 효, 우애, 신의와 관련된 주제가 많고, 권선징악이 확실히 나타난다. 이러한 한국인의 정서와 한국의 문화를 잘 보여주므로 외국인 학습자가 자국의 문화와도 비교해 볼 수 있어[8] 한국의 정서를 이해하는 데 용이하다고 할 수 있다. 또한 전래 동화는 심리 묘사나 극적인 구성보다는 사건 설명 위주로 되어 있으며, 반복되는 구문이 많은 편이다.

예를 들어, 「흥부전」에서는 흥부와 놀부의 집에서 박을 탈 때 대화가 반복되며, 「금도끼 은도끼」에서는 산신령이 도끼의 소유 여부를 묻는 구문이 반복이 된다.

특히 전래동화 속에는 옛 풍속이나 생활 습관, 사상, 신앙 등이 담겨져 있고 조상들의 지혜와 슬기를 엿볼 수 있다.

3.3. 속담 활용

속담은 민족성을 가진 언어의 특수 형식으로 일상생활에서 얻은 삶의 경험과 지혜가 함축적으로 담긴 말이다.

속담이 가지고 있는 특징은 다음과 같다.

첫째, 간결성이다. 속담은 짧은 어구 속에 많은 의미를 함축하고 있으면서 일정한 형식을 유지한다는 것을 말한다. 예를 들어, '하늘의 별 따기', '수박 겉 핥기', '식

---

[7] 최운식·김기창(1988)에서는 전래동화의 교육적 의의를 다음과 같이 말하였다. 첫째, 전래동화는 상상력의 소산이므로 전래동화의 청자나 독자는 이를 통하여 상상력을 기를 수 있다. 둘째, 전래동화는 말로 표현된 것이므로 청자나 독자는 이를 통하여 언어 능력을 기를 수 있다. 셋째, 전래동화 속에는 조상들이 겪어 온 삶의 다양한 체험, 사상, 감정, 지혜, 용기, 가치관 등이 용해되어 있다. 넷째, 전래동화는 청자나 독자들에게 흥미를 불러 일으켜 즐거움을 주면서 동시에 교훈을 주는 것이다. 다섯째, 전래 동화 속에는 우리 조상들의 풍속, 습관, 생활, 사상, 신앙 등이 녹아 있고, 우리 조상들의 꿋꿋한 힘과 슬기, 빛나는 지혜, 소박한 꿈이 용해되어 있다. 여섯째, 전래동화는 구연을 통하여 전달되는 경우가 많은데, 구연은 화자와 청자의 대면이 필수적이다.

[8] 한국의 전래 동화와 비슷한 줄거리를 가진 외국의 전래동화가 많은 편이다. 예를 들어 한국의 전래 동화 '나무꾼과 선녀'는 중국에서는 '일곱 선녀의 이야기(七仙女의 故事)', 일본에서는 '우의전설(羽衣傳說)', 유럽에서는 '백조처녀(swan maiden)' 등이다.

은 죽 먹기' 등 음절수로 보아 10음절 전후가 많은 편이다.

　둘째, 전통성·관습성이다. 즉, 속담은 시대상을 반영한다. 따라서 속담을 통해서 한국의 시대적 삶의 방식과 가치관도 배울 수 있을 것이다. 예를 들어, '암탉이 울면 집안이 망한다', '아이하고 여자는 길들일 탓'은 그 시대의 여성에 대한 사고방식을 느낄 수 있으며, '백지장도 맞들면 낫다', '공든 탑이 무너지랴'는 '협동'과 '노력'을 강조한 생활 습관에 관한 속담이다.

　셋째, 교훈성이다. 속담을 사용하는 화자는 속담의 기본 의미만을 전달하고자 하는 것이 아니라 그 말 속에 포함된 함축적인 의미 전달에 더 큰 의미를 두고 있다. 예를 들어, '벼는 익을수록 고개를 숙인다'는 상대방으로 하여금 겸손함을 가르치고자 함에 있다.

　따라서, 속담은 관습화된 언어적 표현으로 함축적인 의미 즉, 선조들의 삶의 지혜와 교훈을 담고 있다. 특히 속담은 적절한 비유를 통해 그 나라만의 독특한 생활 문화와, 역사를 보여주기 때문에 나라마다 같은 뜻을 가지고 있어도 그 나라의 문화나 관습을 모른다면 속담에 담긴 뜻을 제대로 이해하기 힘들 것이다. 외국인 학습자들은 속담을 통해서 자국의 문화와 비교해 봄으로써 한국 문화에 대한 이해의 폭을 넓힐 수 있을 것이다.

3.4. 문화 체험 학습 활용

　문화 체험 학습은 학습자들로 하여금 생활 현장에 직면하게 함으로써 목표 언어권의 생활 경험과 시야를 넓혀 목표 문화를 보다 잘 이해시킬 수 있는 효과적인 학습 방법이라고 할 수 있다. 즉, 견학, 관찰, 조사 등을 통해 학습자들이 실제적인 경험을 해 볼 수 있는 활동을 말한다. 따라서 학습자들은 문화 체험 학습을 통해서 교실에서 배운 언어와 비언어적인 표현들을 사용해 볼 수 있을 것이며 이를 통해 자국의 사람들과 목표 언어권 화자와의 반응이 다르다는 것을 인식하게 되어 자연스럽게 생활·행동 양식의 차이를 이해하게 될 것이다. 예를 들어, 전통 재래시장에서 물건 사기, 전통 민속놀이(윷놀이, 제기차기) 해 보기, 박물관, 고궁 방문하기, 은행에서 통장 만들기, 우체국에서 편지 부치기, 음식(김치, 떡볶이, 김밥 등) 만들기 등이다.

학습자들이 이러한 문화 체험 학습 활동을 통해서 언어적, 비언어적, 문화적 차이를 이해하게 된다면 의사소통 시 발생할 수 있는 불필요한 오해나 갈등을 최소화시킬 수 있을 것이다.

4. 문화 수업의 실제

문화교육에서는 문법이나 구조 능력에 초점이 맞추어진 언어 교육과는 달리 문화 능력을 길러주기 위해서는 문화적 주제를 바탕으로 하여 교육을 해야 한다. 언어와 문화를 분리하여 교육한다는 것이 아닌 문화를 통해 언어를 습득한다면 목표어와 목표 문화에 대한 흥미, 호기심을 자극하여 수업에도 적극적인 참여를 유도할 수 있을 것이다.

대상	중급	학습방법	문화 체험 학습
주제	한국의 지역 축제		
학습목표	• '동래읍성역사축제'를 통한 역사를 이해할 수 있다. • 축제의 각종 행사에 참여해 봄으로써 한국 문화를 이해할 수 있다.		
도입	T - 부산에 어떤 축제가 있는지 아세요? S_1 - 부산국제영화제, 불꽃 축제가 있어요. S_2 - 어방축제, 기장 멸치 축제, 모래 축제요. T - '동래읍성역사축제'는 아세요? S_1 - 네, 하지만 무슨 축제인지 잘 몰라요. S_2 - 아니요, 몰라요. T - '동래읍성역사축제'에 대해 소개할게요.		

제시 (준비단계)	▶ '동래읍성역사축제'에 대하여 설명하기 　- 축제 주요 프로그램 소개하기 　　⑩ 동래부사행차, 동래성전투 실경 뮤지컬, 용왕제 길놀이 등  　- 축제의 참여 체험 행사 소개하기 　　⑩ 조선시대 복식체험, 조선시대 무기병영체험(역사여행 수료증발급), 탈 만들기, 호패 체험 등   　　• 기념호패 : 1.5cm x 7cm 　　• 두께: 0.7cm - 0.8cm ▶ 소그룹 구성하기 　-축제 관람 프로그램과 참여할 체험 행사 정하기 　-체험 후 발표 및 과제물 제시하기
문화체험 학습 (전개단계)	▶ 축제 참가 전 주의사항 전달 　-발표 및 과제물에 필요한 메모 및 사진 촬영하도록 하기 　-인터뷰를 통해 질문해 보기 ▶ 그룹별 축제 참여하기
발표하기 (정리단계)	▶ 그룹별 PPT로 발표하기 　-체험 내용, 방법, 느낀 점 등을 정리하여 발표하기 ▶ 문화체험과 관련된 질의응답하기

● 생각해 봅시다

1. 각 단계별에 맞는 문화 교육 내용을 간단히 설명해 보십시오.
2. 교재에서 제시한 문화 교육 방법 외에 효과적인 문화 지도 방법에 대해 생각해 보십시오.

● 풀이

1. 문화 교육은 초급단계에서는 일상생활에 필요한 문화적인 요소, 한국어의 호칭이나 경어법 등의 기본적인 문화를 이해하고, 중급단계에서는 한국인의 사고방식과 가치관 등을 이해하여 한국의 전통 문화와 풍습을 알아가도록 하며, 고급단계에서는 한국의 정치, 경제, 역사 등 전반적인 사회 문제를 깊이 이해하여 다양한 시각으로 바라볼 수 있도록 하는 것이 좋다.

2. '노래'를 활용한 방법이 있다. '노래'는 학생들이 흥미를 가지고 부를 수 있을 것이다. 문화적인 색채가 강한 '민요'나 '가곡'을 선택하는 것도 좋고, '대중가요'를 선택하는 것도 좋다. 예를 들어, '효'를 주제로 한 진방남의 '불효자는 웁니다' GOD의 '어머님께', 박정현의 '나의 어머니' 등이 있다. 노래에 담긴 의미를 이해하고 이와 관련된 주제에 대해 이야기해 볼 수 있을 것이다.

참고문헌

강승혜 외(2010), 한국문화교육론, 형설출판사.
김미영(2015), 한국지역축제 콘텐츠를 활용한 한국문화교육 방안 연구, 호남대학교 석사학위논문.
박영순(2002), 한국어교육을 위한 한국문화론, 한국문화사.
성기철(2001), 한국어 교육과 문화 교육, 한국어교육 12-2, 국제한국어교육학회.
장경은(2001), 문화를 통한 한국어 교육의 실현 방안, 외국어로서의 한국어교육 25-1, 연세대학교 한국어학당.
정윤희(2010), 공익광고를 활용한 한국어통합수업 모형 연구, 동의대학교 박사학위논문.
조항록(1998), 한국어 고급 과정 학습자를 위한 한국 문화 교육 방안, 한국어교육 9-2, 국제한국어교육학회.
안경화(2001), 속담을 통한 한국 문화의 교육 방안, 한국어교육 12-1, 국제한국어교육학회.
임경순(2015), 한국문화교육론. 역락.
최운식·김기창(1998), 전래동화의 이론과 실제, 집문당.
한재영 외(2005), 한국어 교수법, 태학사.
Brooks, N.(1975), *The Analysis of Language and familiar Cultures*. In R.C. Lafayette(ed.), The Cultural Revolution. Lincolnwood: National Textbook Company.
Schumann, John(1976c), *Social distance as a factor in second language acquisition hypothesis*. Language Learning 26:135-143.
Seelye, H. N.(1993), *Teaching Culture: Strategies for intercultural communication*, illinois : National Textbook co.

http://www.topik.go.kr

12장

한국어 교재론

김양순 · 담결

1. 들어가며

한국어 교육은 한국어와 한국 문화의 세계적인 보급과 함께 많은 발전을 해 왔다. 한국어의 발전은 한국어와 한국 문화를 배우는 학습자가 많아졌다는 것을 의미하며 이는 한국어 학습자의 유형과 목적이 다양해졌다라고 말할 수 있다. 그러므로 한국어의 지속적인 발전을 위해서 학습자의 요구에 부합하는 학습 내용과 방법을 제공할 필요가 있다.

한국어 교육에 있어서 중요한 요소는 학습자, 교사 그리고 교재라고 할 수 있는데 그 중에서 교재에는 한국어 교사가 가르칠 내용과 한국어 학습자가 배우고자 하는 내용들을 담고 있다. 다변화되고 있는 한국어 학습자들의 요구를 충족시켜주면서 학습자들의 정의적인 측면이나 학습 자료의 다양화 및 실제성 확보에도 기여할 수 있는 교재의 개발과 교재를 선택할 때의 요건을 살피는 것은 중요할 것이다. 최근에는 영역별 교재나 특수 목적 교재들의 개발뿐만 아니라, CD-ROM이나 웹 교재 등에 대한 개발로 종이 교재의 한계를 넘으려 하고 있으며, 비디오, 오디오 교재, 교사용 지침서 등 학습자용 주교재 이외의 것도 활발하게 개발되고 있다.

한국어의 교수-학습 과정을 효과적으로 이루려면 교재를 잘 선정해서 활용해야 할 것이다. 그렇게 하기 위해 교사나 학습자는 학습 효과가 있고 학습 목적에 맞는 교재를 잘 선택해야 하고 교재의 평가 기준에 대해 정확하게 알아야 할 필요성이 있다. 그리고 선정된 교재를 어떻게 사용할 지 한국어 교육자들이 고민해 봐야 할 것이다.

여기에서는 한국어 교재의 개념과 유형을 정리한 다음에 한국어 교재의 흐름과 한국어 교재의 구성 원리, 교재 분석 등에 대해 살펴보고, 교재의 교육 내용을 더욱 실제적으로 전달하는 매체별 교재와 학습자의 흥미를 유발하는 부교재에 대해서도 알아보고자 한다. 또 효과적인 한국어 교수-학습을 위해서 교재의 한계를 극복하고 교수-학습의 효과를 높여 주는 부교재는 어떤 것을 사용하는지, 또 어떻게 준비해서 활용하는지도 살펴보고자 한다.

2. 한국어 교재의 연구사

　국내에서의 한국어 교육은 1959년 연세대학교 한국어학당의 개설과 함께 이루어져 왔으며 국외에서의 한국어 교육은 130여 년 전 일본의 동경외국어대학(1880) 등에서 시작되었다. 한국어 교재는 한국어 교육의 중요한 도구로서 한국어 교육의 변천과 학습자 요구에 부합하는 다양한 한국어 교재의 연구와 개발로 이어져 왔다. 1990년대 이후 한국어 교육 연구가 성장하면서 교재 개발과 평가에 대한 다양한 논의들과 함께 교재의 종류도 학습자별, 영역별, 기관용 교재 등으로 다양하게 세분되어 발전해 왔다.

　여기에서 한국어 교재가 어떻게 변했는지를 시기별로 정리하면 1880년에서 1958년까지의 국내 한국어 교육은 그다지 활성화 되지 않은 시기였다. 그 대신 일본, 러시아 등에서 외국인 연구자들에 의해 문법이나 구어 중심의 한국어 교재가 개발 및 출판되기 시작하였다.

　1959년부터 1988년까지의 시기는 박창해의 『한국어교본 1, 2, 3』에서 대학 기관의 종합 교재가 나오기 이전까지의 시대이다. 이 시기의 교재는 영어권 학습자를 위한 교재가 많이 개발되었으며 문법 중심 교수법과 청각구두식 교수법을 기반으로 하여 문법, 구어 및 문형 중심으로 구성된 교재가 대부분을 차지하였다.

　1989년에서 1999년까지는 한국어 교재의 발전기라고 할 수 있다. 1988년의 서울올림픽 성공과 함께 한국이 경제적으로 인증을 받음으로 한국어를 학습하려고 하는 학습자의 수가 큰 폭으로 증가하는 시기이다. 이에 따라 한국 대학 기관에서 한국어 교육 관련 부서를 개설하며 한국어 교육이 활성화되면서 기관별로 말하기, 듣기, 읽기 쓰기 능력을 한 교재에서 종합적으로 학습할 수 있는 통합 교재가 많이 출판되었다. 그리고 이전에 강조했던 문법 중심 교수법이나 청각구두식 교수법에서 벗어나 의사소통 교수법으로 접근함에 따라 학습자의 적극적인 수업 참여를 유도할 뿐만 아니라 다양한 학습 활동이 나타나기 시작하였다.

2000년부터 현재까지는 한국어 교재에 대한 연구가 활발히 이루어지고 있으며 발간된 교재도 기하급수적인 증가세를 보였다. 이 시기의 교재는 의사소통 능력 향상을 중요시하면서 한국어 문법에 대한 이해 및 연습, 그리고 한국 문화에 대한 이해 등도 소홀하지 않았다. 또 실제적인 언어 자료를 강조하여 학습자가 일상생활에서 한국어로 의사소통 가능하도록 다양한 과제 및 활동을 구성하였다. 또한 다양한 학습자의 요구에 맞는 다양한 유형의 교재 즉 학습자의 언어권별, 학습자의 학습 목적별, 언어 기능별, 언어 수준별, 활용 목적별 등 더욱 전문화된 교재, 그리고 멀티미디어를 활용한 교재, 웹 기반 교재, 비디오, TV 한국어 교육 관련 프로그램 등 다양한 형태의 교재가 개발 및 출판되었다.

3. 한국어 교재의 개념 및 유형

3.1. 교재의 개념

교재는 교육의 내용이고 학습자와 교사를 연계해 주는 매개체이다. 교재의 가장 큰 기능은 교수-학습 자료를 제공하는 것이며, 교육의 목적과 목표, 교육과정, 교수법과도 유기적이다. 그리고 교육목표를 보다 효과적으로 달성하기 위해 필요로 하는 각종 교육자료, 교구, 비디오 등도 포함한다.

넓은 의미로는 한국어 교육 현장에서 교수-학습 과정 중 교육목표를 이루기 위하여 사용되는 모든 자료를 의미한다. 여기서 말하는 모든 자료는 교과서, 워크북, 참고서, 교사용 지침서, 사전, 문법 참고서, 어휘집, 오디오 테이프, 비디오, CD, 웹 교재, 인터넷 자료, 그림, 사진, 신문, 기사, 광고 등 한국어 교육 현장에서 활용될 수 있는 모든 교육 자료를 포함한다.

좁은 의미로 한국어 교재는 주교재와 부교재로 나누어 볼 수 있다. 주교재란 교육현장에서 학습자들이 사용하는 주된 교재인 교과서를 말하는 것이고, 부교재는 참고서 그리고 워크북과 같은 학습에 도움이 되고 참고가 되는 자료를 모아 놓은 것이며 주교재를 보완하는 기능을 가지고 있는 자료를 말한다.

3.2. 교재의 유형

한국어 학습자가 많아짐에 따라 학습자의 성격, 나이, 언어권, 학습목표, 학습 환경, 언어사용환경, 언어수준 등 특성이 다양화해졌다. 이로써 학습자의 다양한 특성을 고려한 수많은 한국어 교재가 개발·출판되어 왔으며 현재도 많은 교재가 개발 중에 있다. 지금까지 개발된 한국어 교재의 유형은 매우 다양하며 크게 활용 목적별, 언어 기능별, 언어 내용별, 언어 수준별, 학습자 성격별, 학습자 목적별, 교육 과정별, 매체별, 언어권별 교재 등으로 분류된다. 그리고 각각은 다음과 같이 세분화할 수 있다.

〈표 1〉 교재의 유형

구분	내용
활용 목적별	주교재, 부교재, 연습책, 참고서, 교사용 지침서
언어 기능별	통합, 말하기, 듣기, 읽기, 쓰기
언어 내용별	어휘, 문법, 발음, 문화, 문학
언어 수준별	초급, 중급, 고급
학습자 성격별	외국인, 재외동포, 이주 외국인, 다문화 가정 자녀
학습자 목적별	일반 목적, 특수 목적(언론, 외교, 통상, 군사)
교육 과정별	대학, 고등학교(제2 외국어), 학원, 집중, 단기, 교양
매체별	종이, 시청각, 웹(한국어 학습 사이트, 모바일 앱)
언어권별	영어권, 중국어권, 일본어권, 러시아권, 베트남권, 태국어권, 인도네시아권, 프랑스어권, 스페인어권 등

2000년부터 현재까지 기하급수적인 교재의 증가세를 보였다. 이 시대에는 의사소통 능력과 문화적 소양을 기르기 위한 교재들이 등장하기 시작했으며 특히 대학 기관이나 사설기관 외에 정부 산하 기관과의 협력을 통해 한국어 교재가 만들어지기 시작했다. 또한 다양한 학습자를 위한 다양한 유형의 교재들이 개발되기 시작했고, 빠른 발전의 세계화 시대에 맞게 멀티미디어를 활용한 교재, 웹 교재, TV 한국어 교육 프로그램, 비디오 등 다양한 형태의 교재가 개발되고 있다.

1) 통합 교재

가. 정규 교육과정

초창기의 한국어 교재는 독본을 중심으로 개발되다가 1980년 무렵부터 기능 통합 교재가 나오기 시작했다. 이전의 교재들은 유형 연습 위주의 청각구두식 교수법을 채택하고 있으나 최근에는 과제가 적극적으로 활용되는 교재로 바뀌었다.

〈표 2〉 정규과정 통합교재

정규과정 통합교재
- 서울대(2013), 「서울대 한국어 1A~6B」
- 이화여대(2010), 「이화 한국어 1~6」
- 고려대(2008), 「재미있는 한국어 1~6」
- 연세대(2013), 「연세 한국어 1~6」
- 서강대(2008), 「서강 한국어 1~6」
- 경희대(2010), 「한국어 초급~고급(전 6권)」
- 성균관대(2004), 「배우기 쉬운 한국어 1~6」
- 국립국어원(2013), 「세종한국어 1~8」 등

나. 단기 교육과정

드라마, 영화, K-pop 등과 같은 한류 콘텐츠로 인해 한국에 대해서 뿐만 아니라 한국어에 대한 관심도 높아졌다. 최근에는 방학이나 휴가를 이용해서 여행 또는 문화 체험을 하면서 한국어를 배우는 학습자를 위한 단기 학습자용 교재가 개발되고 있다.

〈표 3〉 단기과정 통합교재

단기과정 통합교재
- 서울대(2006), 「Active Korea 1~4」
- 연세대(2004), 「100시간 한국어 1~6」
- 강승혜(2010), 「재미있게 배우는 한국어1」
- 이화여대(2010), 「이화한국어1-1」 등

2) 기능별 교재

2000년 이후에는 말하기, 듣기, 읽기, 쓰기용 기능별 교재가 개발되기 시작했다.

<표 4> 기능별 교재

기능별 교재
말하기 교재 - 성균관대(2005), 「말하기 쉬운 한국어 1~6」 - 이해영·황인교·한상미(2006), 「초급 한국어 말하기」 - 김중섭(2005), 「외국인 학부 유학생을 위한 한국어 말하기」 - 연세대(2006), 「한 달 완성 한국어 중급 말하기 1~2」 - 연세대(2012), 「대학 생활을 위한 한국어 말하기」 - 경희대(2014), 「경희 한국어 말하기 1~6」 - 서강대(2015), 「서강한국어 말하기 1~6」 등
듣기 교재 - 이해영 외(2000), 「Exciting Korea 1, 2」 - 연세대(2006), 「한 달 완성 한국어 중급 듣기 1~2」 - 국립국어원(2008), 「초급 한국어 듣기」 - 경희대(2014), 「경희 한국어 듣기 1~6」 - 김중섭(2010), 「유학생을 위한 한국어 듣기」 등
읽기 교재 - 조현용(2006), 「외국인 학부 유학생을 위한 한국어 읽기」 - 국립국어원(2008), 「초급/ 중급 한국어 읽기」 - 연세대(2012), 「대학 강의 수강을 위한 한국어 읽기」 - 서강대(2015), 「서강한국어 읽기」 - 경희대(2014), 「경희 한국어 읽기 1~6」 등
쓰기 교재 - 라혜민·우인혜(2008), 「외국인을 위한 기초 한국어 쓰기」 - 신현숙(2012), 「들으면서 쓰는 한국어 펜맨쉽」 - 국립국어원(2006), 「초급 한국어 쓰기」 - 연세대(2006), 「한 달 완성 한국어 중급 쓰기」 - 김중섭·조현용·이정희 외(2014), 「경희 한국어 쓰기 1~6」 - 성균관대(2016), 「한국어 문장 바로 쓰기」 - 서강대(2012), 「서강한국어 쓰기 1~4」 등

3) 특수 목적 학습자 대상 교재

일반 목적 한국어 학습자를 위한 교재 개발에만 머물지 않고 학문 목적, 직업 목적 한국어 학습자를 위한 특수 목적 교재가 개발되고 있다. 또한 재외동포, 결혼 여성 이민자, 다문화 가정 자녀 등을 위한 특정 학습자 대상 교재 개발도 시도되고 있다.

〈표 5〉 특수 목적 및 특정 학습자 대상 교재

학문 목적
- 이관식·정행 외(2012), 「유학생을 위한 경영 무역 한국어」
- 김선정·허용(2013), 「프로 비즈니스 한국어 1~4」
- 최윤곤(2007), 「외국인 학부 유학생을 위한 한국어 독해」
- 강현화·민재훈(2007), 「외국인 학부 유학생을 위한 경영 한국어」
- 장소원·안효경 외(2015), 「시사한국어」

직업 목적
- 이미혜(2008), 「Korea Language for a Good job」 등

재외동포
- 교육과정평가원(2001), 「한국어 1~8」
- 교육과정평가원(2013), 「맞춤한국어 1~6」 등

외국인 이민자
- 법무부, 사회통합프로그램을 위한 한국어 초급, 중급 등

이주 노동자
- 한국산업인력공단, 「한국어와 한국생활」
- 한국국제노동재단(2003), 「외국인 노동자를 위한 재미있는 한국어 1, 2」
- 국립국어원(2012), 「이주노동자를 위한 아자아자 한국어」
- 고용노동부, 고용허가제 한국어 능력시험을 위한 한국어 표준 교재 등

여성 결혼 이민자
- 여성 가족부, 「여성 결혼이민자를 위한 한국어 교재 초급」
- 조선경(2008), 「농촌결혼이민자를 위한 한국어 워크북 1~3」
- 박주영·정미진 외(2012), 「학령기 자녀를 둔 결혼이민자를 위한 한국어」
- 국립국어원(2009), 「결혼 이민자와 함께하는 한국어 1~6」
- 한국어세계화재단(2007), 「우리 엄마의 한국어 초급」 등
  (영어, 베트남어, 중국어, 타갈로그어)

다문화 가정 자녀
- 국립국어원(2013), 「초등학생/중학생/고등학생을 위한 표준한국어 1~2」
- 윤영주(2012), 「다문화 가족 기초 한국어」
- 정월순·하종필 외(2015), 「다문화 가족을 위한 문장으로 배우는 한국어」

4) 언어 내용별 교재 및 기타 교재

고급 학습자들이 늘면서 학습자들의 문화적 소양을 기르고, 한국어 및 한국 문화에 대해 깊고 체계적인 이해를 돕기 위한 문법, 문화, 발음 교재 등이 개발되기 시작하였다.

<표 6> 언어 내용별 교재 및 기타 교재

문법
- 백봉자, 「외국어로서의 한국어 문법 사전」
- 국립국어원, 「외국인을 위한 한국어 문법 1, 2」
- 이윤진, 「한국어 문형 표현 100」 / 「지하철이 고장나서 늦었어요」 등

한자
- 김지형 외(2005), 「漢子로 배우는 한국어 1」
- 이영희, 「Learn Hanja The Fun Way」
- 서울대 언어교육원, 「Useful Chinese Characters for Learners of Korean」

발음
- 서울대 언어교육원, 「외국인을 위한 한국어발음 47」 1~2 등

문화
- 백봉자 외, 「한국언어문화사진집」, 「한국언어문화듣기집」
- 김선정·강현자 외(2007), 「살아 있는 한국어 관용어」, 「살아 있는 한국어 속담」, 「살아 있는 한국어 한자성어」
- 권영민·양승국·장소원·안경화·김성규·박성현·채숙희(2009), 「외국인을 위한 한국문화읽기」, 아름다운 한국어학교 등

언어권별 교재
- 안경화·조현용 외, 「인도네시아인을 위한 종합 한국어 1~6」
- 조항록·이미혜 외, 「베트남인을 위한 종합 한국어 1~6」
- 김영진(2009), 「중국인을 위한 한국어 첫 걸음」
- 외국어학보급회(2005), 「일본인을 위한 한국어 회화」
- 경희대학교(2013), 「러시아인을 위한 한국어 입문」
- 이한우(2012), 「태국인을 위한 한국어 회화」 등

문학 교재
- 권오경·류종렬 외(2013), 「외국인을 위한 한국문학의 이해」
- 최운식(2010), 「외국인을 위한 한국 문학」
- 간호배(2015), 「외국인을 위한 한국 현대문학」 등

5) 교사용 지침서

교사용 지침서는 교사들이 교재를 효율적으로 사용할 수 있도록 수업과 관련된 모든 내용이 담겨 있는 지도서이다. 여기에는 교수-학습 내용에 대한 상세한 설명, 예문 예시, 연습 방법, 다양한 교실 활동 및 기타 참고자료 등 수업 진행에 관련된 내용들이 있다. 한국어 교재 개발과 함께 교사용 지침서도 활발히 개발되고 있다.

〈표 7〉 교사용 지침서

교사용 지침서
- 최정순(2010), 「배워요 재미있는 한국어 1~3」 교사용 지침서 - 국립국어원(2011), 「함께하는 한국어 1~6」 교사용 지침서 - 한국어교육 열린연구회(2012), 「한국어교실 엿보기」 - 국립국어원(2013), 「초등학생/중학생/고등학생을 위한 표준한국어 1~2」 교사용 지침서 - 연세대(2015), 「3주 완성 연세한국어 1~8」 교사용 지도서 - 국립국어원(2011), 「함께하는 한국어 1~6」 교사용 지침서

6) 웹 기반 교재

(1) 웹 기반 교재의 개념

웹 기반 한국어 교재란 웹의 특성과 웹이 제공하는 자료들을 바탕으로 만들어진 교재로, 한국어 교육을 목적으로 하여 웹에서 만들어진 홈페이지이며 '한국어 학습 사이트'로도 불린다. 그리고 웹 사이트와 그 안에서 제공하는 교수용 자료 및 한국어 강의를 모두 포함하는 개념이라 할 수 있다. 웹 기반 한국어 교재는 시간적, 공간적 제약을 받지 않고 자신의 요구에 맞는 학습 내용이나 방식으로 학습을 진행할 수 있으며 종이 교재보다 다양하고 방대한 멀티미디어 시청각 자료를 이용할 수 있다. 학습자의 접근이 용이하여 학습자에게 생생하고 필요한 정보를 제공하는 장점이 있다.

(2) 웹 기반 교재의 특징

웹 기반 한국어 교재는 현실적인 언어 환경과 직접적인 정보를 제공하며, 자기 주도적 학습을 가능하게 하여 학습자의 흥미 유발을 도와준다.

웹 기반 교재의 일반적인 특징으로[1]

① 학습자의 접근이 용이하다.
② 보다 쉽게 실제성 있는 자료를 사용할 수 있으며 이를 통해 학습자의 흥미를 이끌 수 있다.
③ 자기 주도적이고 능동적인 학습을 촉진시킨다.

---

[1] 최정순, 1999; 지현숙, 2001; 홍은실, 2007; 최진희, 2008; 한상미 외, 2012

④ 상호작용성이 강하다.
⑤ 학습자의 요구에 따른 맞춤형·개별화 학습이 가능하다.

웹 기반 한국어 교재가 처음 개발 된 목적은 한국어 교육에 대한 접근성이 떨어지는 학습자들을 위한 것이거나 교실 수업의 보조적 형태로 활용하기 위한 것이었다. 하지만 과학 기술의 발달로 물리적 학습 환경이 다양해지고, 세계화로 인해 학습자 층이 다양해짐에 따라 웹 기반 교재의 필요성이 점점 증가하였다. 웹 기반 한국어 교재의 발전은 다변화되고 있는 한국어 학습자들의 요구를 충족시켜줄 수 있을 뿐만 아니라, 학습자들의 정의적인 측면이나 학습 자료의 다양화 및 실제성 확보에도 기여할 수 있을 것으로 보인다. 또한 한국어 학습자들이 세계 어디에서나 실시간으로 한국어를 접할 수 있게 함으로써 한국어 학습자 층의 다양화와 한국어 교육의 확대에 도움이 될 것이다.

(3) 웹 기반 교재의 유형

한국어 학습자의 특성의 다양화와 세계화 시대에 맞게 웹 기반 한국어 교재도 연령별, 언어권별, 학습 목적별로 국가 차원에서뿐만 아니라 민간 차원에서도 개발되고 있다.

〈표 8〉 웹 기반 교재의 유형

	운영기관	웹교재 명칭	제공언어	목표/ 교재 특징	학습 대상
정부기관	국립국제교육원	KOSNET	영어, 일본어, 중국어, 스페인어	- 기초적 한국어 학습과 문화 - 학습에 필요한 자료 제공 - 채팅 가능	외국인, 재외동포, 유아, 어린이, 성인 초급 학습자
	세종학당재단	누리-세종학당	영어, 몽골어, 중국어, 베트남어	- 초급 한국어의 기능별 콘텐츠로 제시 - 다양한 과제 제공	재외동포, 이주민, 외국인, 초·중급 학습자
	문화체육관광부	Korean through English	영어	- 기초적 한국어 학습 - 듣기, 읽기, 쓰기	재외동포, 외국인
	재외동포재단	Study Korean	영어, 중국어, 일본어, 러시아어	- 한국 사회 문화에 대한 관심 유도 - 상황중심의 다양한 학습 활동 가능	재외동포(어린이, 청소년대상)

대학기관	서강대	Sogang Korean program	영어	- 한국 경제, 정치, 문화 등 소개 - 한국에 대한 이해 높임	외국인, 재외동포, 초~고급 학습자
	서울대	Click Korean	영어	- 한국어 교육용 온라인 콘텐츠 제공 - 문제 해결적 학습방식	외국인, 초~중급 학습자
방송기관	EBS	한국말 쉬워요		- 회화 교육 프로그램제공 - 실생활에서 활용도높은 어휘와 용법 중심	여성결혼이민자, 초급 학습자
	KBS	Let's learn Korean	영어, 러시아어, 일본어 등	- 다양한 언어 지원 - 회화 중심의 콘텐츠 제공	외국인, 재외동포 초급 학습자

 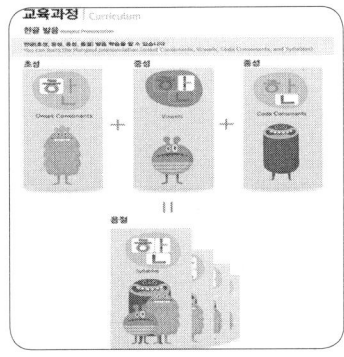

[그림 1] 웹 기반 교재의 예시

위의 [그림 1]은 세종학당 재단의 웹 기반 교재인 '누리 세종학당'에 있는 프로그램 중의 하나이다. 한글 발음 프로그램인 「Popping Korean」이나 「한국어 발음 학습」 등은 한국어 교수-학습에 다양하게 활용 가능하며, 그 외 초급 한국어에서 고급 한국어까지 각 영역별로 읽기, 말하기, 듣기, 쓰기의 콘텐츠를 제시하며 과제도 다양하다. 사용하는 언어로는 영어, 몽골어, 중국어, 베트남어, 스페인어 등을 제공한다.

4. 한국어 교재의 구성

한국어 학습자의 요구와 교육 여건이 다양한 만큼 한국어 교재는 학습 목적과 학습자의 연령, 모어, 교육 조건 등의 변인에 따라 달라져야 한다. 즉, 내용과 교육 방법 면에서 학습자의 교육 현장의 요구에 맞게 다양하게 구성되어야 한다. 위와 같은 기본 맥락에서 한국어 교재 개발과 관련된 주요 원리를 요약해 제시하면 다음과 같다.

- 교육의 목적 및 목표를 분명히 하고 교육과정과 교수요목을 설계하여 이를 실현하기 위한 교재가 되어야 한다.
- 학습자 요구 조사가 선행되어야 하며 학습자 중심의 교재가 되어야 한다.
- 한국어 사용 능력이 실질적으로 신장될 수 있도록 해야 한다.
- 학습자의 배경 지식을 활용하고 지적 호기심을 유발할 수 있는 교재의 구성이 필요하다.
- 의사소통 목적을 달성할 수 있도록 목표 언어를 사용할 기회를 충분히 제공하여야 한다.

5. 한국어 교재의 개발 방안

5.1. 학습자의 요구조사

교수요목을 설계하는 데 가장 먼저 해야 할 일은 학습자의 요구를 조사하고 분석하는 일이다. 학습자의 요구는 특히 과제 수행을 중심으로 교수요목을 설계할 때 가장 기본적으로 요구되는 일이다.

학습자의 요구 조사란 학습자들이 무엇을 배우고 싶어하는지 어떻게 배우고 싶어하는가 등에 대한 요구를 조사하고 분석하는 것이다. 요즘은 학습자의 학습 전략, 선호 활동 유형 등과 같은 주관적인 요구를 파악하는 것도 중요하게 다루고 있다. 이 외에도 교육 환경, 학습의 규모, 교사의 자질 등에 따라 교육 내용과 방법이 달라질 수 있으므로, 이들에 대한 정보를 파악하는 것도 중요하다.

5.2. 교수요목 설계

① 교육 목적·목표 설정

요구 조사가 이루어진 후에는 이에 근거하여 교육 목적 및 목표를 설정하는 것이 필요하다. 교육 목적과 목표를 설정하는 데는 학습자의 요구뿐만 아니라 교사나 정책 입안자, 학부모, 고용주 등의 요구가 반영될 수 있다.

교육 목적이란 교육의 최종적인 도달점에서 이루게 되는 종합적이고 장기적인 지향점을 이르며, 교육 목표란 목적에 도달하기 위한 과정에서 이루어내야 하는 단편적이고 단기적인 지향점을 이른다. 교육과정이나 교수요목을 설계할 때는 어떤 목적을 어느 정도로 설정할 것인지를 결정해야 하며, 그 목적에 도달하는 과정에서 세부적인 목표들을 단원별로, 혹은 과제별로 구체화해야 한다. 이러한 교육 목적과 교육 목표는 교수요목 설계와 교재 구성, 그리고 교사의 수업 진행에 방향성을 갖게 하며 일관된 논리적 틀을 제공한다.

② 교육 내용의 범주 결정

교육 목적과 목표를 결정한 이후에는 이들을 실현하기 위해 교육해야 할 주요 교육 내용의 범주를 결정해야 하고 어떤 유형의 교수요목을 사용할 것인가를 결정한다. 언어 구조에 대한 이해가 교육 목표이던 시기에는 어휘, 문법, 발음 등이 주요 교육 내용의 범주가 되었으나, 의사소통 능력 개발이 주요 교육 목표로 설정되면서 언어적 범주 위에 기능, 과제, 문화, 내용 등이 주요 범주로 덧붙기 시작하였다.

교육 목표에 따라 문법적 교수요목, 개념 기능적 교수요목, 과제 중심 교수요목, 내용적 교수요목 등으로 구분된다.

③ 교육 내용 선정 및 방법 결정

교육 내용의 범주가 결정되면 교육 내용을 구체화하고 교육 방법을 결정하는 것이 필요하다. 교육 내용의 선정에는 교육 자료 및 활동의 선정이 포함된다. 교육 자료는 교재나 수업의 가장 기본적인 요소로, 교육에 초점을 제공하므로 교육 목적과 목표에 알맞은 유용한 교육 자료를 선정하는 것이 무엇보다 중요하다. 교육 활동은 학습 목표를 달성하는 데 가장 효과적이며 학습자에게 의사소통의 기회를 많이 부여할 수 있는 내용으로 구성하는 것이 중요하다. 교육 방법에는 학습자의 이해와 발화를 이끌어내는 과정에서의 교사와 학습자의 역할 등이 포함된다. 여기서는 학습자들이 보다 적극적이고 능동적으로 학습 활동에 참여할 수 있도록 교육 방법을 설계하는 것이 요구된다.

학습자나 교육 환경의 변인에 대한 고려는 교육 내용을 선정하거나 방법을 결정할 때도 필요하다. 같은 범주의 교육 내용이라 할지라도 학습자에 따라 다양한 자료로 제공될 수 있는데, 학습자의 관심과 흥미를 이끌어낼 수 있는 자료가 교육 자료로서의 가치가 높다고 할 수 있을 것이다.

④ 교육 내용의 배열 및 조직

교육 내용을 배열하고 등급화하는 전통적인 방법은 '문법을 간단한 것에서 복잡한 것으로, 쉬운 것에서 어려운 것으로, 사용 빈도가 높은 것에서 낮은 것으로' 배열하는 것이었다. 그러나 의사소통적 관점에서 언어의 여러 요소가 주요 교육 내용 범주로 설정되고, 학습자가 느끼는 심리학적 난이도가 언어가 가지고 있는 일반적인 난이도와는 다르다는 연구 결과가 나오면서, 학습자의 요구와 사용빈도가 교육 내용과 순서를 결정하는 데 더욱 중요한 변수가 되었다. 특정 형태에 대한 학습자의 요구가 높을 경우 교육 내용 자체의 복잡성이나 난이도는 무시될 수도 있다는 것이다.

교육 내용의 배열에는 교수요목의 시작으로부터 끝에 이르기까지의 거시적인 배열과 한 단원 내에서의 미시적인 배열이 있다. 미시적인 배열에서는 선행 교육 내용에 기반으로 후행 교육 내용이 성공적으로 이루어질 수 있도록 배열하는 것이 필요하고, 거시적인 배열에서는 이와 함께 순환적 방법에 의해 교수요목을 설계하는 것이 필요하다.

5.3. 교재의 분석과 선정 기준

교재는 교육과정과 교수요목을 드러내는 것 이상으로 학습량, 문법의 정확성, 사용된 언어, 다양한 과제와 활동의 제시, 글자체·삽화 및 편집에 이르기까지 수없이 많은 정보를 안고 있는 하나의 총체물이다. 이에 따라 교재 평가 기준도 다양하게 제시되고 있다. 교재 분석을 하는 교육적 측면은 교재 선택과 교재 사용에 있고 연구적 측면으로는 교재 평가와 교재 개발에 있다. 여기에서는 교재 선택과 교재 사용을 위해 박소현(2011)의 교재 분석의 평가 기준을 참고하여 분석의 틀을 재구성하였다.

〈표 9〉 교재 분석의 평가 기준 분석틀

틀	분석항목	구체적 내용
교수 학습 상황	학습자	수준, 연령 국적, 학습 기간
	교수자	선호 교수방법, 교수자 특성(모어 화자)
	현장성	국내, 국외
내적 요인	목표 및 교육과정	• 교수요목에 맞게 교재가 편성되었는가?
	교재 구성면	• 전체 교재 구성은 어떤가? • 각 단원 구성은 어떤가? • 단원 구성 요소간의 유기적 연계성은 어떤가?
	내용 구성면	• 주제가 다양하며, 경험 가능한 것인가, 과제 기능과 관계가 있는가, 본문 내용이 맥락과 상황을 제시하였는가? • 문법은 어떻게 설명하고 있는가? • 어휘의 제시 방식과 실제 발음을 제시하는가, 주제와 관련이 있는가? • 발음표기가 있는가, 음운규칙을 제시하였는가? • 문화 제시 방법, 주제 또는 내용과 연관성이 있는가? • 학습활동이 다양하고 통합적 기능을 갖는가, 의사소통 중심 인가?
외적 요인	시각디자인적 구성면	• 교재 편집 상태, 글꼴은 어떤가? • 사진 삽화 등의 일러스트가 학습자의 흥미를 불러일으킬 수 있는가?
	경제적 비용면	• 가격이 합리적인가? • 구매하기 쉬운가?
	보조교재 활용면	• 교사용 지침서를 제공하는가? • 테이프, CD 등 부교재를 제공하는가?

5.4. 평가

① 교육과정 평가

교육과정 평가는 교육 내용과 방법, 교육과정 등을 언제, 어떻게 평가할 것인가에 관한 것이다. 평가의 목적은 학습자의 성취도를 측정하기 위해서뿐만 아니라 교육의 효율성을 측정하고 이후의 교육을 위한 개선점을 찾기 위한 것이다. 따라서 형식적인 시험 또는 수업 중의 학습 활동에 대한 관찰 등에 의해서도 평가가 가능하다. 그러므로 교수요목 설계 단계에서 교육 중 적절한 방법으로 형식적 평가와 비형식적 평가가 함께 이루어질 수 있도록 평가 방법을 설계하는 것이 필요하다.

평가는 교사뿐만 아니라 학습자에 의해서도 가능하다. 교사는 교육 중 나타나는 학습자의 반응이나 활동 양상 등을 면밀히 관찰하고, 이로부터 교육과정에 대한 반성과 개선점을 찾을 수 있어야 하며, 학습자는 자신의 학습 성취도나 강점과 약점, 그리고 학습 전략 등을 평가해 봄으로써 자기반성을 통한 학습 전략 개발을 할 수 있어야 한다.

② 교재의 평가

교재가 학습자의 요구에 맞추어서 개발 되었다고 하더라도 모든 학습자에게 꼭 맞는 교재가 될 수 없다. 교육 여건이나 교육 환경에 따라서 부합되지 않는 경우가 많으므로 교사는 교육 목적이나 교육 대상, 교육 여건 등을 생각해서 적합한 교재를 선택할 수 있어야 한다. 경우에 따라서는 교재를 개작하거나 재구성 할 수 있는 능력을 가지고 있어야 한다.

많은 교사들은 교재를 직접 제작하기보다는 기존에 출판된 한국어 교재 중에서 학습자의 교육 목적과 여건에 맞는 교재를 선택해야 하는 경우가 많은데, 그 때 교재의 선정 기준은 무엇인가? 교사는 교재 사용 시에 생길 수 있는 장단점을 파악하기 위해 교재 사용 전 뿐만 아니라 사용 중이거나 사용 후에도 평가를 하게 된다. Neville Grant(1987:120)은 다음과 같은 교재 평가 기준을 제시하고 있다.

〈표 10〉 Neville Grant(1987:120)의 교재 사용 전 평가 항목[2]

Neville Grant의 **교재 사용 전** 평가 항목	
• Communicative	교재가 의사소통능력을 향상시킬 수 있도록 고안되었는가?
• Aims	교재가 프로그램의 목표 및 목적에 합당한가?
• Teachability	실제 이 교재로 교수 시 난점은 없도록 잘 조직화되어 있고 쉽게 각 방법론들에 접근할 수 있는가?
• Level	학습자의 숙련도에 적합한가?
• Your impression	교재 전체 과정에 대한 인상은 어떠한가?
• Student interest	학습자가 교재에서 어떤 흥미를 찾아낼 수 있는가?
• Tried and teste	실제 교실에서 검증된 적이 있는가? 어떤 상황에서, 누구에 의해, 결과를 어떻게 알게 되었는가?

---

2 최정순, 1987에서 재인용

〈표 11〉 Neville Grant(1987:120)의 교재 평가표

① 교재가 학습자에게 적합한가?

- 학습자의 흥미를 유발하는가?
- 학습자의 평균 연령을 고려했을 때, 학습자가 흥미 있어 하는가?
- 문화 사회학적으로 수용 가능한가?
- 교사가 파악하고 있는 학습자의 요구나 흥미를 교재가 반영하고 있는가?
- 난이도에 따라 숙련도가 적절한가?
- 교재의 길이는 적절한가?
- 교과의 물리적 특성이 적절한가?
- 실제적인 자료가 충분하여 실제 생활과 밀접하게 연관되어 있는가?
- 언어에 대한 지식과 언어의 적절한 사용 사이에 수용 가능한 균형을 이루는가?
- 언어 기술과 방법론 간의 상호연계성이 수용 가능한 균형을 이루는가?
- 학습자가 목표 언어를 독립적으로 사용하기에 충분한 수업활동 내용이 있는가?

② 교재가 교사에게 적합한가?

- 교과의 전반적인 내용과 편집 레이아웃이 괜찮은가?
- 방법론과 부가적 보조 교재의 도움과 해답을 포함하는 명료하고 좋은 교사지침서가 있는가?
- 교사지침서에 의존하지 않고도 교실 내에서 사용할 만한가?
- 추천하는 방법론(접근법)이 교사와 학습자, 교실에 적절한가?
- 다른 접근법들이 필요할 때 쉽게 적용 가능한가?
- 사용하는 교재가 수업 준비를 위한 시간 낭비를 줄이는가?
- 워크북이나 제공되는 시청각 자료 등 기타 부가적 자료가 유용한가?
- 점검과 수정을 위한 충분한 준비가 있는가?
- 교재가 나선형으로 구성되어 항목들이 규칙적으로 복습되고 다른 과에서 다시 사용되는가?
- 이 교재가 동료에게도 적절한가?

③ 교재가 교수요목이나 시험에 적합한가?

- 교재가 권위자에 의해 추천되거나 인정되었는가?
- 교재가 창조적 방법론에 바탕하고, 공식적인 교수요목을 따르는가?
- 교과가 잘 등급화되어 있어, 언어의 체계적인 적용 범위를 제공하는가?
- 실제 교수요목보다 잘 진행되었다면 이는 수정 보완의 결과인가?
- 교재에 사용된 방법론이나 내용, 학습 활동이 잘 계획되고 진행되었는가?
- 특정 시험 등의 특별 목적을 위해 잘 구성되었는가?
- 교재의 방법론이 학습자들의 특별 요구(시험 등)에 도움이 되었는가?
- 시험이 요구하는 내용과 학습자들이 요구하는 내용과 균형이 잘 맞는가?
- 시험을 위한 충분한 사전 연습이 있었는가?
- 교과가 시험에 대해 유용하게 도움이 되는가?

6. 부교재

6.1. 부교재 사용 목적

부교재의 사용 목적은 어떻게 하면 학습효과를 극대화할 것인가이다. 교재가 아무리 현장 교육철학을 실현하도록 설계되었어도 교사나 학습자와의 물리적 환경이 달라서 교재만으로는 학습이 충분하지 못할 때가 자주 발생한다. 그러므로 교사는 교재의 장단점을 잘 파악하여 단점은 극복하고 장점은 극대화할 수 있어야 한다. 이를 돕는 것 중의 하나가 다양한 교육 자료인 부교재의 활용이다.

6.2. 부교재의 기능[3]

부교재는 교재의 교육 내용을 더욱 실제적으로 전달할 수 있도록 하는 보조 자료로서의 역할을 한다.

1) 학습자의 이해를 높인다.

교재와 교사의 설명만으로 이해하기 어려운 어휘나 상황을, 그림이나 사진, 비디오 등을 이용하여 쉽게 이해시킬 수 있다. 예를 들어 표정에 대한 어휘를 학습할 때 다른 설명보다도 그림 카드를 이용하면 학습자의 이해를 높일 뿐만 아니라 흥미

---

[3] 김재욱. 2013에서 재인용

도 증가시키는 효과가 있다.

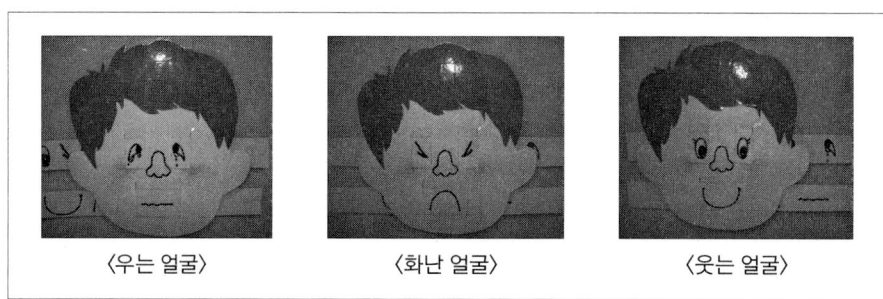

[그림 2] 모형 카드의 예

2) 내재화(internalization)를 돕는다.

부교재를 사용할 경우 이해 단계에서 시간이 절약될 뿐만 아니라, 학습내용이 완전히 내재화되기까지의 시간을 단축하고 완전히 습득할 수 있도록 돕는다.

3) 평가에 도움을 준다.

사용한 부교재는 다시 평가에 사용할 수 있다. 예를 들어 그림을 보고 이야기 만들기, 말풍선에 맞는 대화 써 넣기 등 수업 시간에 사용한 부교재나 활동이 평가에서도 사용된다.

[그림 3] 평가의 활용 예

4) 교사와 학습자 간의 의사소통을 돕는다.

5) 교사 역할을 대신한다.
컴퓨터를 이용한 프로그램이나 학습용 오디오, 비디오 테이프를 사용하는 경우가 해당한다. 학습자들이 배운 내용을 빠른 시간에 연습해야 하거나 또는 스스로 공부해야 할 때 교사 대신으로 도움을 받을 수 있다.

6) 배운 내용을 심화 학습하기 위하여 사용되며, 교재를 통해 학습한 내용을 복습하거나 확인하도록 도와준다.

6.3. 부교재의 유형과 활용

6.3.1. 부교재의 유형

부교재는 보통 시각에 호소하는 시각 교재와 청각에 호소하는 청각 교재 그리고 양쪽 모두와 관련 있는 시청각 교재, 이 세 가지로 분류되는데 각각의 교재에 어떤 것이 포함되어 있는지를 정리하면 다음과 같다.

① 시각 교재:
- 학습자에게 설계된 2차원적인 수업자료
- 그래픽 요소 + 언어적 요소
- 종류: 실물, 모형, OHP, 그래프, 교과서, 사진, 그림 카드, 플래시 카드

② 청각 교재:
- 교사의 목소리 외 여러 소리, 음성, 음악 자료
- 학습자에 맞는 속도 조절 가능, 반복 재생, 녹음하여 자기 점검 가능
- 청각 교재 활용의 순서: 듣기 전 활동 → 듣기 활동 → 듣기 후 활동
- 종류: 라디오, 테이프레코더, CD, 음성테이프, 마이크

③ 시청각 교재:
- 동영상 자료로 학습에 실제성을 부여하며 문화 수업에 유용
- 유의 사항 → 학습자가 수동적일 수 있으므로 적극적인 관람을 유도
- 수업 전에 기자재 점검은 필수이며 판서나 유인물 등으로 학습 주요 내용을 강조
- 종류: CD-ROM , DVD, 동영상, PPT

종이책은 접근성이나 휴대성이 용이하다는 장점이 있지만 학습자에게 흥미를 유발하기가 쉽지 않고 활동 상황을 적용하기가 어려워 효율적이지 않은 한계점을 가지고 있다. 최근에는 기술의 발전으로 종이책의 형태를 음성, 화상, 비디오 등으로 저장한 CD-ROM, DVD 형태로 진화된 모습으로 다양해지고 있다. 학습자들은 보고 들으면서 학습하기 때문에 흥미를 유발시키는데 유용하고 반복적으로 들을 수 있는 장점을 가지고 있다. 하지만 디스크 형태는 종이책의 보조적 역할을 하는 경우가 많고 제작할 때 비용과 시간이 많이 걸리며 학습자들이 언어 표현 상황을 알 수 없다는 단점이 있다.

〈시청각 교재를 한국어 수업에 활용하거나 제작 할 때 주의할 점〉
① 무엇을 위해 그 교재를 사용하는가 하는 목적을 분명히 해야 하고 가장 적절한 교재를 선택해야만 하는 것이다.
② 시청각 교재의 위치를 명확히 하여 수업의 흐름을 깨지 않도록 한다.
③ 시청각 교재의 효과가 탁월하다고는 하나 만능이라 할 수 없으므로 지나치게 의존하지 않도록 주의해야 한다.
④ 교재 작성을 위한 시간을 충분히 계산하고, 준비된 교재를 활용한다.
⑤ 시청각 교재를 사용하면 학습자가 수동적이 되기 쉬우므로 학습자의 적극적인 참가를 유도해야 한다.

6.3.2. 부교재의 활용

1) 카드

① 플래시 카드

그림과 문자로 이루어진 플래시 카드는 학습자들의 시선을 끌고 집중시키는 특징을 가지며 사물 이름을 학습할 때, 또는 어휘력을 향상시킬 수 있는 효과적인 시각 교재로 이용할 수 있다. 교사는 한쪽 면은 그림, 뒤쪽 면은 문자로 구성되어 있는 플래시 카드를 여러 장 준비한다. 교사는 그림을 학습자에게 보여주면서 어휘를 제시하고, 학습자가 따라 말할 때 재빨리 문자로 되어 있는 면을 보여주면서 자연스러운 어휘 습득을 유도한다. 이때 주의해야 할 것은 학습자가 집중하는 짧은 시간에 교사도 카드를 능숙하게 다룰 수 있어야 한다. 조금의 틈이 생기면 수업 분위기가 산만해지기 쉬우므로 교사는 사전에 카드를 점검해 둘 필요가 있다. 시판되는 플래시 카드도 있지만 수업내용과 일치하지 않을 경우가 많다. 그럴 경우에는 직접 제작하기도 한다. 부교재를 직접 만들면 시간과 노력이 많이 따르지만 한번 잘 만들어 두면 여러 번 사용할 수 있어서 효율적이다.

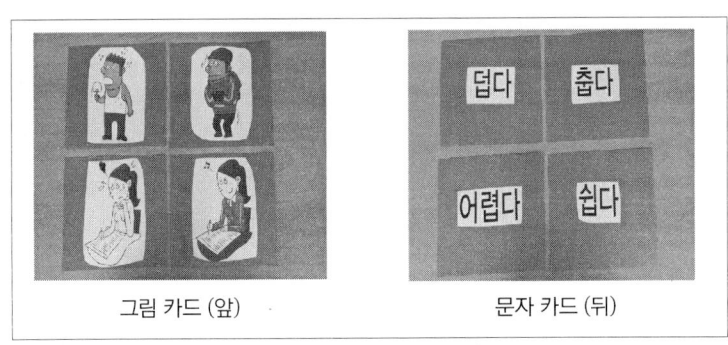

[그림 4] 플래시 카드 수업 활용 예시

② 자음・모음 카드

기초 단계에서 필요한 카드이다. 모음과 자음은 색깔을 다르게 하여 모음과 자음의 차이를 알게 하며 이것을 학습 한 후 음절을 만드는 연습을 한다.

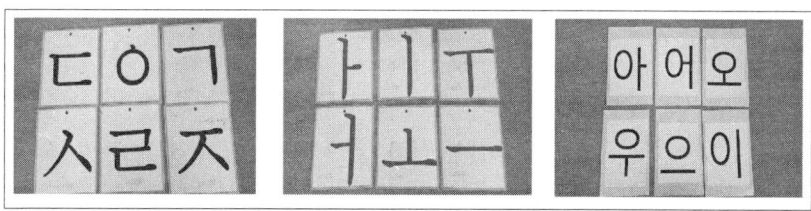

[그림 5] 자음·모음 카드의 예

③ 단어 카드 (명사 카드, 동사 카드, 형용사 카드)

카드를 제작할 때의 주의점으로 크고, 선명하며, 간단한 활자를 선택하는 것이 학습자들의 주의를 집중할 수 있다. 손으로 직접 적은 글자보다는 컴퓨터로 출력한 문자가 보기에도 좋으며 시간이 많이 걸리더라도 코팅을 해 두면 여러 번 사용 할 수 있어 오히려 효과적이다. 교실의 크기와 수업의 단계에 따라 카드의 크기를 조절 할 수 있으며 익숙해지면 평가를 대신해서 게임을 할 수도 있다. 평가의 방법으로는 모둠별로 단어 카드를 한 세트씩 나누어 주고 게임을 시작한다. 빨리 단어를 완성시 키는 팀이 이긴다.

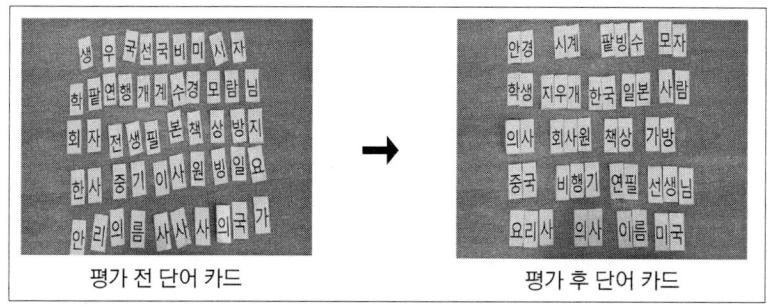

[그림 6] 단어 카드를 이용한 평가 ①

또 다른 집중 게임을 하기 위해서는 우선 학습한 단어 중 10-12개의 단어를 선 정하여 단어 카드를 만들고 그에 해당하는 그림 카드를 만든다. 모둠별로 단어 카 드를 한 세트씩 나누어 주고 책상 위에 뒤집어 놓아 게임을 시작한다. 먼저 가위 바 위 보로 이긴 사람이 카드를 두 장 뒤집는다. 이때 그림과 단어가 일치하면 자기 앞 으로 가져오고 계속해서 다시 카드를 뒤집는다. 카드가 일치하지 않으면 원래대로 뒤집어 놓아야 하며 기회는 상대방에게 넘어간다. 카드를 가장 많이 가지는 사람이 이긴다.

 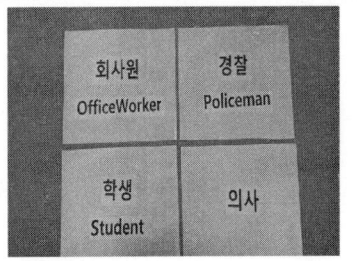

[그림 7] 단어 카드를 이용한 평가 ②

④ 문형 카드

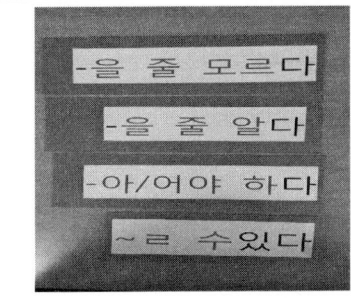 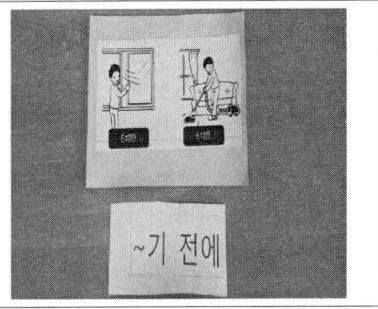

[그림 8] 문형 카드의 예

단어 카드와 그림 카드를 상황에 맞게 제시 할 수 있다. 학습 목표 '~기 전에'를 가르칠 때 문형 카드와 단어 카드를 같이 제시하여 학습자의 이해를 높인다. 예를 들면 다음과 같다.

10시→ 문을 열다 , 10시 05분→ 청소하다 (교사가 제시를 함)
•교사→ 청소하다 ~기 전에 문을 열다
    (문형 카드를 화이트보드에 붙이면서 학습자들의 이해를 유도)
•학습자→ 청소하**기 전에** 문을 열다 (문장을 말할 수 있다)

2) 학습지

다음은 도입 및 제시 → 연습 단계 → 활용 단계 → 마무리의 각 수업 단계별로 부교재를 활용한 예이다.

〈표 12〉 부교재를 활용한 단계별 수업의 실제

학습 목적	학문 목적	학습 수준	2급
학습 대상	성인 학습자	학습 교재	서강 한국어 2A

```
1. 교사    : 어느 나라에서 온 사람들이 한국에 제일 많아요?
   학습자  : 중국에서 온 사람들이 제일 많아요.
   〈문장 카드를 제시하면서 도입한다.〉
   교사    : 어느 나라에서 | 온 사람들이 | 한국에 제일 많은 것 같아요?
   학습자  : 중국에서 온 사람들이 제일 많아요.
2. 교사    : 한국의 회사원은 | 퇴근 후에 보통 | 뭐 하는 것 같아요?
   학습자  : _____
3. 교사    : 한국사람들이 | 제일 좋아하는 가수는 | 누구인 것 같아요?
   학습자  : _____
4. 교사    : 한국은 몇 월이 | 제일 추운 것 같아요?
   학습자  : _____
```

아래 그림은 '세종한국어 익힘책' 등을 참고하여 그림 카드와 학습지를 만들었다. '세종 한국어'에서 그림 파일을 공유할 수 있으므로 부교재를 만들 때 도움이 된다.

① 도입 및 제시 →

[그림 9] 도입 및 제시 단계의 부교재 예

② 연습 단계 → 학습지

〈표 13〉 연습 단계 부교재의 예

〈학습지〉	
학습 목표: (형용사)~는/(으)ㄴ 것 같다: 추측(guess)	
	음악을 들어서	**기분이 좋은** 것 같아요
	시험을 못 봐서	_____ 것 같아요
	여자 친구와 헤어져서	_____ 것 같아요
	사랑하는 가족이 있어서	_____ 것 같아요
	혼자 있어서	_____ 것 같아요
	시험이 많아서	_____ 것 같아요
	_____	_____ 것 같아요

12장. 한국어 교재론

③ 활용 단계

문자 카드와 단어 카드를 사용해서 목표 문법과 어휘를 충분히 연습한 후에 확장하여 연습을 한다.

〈표 14〉 활용 단계 부교재의 예

~는 /(으)ㄴ 것 같다

1. 상자 안의 알맞은 단어를 골라 '-는/(으)ㄴ 것 같다'를 사용하여 대화를 완성하세요.

| 춥다 감기에 걸리다 멋지다 아니다 없다 좋아하다 |

1) 가: 민수 씨, 지금 밖에 날씨가 어때요?
   나: 추운 것 같아요. 두꺼운 옷을 입고 나오세요.

2) 가: 이반 씨는 _____
   나: 네, 이반 씨는 잘 생겨서 학교에서 인기가 많아요.

3) 가: 타오 씨, 어디 아파요?
   나: 네, _____. 열도 나고 기침도 해요.

4) 가: 주미 씨 생일 때 꽃을 선물할까요?
   나: 아니요, 주미 씨가 꽃을 _____. 다른 것을 준비하세요.

5) 가: 민수 씨는 학생이에요?
   나: 아니요, 학생이 _____

6) 가: 메이링 씨, 오늘 마크 씨 집에 놀러 갈까요?
   나: 글쎄요, 마크 씨는 오늘 집에 _____

④ 마무리 단계

마무리 단계에서는 지금까지 사용하였던 그림 카드와 문자 카드를 이용하여 평가를 한다. 이 때 교사를 대신해서 학습자 간의 말하기 발표로 평가를 대신 할 수 있다.

◦ 생각해 봅시다

1. 한국어 교실에서 부교재가 가지는 기능에는 어떤 것이 있는지에 대해 생각해 보고 자신이 한국어 교사라면 가장 중요하게 생각하는 부교재의 기능과 그 이유에 대해서도 생각해 봅시다.
2. 한국어 교재의 중요성에 대해 생각해 봅시다.

◦ 풀이

1. 한국어 교실에서 부교재는 학습자의 이해를 높이며 흥미도 증가시킨다. 이해 단계에서 시간이 절약될 뿐만 아니라, 학습 내용이 완전히 내재화되기까지의 시간을 단축하고 완전히 습득할 수 있도록 돕는다. 또 복습이나 평가에 활용할 수도 있다. 한국어 교사라면 가장 중요하게 생각하는 부교재의 기능은 부교재가 학습자의 이해를 높이며 흥미를 증가시키는 것이다. 학습자의 학습 환경이나 학습자 변인에 따라 다르겠지만 초급 학습자의 경우에는 특히 문자 카드와 그림 카드의 사용이 학습자의 이해력을 높이며 흥미 유발을 한다고 생각한다.

2. 한국어 교재는 교사, 학습자와 함께 한국어 교육 현장의 중요한 3대 요소라고 할 수 있다. 교사가 학습자에게 무엇을 가르치고, 학습자가 무엇을 배운다고 할 때, 교재는 그 '무엇'을 담고 있는 전체적인 도구이다. 그리고 한국어 교재는 한국어 교육이 잘 수행할 수 있도록 교사와 학습자를 연계해 주는 매개체이기도 한다. 이런 의미에서 볼 때 한국어 교육에 있어서 한국어 교재는 매우 중요하다고 생각한다.

참고문헌

고경민(2012), 「한국어 교재 변천사 연구」, 건국대학교 대학원 박사학위논문.
곽지영(2011), 「멀티미디어 자료 개발의 실제 -일반 목적 한국어 고급 수업의 부교재를 중심으로」, 외국어로서의 한국어교육 36, 연세대학교 언어연구교육원, 37-67쪽.
국립국어원·한국어세계화재단(2009), 「국내외 한국어 교재 백서」, 국립국어원.
김양순(2005), 「아동에게 효과적인 일본어 학습에 관한 고찰」, 동의대학교 교육 대학원 석사학위 논문.
김영란(2009), 「한국어 교육 교재의 변천 연구」, 고려대학교 대학원 박사학위논문.
김은영(2008), 「재외 동포를 위한 웹 교재 개발에 관한 기초 연구」, 한말연구학회 학회 발표집 28, 한말연구학회, 154-167쪽.
김은애(2014), 『한국어 교육의 이론과 실제2』, 서울: 아카넷, 471-511쪽.
김인식 외(1996), 『교육과정 이론과 분석』, 서울: 교육과학사.
김정숙(2003), 「통합 교육을 위한 한국어 교수요목 설계 방안 연구」, 한국어교육 14-3, 국제한국어교육학회, 119-143쪽.
김중섭(2003), 「한국어 교재 개발의 이론과 실제」, 인문과학논집 12, 강남대학교 인문과학연구소, 235-246쪽.
김재욱(2014), 「마케도니아인을 위한 한국어 멀티미디어 부교재 활용 교수법」, 외국어교육연구 28-2, 한국외국어대학교 외국어교육연구소, 1-23쪽.
민현식 외(2007), 『미래를 여는 국어 교육사』, 서울대학교출판부.
박덕유 외(2010), 『한국어교육의 전략과 탐색』, 박문사.
박영순(2002), 『21세기 한국어교육학의 현황과 과제』, 한국문화사, 40~44쪽.
박영순(2003), 「한국어 교재의 개발 현황과 발전 방향」, 한국어교육 14-3, 국제한국어교육학회, 169-188쪽.
박영순(2008), 『한국어와 한국어교육』, 한국문화사.

방성원(2015), 「멀티미디어 활용 한국어 교육 능력 신장을 위한 교사 교육 연구 방안」, 국제한국어교육학회 학술대회논문집 2015, 국제한국어교육학회, 405-417쪽.

백봉자(2001), 「교재와 교수법을 통해 본 한국어 교육의 역사와 과제」, 외국어로서의 한국어교육 25-1, 연세대학교 한국어학당, 11-31쪽.

백재현 외(2014), 「웹 기반 한국어 교재의 현황과 과제」, Journal of Korean Culture 26, 한국어문학 국제학술포럼, 149-183쪽.

서종학·이미향(2007), 『한국어 교재론』, 태학사.

서울대학교(2014), 『한국어 교육의 이론과 실제2』, 아카넷.

안경화 외(2000), 「학습자 중심의 한국어 교육과정 개발 방향에 대하여」, 한국어 교육 11-1, 국제한국어교육학회, 67-83쪽.

이은희(1998), 「외국어로서의 한국어 교육을 위한 교육과정 개발 연구」, 한국어 교육 9-2, 국제한국어교육학회, 121-141쪽.

안영수(2008), 『한국어 교재 연구』, 하우.

이해영(2000), 『교육과정 이론』, 교육과학사.

이해영(2001), 「학습자 중심 수업을 위한 교재 분석」, 한국어교육 12-1, 국제한국어교 육학회, 199-232쪽.

이해영(2001), 「한국어 교재의 언어활동 영역 분석」, 한국어교육 12-2, 국제한국어교 육학회, 469-490쪽.

이정희 (2004), 「한국어 부교재 개발에 관한 학습자 요구 조사 및 구성 방안」, 이중언어 학 25, 이중언어학회, 233-254쪽.

윤여탁 외(2006), 『국어 교육 100년사』, 서울: 서울대학교출판부.

정명숙 외(2009), 「여성결혼이민자를 위한 한국어 웹 교재 개발 방안」, 이중언어학 39, 이중언어학회, 345-373쪽.

조항록(2003), 「한국어 교재 개발을 위한 기초적 논의」, 한국어교육 14-1, 국제한국어 교육학회, 249-278쪽.

조항록(2010), 『한국어교육 현장의 주요 쟁점』, 서울: 한국문화사.

최현아(2015), 「한국어 교육용 애플리케이션 연구: 모바일 앱을 중심으로」, 부경대학 교 교육대학원 석사학위논문.

황인교(2007), 「한국어 교수법의 실제」, 연세대학교.

13장

한국어 평가론

차숙정

1. 들어가며

평가는 교육 과정에서의 성과를 보여주는 것으로 일정 기간의 학습이 끝난 후에 교수 학습의 효과를 점검하는 역할을 한다. 또한 교육 과정의 한 부분으로 교육 과정 중에 실시하여 교육 과정의 중간 점검 역할도 한다. 이때의 평가는 교육의 내용과 방법 개선에 도움을 준다. 좋은 평가란 평가가 그 자체로 끝나는 것이 아니라 평가에 응한 학생들과 교육 과정을 마련한 교육기관에 피드백을 주는 것이다. 평가를 통해 교육 기관은 학생들의 능력을 정확히 파악하여 그에 적합한 교육 과정을 제공하며 학생들은 평가의 결과로 자신의 학습 능력에 대한 정보를 제공받고 문제점을 개선한다.

한국어 교육 기관에서는 한국어 학습자의 교육 과정 목표 도달 유무를 확인하기 위한 목적으로 평가를 실시하고 있다. 교육 기관에서의 한국어 교사는 한국어 학습자의 한국어 능력을 평가하기 위한 평가 도구의 개발자이자 채점자로서의 역할을 하고 있다. 본 장은 한국어 평가에 대한 것으로 한국어 교사들에게 평가에 대한 기초적인 지식을 제공하고자 하였다. 내용은 평가의 개념, 평가의 유형과 요건, 평가 도구의 개발, 그리고 한국어 기능별 평가 등으로 구성하였으며, 한국어 교육 기관에서 이루어지는 성취도 평가에 초점을 두었다.

2. 한국어 평가의 개념

평가란 어떤 영역에서 필요한 판단 기준에 근거하여 능력이나 지식을 측정하는 것이다. 이완기(2007:22)는 평가 대상에 관한 정보나 자료를 수집하는 것부터 결과를 해석하고 판단하기까지 일련의 전체적인 과정을 통틀어서 평가라고 부르기도 하고, 그 중의 어느 한 단계를 가리켜 평가라고 부르기도 한다고 하였다. Nunan(1992:276)은 '평가'와 '측정'을 구분하여 '측정'은 학습자가 목표 언어로 무엇을 할 수 있는가를 판단하는 과정과 절차라고 하였다. 또 '평가'는 정보를 해석하여 가치 판단을 해야 하며, 더 넓은 범위의 과정들이라고 하였다.

한국어 평가란 한국어 학습자의 한국어 능력을 측정하는 것이다. 한국어 학습자는 한국어를 배우는 외국인을 비롯하여 재외동포, 여성결혼이민자, 그리고 중도입국 자녀 등을 포함한다. 한국어 능력은 한국어를 사용하여 의사소통하는 능력이라고 말할 수 있다. 의사소통이란 자신이 표현하고자 하는 내용을 언어를 통해 상대방에게 전달하고, 또 상대방의 전달 내용을 이해하여 서로 의사를 주고받는 상호작용이다. 강승혜 외(2006:78)는 한국어 능력은 의사소통하는 데에 필요한 문법적 능력, 사회언어학적 능력, 담화적 능력, 전략적 능력 등을 포함하는 언어 능력이라고 정의하였다[1]. 이 네 가지 능력은 의사소통 능력의 하위 범주로 한국어 능력의

---

[1] Canale & Swain(1980)은 의사소통 능력을 문법적 능력, 사회언어학적 능력, 담화적 능력, 전략적 능력으로 나누어 다음과 같이 제시하였다. (1)문법적 능력은 발음, 억양, 맞춤법 등을 자연스럽게 사용하고 어휘와 문법을 정확하게 활용할 수 있는 능력이다. (2)사회언어학적 능력은 공식적, 비공식적 상황을 이해하고 사회관계에 맞는 어휘를 선택하여 사용 할 수 있는 능력이다. (3)담화적 능력은 말을 하거나 쓸 때 담화 표지를 사용하여 응집성 있게 내용을 전달할 수 있는 능력이다. (4)전략적 능력은 자신의 경험이나 배경지식을 의사소통에 활용할 수 있는 능력이다(강승혜 외,

구성 개념으로 거론되고 있다.

한국어 평가는 실제 한국어를 사용하는 데 있어서의 능력과 기능을 측정해야 한다. 하지만 실제로 한국어를 사용하는 환경을 제공하여 능력을 측정하는 것은 무리가 있기 때문에 학습자의 잠재적인 한국어 능력을 평가 수행을 통해 추정한다.

2.1. 한국어 평가의 목적

한국어 평가의 우선적인 목적은 학습자의 한국어 의사소통 능력이 어느 정도인지를 측정하는 데 있다. Brown(2007:38)은 언어에 있어 능력이란 한 언어의 체계, 문법 규칙, 어휘, 언어의 모든 조각들과 이 조각들이 어떻게 서로 맞는가에 대한 인간의 기저 지식이라고 하였다. 또 수행은 실제 표현(말하기, 쓰기) 또는 언어적 사건에 대한 이해(듣기, 읽기)라고 하였다. 유럽공통참조기준(2010:234)을 보면 언어와 관련된 평가로 '언어수행평가'와 '언어지식평가'를 설명하고 있는데 "언어수행평가는 학습자가 말하기나 쓰기로 언어 산출의 예를 보이는 직접 테스트를 말한다. 언어지식평가는 학습자의 언어적 지식과 언어 수단의 정확한 사용에 대한 정보를 유추해 낼 수 있는 광범위한 유형의 과제들이 선별되어 제시된다"고 하였다. 그렇기 때문에 한국어 평가는 언어 수행을 평가하면서 그 수행의 기저에 있는 능력까지 평가하려고 하는 것이다. 한국어 평가는 언어적 지식과 함께 표현 활동으로 구분되는 말하기와 쓰기 영역, 그리고 이해 활동으로 구분되는 듣기와 읽기 영역에서의 한국어 능력을 측정하고 있다.

한국어 평가의 부가적인 목적은 교육 과정의 목표를 학생들이 어느 정도 달성했는지를 파악하고 목표 설정, 교수 및 평가 방법 등의 적합성 및 효율성을 재고찰하며, 평가 결과를 다음 교수, 학습 계획에 활용하고자 하는 데에 있다(한재영 외, 2005:597). 한국어 교육 기관에서 실시되는 평가는 한국어 교수·학습 과정의 개선을 위한 정보로 적극 활용된다.

2006에서 재인용).

2.2. 한국어 평가의 기능

한국어 교육 기관에서는 학습자를 대상으로 평가를 실시하여 그 결과물로 학습자의 학습 상황을 진단하고 학습 방향을 개선하는 도구로 활용한다. 교사는 평가 결과물을 통해 자신의 교수 방법과 내용을 점검하는 기회를 얻는다. 학습자는 평가의 결과에 따라 성취감을 얻을 수 있으며, 학습 방법의 문제점을 찾아 개선할 수도 있다.

학습자의 한국어 능력을 평가한 결과물은 한국어 교육에 있어 교수 방법의 개선과 교재 개발, 교수·학습 자료 개발 등을 위한 연구 자료로 적극적으로 활용된다. 평가의 결과는 학습자의 수준을 알려 주기 때문에 교사는 학습자에게 맞는 교육 프로그램을 선택하는 자료로 활용할 수 있다. 뿐만 아니라 학습자가 평가를 통과했다는 것은 앞으로 과제를 수행할 수 있는 자격을 갖추었다는 의미로 해석할 수 있기 때문에 선발 기준이 되기도 한다.[2]

---

[2] 대학에 따라서 한국어능력평가(TOPIK)를 통한 한국어 능력 평가의 결과가 외국인 한국어 학습자의 입학 선발 요건이 된다.

3. 평가의 유형과 요건

3.1. 목적에 따른 평가 유형

평가는 다양한 유형으로 나눌 수 있는데 이 절에서는 목적에 따른 평가 유형을 다루고자 한다. 평가를 목적에 따라[3] 나누면 진단 평가[4], 배치 평가, 형성 평가, 총괄 평가, 성취도 평가, 숙달도 평가 등으로 나눌 수 있다[5](Brown, 2004:21; 강승혜 외, 2006:21~25; 이완기, 2007:31).

1) 진단 평가(diagnostic test)

진단 평가는 목적에 따라 두 가지로 나눌 수 있다. 먼저 교육 과정이 본격적으로 시작되기 전에 학습자들에게 부족한 학습 내용이 무엇인지를 진단하여 학습자에게 알맞은 교육 내용과 방법을 제공하기 위한 목적으로 실시한다(한국어교육학사

---

[3] 이완기(2007:31)는 평가 목적에 따라 성취도 평가, 형성 평가, 진단 평가, 배치 평가, 선발 평가, 숙달도 평가 등이 존재한다고 하였다. 선발 평가(selection test)는 특정한 목적을 위해 그 목적에 맞는 일정한 수의 사람을 선발하고자 하는 목적으로 실시한다고 하였다. 선발 평가의 예로 적성 평가(aptitude test)가 있는데 앞으로 참여할 학습 프로그램에서의 성공과 실패를 예측하거나 특정 프로그램이나 특정 직업에의 적절성을 측정하는데 사용한다고 하였다. 선발 평가는 교육 기관에서 활용도가 낮으므로 이 절에서는 제외한다.

[4] 평가는 평가하는 시기에 따라 진단 평가, 형성 평가, 총괄 평가로 나눌 수 있다. 진단 평가는 학습 전에 실시하며, 형성 평가는 교수·학습 과정 중에 수시로 실시한다. 총괄 평가는 학습이 끝난 후에 실시하여 교수·학습을 종합적으로 평가한다.

[5] 조항록(2006)은 한국어 교육 현장에서 실시되고 있는 평가 유형의 현황을 알아보기 위해 적성 평가, 성취도 평가, 숙달도 평가, 진단 평가, 배치 평가, 형성 평가, 총괄 평가 등의 7가지 평가 유형이 어떻게 활용되고 있는지를 알아보았다. 그 결과 성취도 평가와 배치 평가가 가장 적극적으로 활용되고 있었으며, 숙달도 평가, 형성 평가, 총괄 평가 등도 비교적 활발하게 활용되고 있었다. 반면에 적성 평가와 진단 평가의 활용도는 낮게 나타났다.

전, 2014:1026). 또 다른 한 가지는 일정 기간의 학습 기간이 지난 후에 학습자가 가지고 있는 학습 상의 강점과 취약점을 알아내어 강점은 더 장려하여 학업 성취로 이어질 수 있게 하고 취약점은 보완해주기 위한 목적으로 실시한다(이완기, 2007:32). 진단 평가의 결과는 반 배치에 활용되기도 한다. 조항록(2006)의 조사 결과를 보면 교육 기관에서 중간시험이나 기말 시험으로 활용하기도 하고 학습자의 숙달도 평가나 발음 진단 평가에 활용하고 있음을 알 수 있다.

2) 배치 평가(placement test)

배치 평가는 교육 과정 전에 학습자의 능력에 맞는 반을 배정하기 위한 목적으로 실시하는 것으로 흔히 말하는 레벨테스트(level test)이다. 이 평가는 같은 수준의 학습자를 같은 반에 배치하기 위한 목적이 있다. 평가 결과를 기준으로 하여 학습자의 언어 수준을 추정한다. 배치 평가의 내용은 교육 기관이 정한 등급과 교육 목표에 따라 달라진다.

3) 형성 평가(formative test)

형성 평가는 평가 목표를 잘게 나누어 적은 분량으로 학습 정도를 측정하는 것이 특징이다. 교육 과정 중에 간단히 실시하는 쪽지 시험을 예로 들 수 있다. 이 평가는 교육 과정 중에 수시로 학습자의 학습 이해 정도를 확인하기 위한 것이다. 형성 평가의 결과는 학습자들의 학습 진행 상황을 바로 알 수 있으므로 수업 내용을 보충하거나 수업 방법을 개선할 수 있는 좋은 자료가 된다.

4) 총괄 평가(summative test)

총괄 평가는 전체 학습 기간 중 배운 학습 내용을 평가한다. 조항록(2006:345)은 총괄평가가 과정의 종료 단계에서 학습자의 결과물을 가지고 교육 기간 동안의 교육 내용과 방법에 대한 평가를 위한 것이라고 하였다. 총괄 평가는 학습 기간 동안 학습자가 얼마나 학습 목표를 달성하였는가를 보는 것이다. 따라서 학습자의 성과물이 좋으면 그 교육 프로그램은 유지되고, 성과물이 나쁘면 프로그램의 문제점을 찾아 개선하게 된다.

5) 성취도 평가(achievement test)

성취도 평가는 학습자가 일정 기간 동안 학습한 내용을 교육 목표에 맞게 얼마나 성취했는가를 측정하기 위한 것이다. 성취도 평가는 전체 학습 기간에 배운 학습 내용을 점검하므로 총괄평가의 역할도 한다. 교육 기관에서는 중간고사, 기말고사의 형태로 실시되고 있다.

6) 숙달도 평가(proficiency test)

숙달도 평가는 평가할 당시의 학습자가 갖추고 있는 전반적인 언어 능력을 측정하기 위한 것이다. 한국어 숙달도 평가는 실제 생활에서 어느 정도 수행할 수 있는 한국어 능력을 갖추고 있는지를 보기 위한 것이다. 학습자의 실제 능력이 정해진 평가의 기준과 여건에 부합하면 학습자가 그 수준의 한국어 능력을 갖추고 있다고 인정한다. 숙달도 평가의 예로 한국어능력평가(TOPIK)를 들 수 있다.

3.2. 평가 도구가 갖추어야 할 요건

일반적으로 평가 도구[6]는 타당도, 신뢰도, 실용도 등의 요건을 갖추어야 평가 도구로서의 가치를 인정받을 수 있다. 타당도는 평가 도구가 재고자 하는 내용이 평가 목적에 맞는 것인지를 보는 것이다. 신뢰도는 평가의 내용과 방법이 믿을 수 있는 것인지를 따진다. 그리고 실용도는 평가가 실제적으로 시행될 수 있는지를 보는 것이다. 이 세 요건 중 어느 하나라도 부족하다면 그 평가 도구는 평가 목적에 맞는 평가 도구라 할 수 없다.

---

6 평가 도구란 평가 목적에 맞는 능력을 측정하기 위한 기구를 말한다. 한국어 평가도구는 말하기 영역을 제외하고 지필고사의 형태를 가지고 있다.

3.2.1. 타당도(validity)

타당도란 어떤 평가 도구가 측정하고자 한 것을 얼마나 효과적으로 측정하느냐에 관한 것이다(이완기, 2007:40). 강승혜 외(2006:29~33)는 타당도를 내용 타당도, 구인 타당도, 준거 관련 타당도 그리고 안면 타당도 등으로 나누고 있다.

1) 내용 타당도(content validity)

내용 타당도는 언어 능력을 측정하는 평가 도구의 내용적 측면을 보는 것이다. 평가 도구가 평가 목적에 맞는 내용으로 되어 있는가를 따진다. 내용 타당도를 높이려면 평가 목표에 맞는 내용으로 구성되어야 하고 그 속에서 내용 항목들이 선정되어야 한다. 또한 문항 수가 적절해야 하며, 한 유형의 문항 형태만으로 측정하는 것은 피해야 한다. 너무 적은 문항 수는 내용 타당도를 떨어뜨리지만 문항 수가 많다고 해서 내용 타당도가 높아지는 것은 아니다. 측정하려는 평가 내용을 골고루 포함시키고, 평가 문항의 유형을 다양하게 만드는 것이 내용타당도를 높이는 방법이다.

2) 구인 타당도(construct validity)

구인 타당도는 평가 도구가 측정하고자 하는 언어 능력의 구성 요인을 제대로 측정하고 있는가를 따진다. 측정 내용과 방법에 있어서의 타당성 여부를 밝히는 것이다. 강승혜 외(2006:31)는 "언어검사에 대한 구인 타당도는 검사 내용과 방법이 측정하려는 언어지식과 의사소통능력을 정확히 반영하고 있느냐의 문제"라고 하였다. 한국어 평가의 구인 타당도를 높이기 위해서는 평가 목표에 맞는 내용 요소를 측정해야 한다.

각 내용 구성 요소를 평가함에 있어 배점의 비율 또한 구인 타당도에 영향을 미친다. 내용 구성 요소의 중요도를 고려하지 않고 배점 비율을 동일하게 하는 것은 타당도를 떨어뜨린다. 각 내용 구성 요소와 그 구성 요소의 배점 비율에 차이를 두는 것은 구인 타당도를 높일 수 있는 한 방법이 된다.

3) 준거 관련 타당도(criterion-referenced validity)

준거 관련 타당도는 평가 자체가 어느 정도 공신력을 가지고 있는가를 따지는 것이다. 준거 관련 타당도는 동일한 능력을 측정하는 다른 평가 도구의 결과와 비교하여 그 결과가 비슷하게 나오면 타당도가 있다고 본다.

① 공인 타당도(concurrent validity)

공인 타당도는 어떤 평가 도구와 다른 평가 도구의 결과를 비교했을 때 어느 정도 차이가 있는가를 보는 것이다. 공인 타당도는 다른 평가 도구와 결과를 비교했을 때 정도 차이가 크지 않으면 타당도가 높은 평가도구로 인정을 받는다. 정도 차이가 클수록 공인 타당도는 떨어진다고 볼 수 있다. 새로 개발된 평가 도구는 검증이 된 기존 평가 도구의 결과와 비교하여 타당성을 검증할 수 있다. 두 평가 도구의 결과 차이가 크지 않다면 새로 개발된 평가 도구는 타당한 것으로 인정받을 수 있다.

② 예측 타당도(predictive validity)

예측 타당도는 평가 결과로 학습자의 능력이나 앞으로의 일에 대해 예측을 하는 것으로 평가 도구로 예측한 결과가 나오면 그 평가도구는 타당도가 높은 것으로 인정을 받는다. 예를 들어 입학 시험에서 고득점을 받은 학생이 입학 후 학업 성적에서도 높은 점수를 받았다면 입학시험의 예측 타당도는 높은 것으로 볼 수 있다.

4) 안면 타당도(face validity)

안면 타당도는 평가 도구를 외형적으로 봤을 때 평가 도구로서의 적절성 유무를 따지는 것이다. 예를 들어 평가 도구의 인쇄 상태, 평가 문항에서 제시되는 도표의 크기, 지시문의 명확성 등이 평가에 용이한지를 판단한다. 안면 타당도는 학습자의 불성실한 태도, 학습자에게 익숙하지 않은 평가 방법 등의 요인에 의해서도 영향을 받는다. 안면 타당도가 낮다는 것은 평가에 있어 가장 기본적인 요건이 충족되지 않는 것을 의미하기 때문에 교육 현장에서 그 결과를 인정받을 수 없다.

3.2.2. 신뢰도(reliability)

신뢰도란 평가의 결과를 어느 정도 믿을 수 있는가를 보는 것이다. 동일한 대상을 두고 여러 번 같은 평가를 시행했을 때 평가의 결과가 일관성 있게 나타난다면 그 평가의 신뢰도는 높다고 볼 수 있다. 반면에 평가의 결과가 일관성이 없다면 그 평가 도구는 신뢰할 수 없다. 평가에 대한 신뢰도는 시험 자체에 대한 신뢰도와 평가 결과의 채점에 대한 신뢰도로 나눌 수 있다.

1) 시험 신뢰도(test reliability)

시험 신뢰도는 평가 과정과 방법에 있어 안정성이 있는가를 보는 것이다(강승혜 외, 2006:27). 동일한 학습자가 동일한 조건으로 시험을 반복했을 때 어느 정도 동일한 결과를 얻을 수 있느냐를 따진다. 신뢰도가 높으면 평가의 측정과정 또는 방법에 있어서 일관성과 객관성이 있다는 것이다. 하나의 평가 도구를 가지고 반복적으로 실시했을 때 비슷한 결과가 매번 나오면 시험 신뢰도가 높다고 할 수 있다.

2) 채점자 신뢰도(rater reliability)

채점자 신뢰도는 주관식 평가의 채점에 있어서 중요한 문제이다. 채점에 있어 채점자의 주관성을 완전히 배제하는 것은 어렵기 때문이다. 채점자가 여러 번 답안을 채점해도 일관된 결과를 얻을 수 있어야 한다. 쓰기나 말하기와 같은 주관식 평가의 경우 채점자 신뢰도를 높이는 방편으로 채점 기준표를 만들어 어느 정도의 객관성을 확보해야 한다. 채점자 신뢰도는 아래와 같이 채점자 간 신뢰도와 채점자 내 신뢰도가 있다.

① 채점자 간 신뢰도(inter-rater reliability)

채점자 간 신뢰도는 하나의 평가에 대해 여러 채점자들의 채점 결과가 서로 비슷하거나 다른 정도를 말한다(이완기, 2007:46).

② 채점자 내 신뢰도(intra-rater reliability)

한 채점자가 여러 답안지를 채점할 때 그 결과의 일관성에 대한 정도를 말한다.

3.2.3. 실용도(practicality)

실용도는 평가가 실제로 시행될 수 있는가를 보는 것이다. 이를 위해 시험의 준비, 실시 시간, 채점의 용이성, 비용과 활용성 등 평가와 관련한 제반 사항들이 평가가 실제로 시행되는 데 있어 문제점이 없는지를 점검한다. 실용도를 높이기 위해서는 앞에서 언급한 외적인 문제 외에 시험 시간에 맞는 적절한 문항 수, 지문의 길이, 학습자 수준에 맞는 난이도, 문제 유형, 문제 제시 방법 등도 고려해야 한다. 또한 정해진 시간 내에 문제를 풀 수 있는지도 점검을 해야 할 것이다.

4. 평가 도구 개발

학습자의 한국어 능력을 효과적으로 측정하기 위해서는 잘 만들어진 평가 도구가 요구된다. 한국어 평가 도구는 지필고사의 형태로 평가 문항으로 구성되어 있다. 평가 문항은 측정하고자 하는 평가 항목이 실제 문항으로 제작된 것이다.

평가 도구는 학습자가 학습한 내용을 어느 정도 알고 있는지 측정하기 위하여 적절하고 균형 있게 만들어야 할 것이다. 타당하고 신뢰할 수 있는 평가 도구를 개발하기 위해서는 평가 계획과 그 계획에 맞춘 개발 과정이 필요하다. 여기에서는 평가 도구 개발 과정을 다음과 같이 나누어 살펴보기로 한다.[7]

평가 계획 수립
평가 계획서 작성(평가 대상, 평가 목적, 평가 방식 등 기술)
↓
평가 항목 선정
출제 구상표 작성(문항 유형, 평가 항목 등 기술)
↓
평가 문항 작성
↓
문항 검토 및 평가지 제작

---

[7] 강승혜 외(2006:45)는 "언어 평가 도구의 개발은 1) 평가의 목적에 따라 평가의 목표와 형태를 결정하고 평가목표를 세분하는 기획 단계, 2) 세분된 평가목표들 중 실제 문항으로 제작할 평가항목들을 선별하는 단계, 3) 선별된 평가항목들을 포함하는 문항과 지시문의 작성 단계, 4) 문항의 검토와 사전 평가 단계, 5) 평가의 최종 형태 제작 단계로 구성된다"고 하였다.

4.1. 평가 계획 수립

평가를 계획할 때 우선적으로 평가의 목적을 정해야 한다. 한국어 교육 기관에서는 학습 내용의 성취 정도를 측정하는 성취도 평가와 학습자의 수준에 맞는 반에 배치하거나 선발 기준을 삼기 위한 숙달도 평가를 실시한다. 평가의 목적에 따라 평가의 목표와 내용이 다르기 때문에 평가의 목적은 분명히 해야 한다.

성취도 평가의 경우 평가 계획 단계에서 학습 내용 중에서 무엇을 평가할 것인가를 정한다. 과정 중에 학습한 내용은 평가 목표가 될 수 있으므로 전체적인 학습 내용을 정리하여 평가할 내용을 목록화한다. 이완기(2007:97)는 평가 세부계획서의 필요성을 강조하고 있다. 평가 세부계획서 작성은 "측정하려고 하는 것을 제대로 측정하는가에 관한 타당도, 측정오차를 최소화해야 하는 신뢰도, 평가 실시에 필요한 자원의 사용 가능 범위에 관한 실제성, 학습자 개인과 학교 수업에의 파급 효과에 관한 적절한 영향력 등을 확보하기 위해서 필요한 절차"라고 하였다. 평가 세부계획서는 아니더라도 간단한 평가 계획서라도 작성할 필요성이 있다. 평가 계획서는 시행 할 평가를 대략적으로 구상하는 데 도움이 된다. 평가 계획서는 아래 예와 같이 학습자 수준, 평가 범위, 평가 영역, 평가 문항 수, 평가 목표 등의 항목을 넣어 작성할 수 있다.[8] 평가 목표와 내용에 학습 내용을 목록화해서 넣으면 평가 항목을 정할 때 유용하다.

예) 평가 계획서

중간/기말 평가
•인원: •시간: •장소: •학습자 수준: •평가 범위: •평가 영역: •평가 문항 수: •평가 목표/내용:

---

[8] 평가 계획서를 작성할 때 평가 대상이 되는 학습자 수준이 어떤지, 평가 범위가 어떻게 되는지, 어떤 언어 기능을 평가 영역으로 할 것인지, 어떤 학습 내용을 평가 목표로 삼을 것인지, 몇 개의 문항으로 어느 정도의 평가 시간을 줄 것인지 등에 대해 구상을 한다.

4.2. 평가 항목 선정

학습 기간 중에 학습한 모든 내용을 평가하기란 쉽지 않다. 따라서 평가 항목은 학습 내용의 대표성을 가지고 있으며 학습 범위 안에서 골고루 선정되어야 한다. 평가 항목이 선정되면 거기에 맞춰서 문항 유형[9]을 선택한다. 이완기(2007:103)는 평가 문항의 유형을 결정할 때에는 얼마나 신뢰도 높게 채점할 수 있는 문항 유형인지를 고려해야 한다고 하였다. 문항 유형은 난이도를 높일 수 있는 요인이 될 수 있으므로 학습자 수준을 고려해야 한다.

출제 구상표는 평가지를 만들기 전에 평가의 전체적인 틀을 구성한 것이다. 평가 계획서에 평가 목표에 맞춰 평가 내용을 목록화하였다면 이를 바탕으로 구체적인 내용을 짠다. 출제 구상표를 작성하는 목적은 평가 항목이 대표성을 가지고 넓은 범위에서 골고루 선정되었는지, 그리고 문항 유형이 다양한지를 확인하기 위함이다. 출제 구상표에 들어가는 항목은 필요에 따라 달라질 수 있는데 경우에 따라 평가 항목의 주제와 자료 출처, 텍스트 유형 등의 자세한 내용이 들어가기도 한다.[10] 아래의 예는 문항 유형, 난이도, 배점, 평가 항목, 출제의도, 평가 문항 등의 항목을 넣어 작성한 것이다.

예 출제 구상표

문항번호	문항유형	난이도	배점	평가항목	출제의도	평가 문항

---

9 문항의 형식은 형식적인 양식에 따라 여러 답을 선택할 가능성을 제한한 폐쇄형, 어느 정도 답을 열어 둔 형태인 반 개방형과 자유롭게 쓸 수 있는 개방형이 있다. 각 문항 형식에 따른 문항 유형은 아래와 같다(강승혜 외, 2006:46~57).

문항 형식	문항 유형
폐쇄형	진위형, 선다형, 배합형
반 개방형	단답형, 괄호형, 규칙 빈칸채우기
개방형	논술형, 번역, 받아쓰기, 구두 시험

10 강승혜 외(2006)에서 제시한 평가 출제구상표의 예를 보면 듣기, 읽기, 쓰기 평가와 말하기 평가 항목이 차이가 있음을 알 수 있다. 듣기, 읽기, 쓰기 평가에서는 텍스트 유형 항목이 있으나 말하기 평가에서는 빠져 있고, 대신 기능 항목이 들어있다.

4.3. 평가 문항 작성

평가 문항을 작성할 때는 평가 목표를 분명히 드러내야 하며, 다양하고 실제적인 자료를 바탕으로 만들어야 한다. 좋은 문항은 타당도, 신뢰도, 실용도를 갖춘 문항이다. 좋은 문항을 개발하기 위해서는 다음과 같은 점을 고려해야 한다[11](이완기, 2007:111; 최은규, 2016:273).

1) 의사소통 능력을 평가하는 문항

평가의 목표는 의사소통 능력을 측정하는 것이다. 읽기 지문을 읽지 않거나, 듣기 내용을 듣지 않아도 문제를 풀 수 있는 문항이 되지 않도록 해야 한다.

2) 매력적인 오답이 있는 선택지

선택지는 폐쇄형 문항 형식인 사지 선다형에서 제시된다. 선택지는 한 개의 정답과 정답이 아닌 세 개의 오답으로 구성된다. 정답이외의 오답을 적절하게 작성해서 매력적으로 보이게 하는 것은 쉽지 않다. 오답을 만들 때는 형태적인 오류나 논리에 맞지 않는 답을 만들어서 쉽게 찾을 수 있도록 해서는 안 된다. 오답은 해당 문맥에서만 부적합하게 보이도록 해야 한다.

예

1. 가: 이 근처에 마트가 있어요?
   나: 네, 횡단보도에서 왼쪽으로 (   ) 마트가 있어요.
   ① 가서   ② 가면   ③ 가아도   ④ 가려고

위의 예에서 제시한 선택지 ③은 형태적으로 오류가 있다. 이와 같이 오답을 선택지 안에서 한 눈에 찾을 수 있다면 문항의 난이도는 떨어질 수 있다. 또한 정답이 뚜렷하여 고민을 하지 않고 바로 답을 찾을 수 있는 선택지도 원래의 평가 목적과

---

[11] 최은규(2016:273~276)는 평가 문항 개발 시에 유의할 점을 다음과 같이 제시하였다. ① 평가 목표가 분명해야 한다. ② 언어 능력을 평가해야 한다. ③ 실제성이 있으며 다양한 자료를 사용해야 한다. ④ 선택지가 명료해야 한다. ⑤ 문항 지시문이 분명해야 한다. ⑥ 명확한 그림과 도표를 제시해야 한다. ⑦ 유형과 난이도에 따라 문항을 배열해야 한다. ⑧ 국부 종속성을 제거한다. ⑨ 학습자가 준비할 수 있도록 한다. 이 중 일부분을 가져와서 정리하였다.

다르게 문항의 난이도를 떨어뜨릴 수 있으므로 주의해야 한다.

3) 분명한 지시문

문항의 지시문은 학습자에게 문항의 답을 찾는 방법을 안내하는 것이다. 지시문은 쉽고 명료해야 하며 학습자에게 혼란을 주면 안 된다. 부정 지시문은 아래의 예와 같이 부정 표현에 밑줄 표시를 하여 학습자가 실수를 하지 않도록 주의를 준다. 긍정적인 지시문과 부정적인 지시문의 비율은 적절해야 하며, 부정적인 지시문이 지나치게 높은 비율로 제시되지 않도록 주의한다.

예

> 2. 글의 내용과 **다른** 것을 고르십시오.
> 3. 다음을 잘 읽고 알맞지 **않은** 것을 고르십시오.

듣기 평가에서는 아래의 예와 같이 상황에 대한 정보를 지시문에 제시하여 듣기 전에 미리 담화 내용을 예측할 수 있도록 한다.

예

> 4. 여기는 어디입니까?
>   ① 시장   ② 약국   ③ 병원   ④ 서점
> 5. 두 사람은 무엇에 대해 말하고 있습니까?
>   ① 날씨   ② 가족   ③ 여행   ④ 취미

4) 국부 종속성 제거

서로 관련성 있는 문항이 앞뒤에 배열된다면 정답을 쉽게 찾을 수 있다. 이러한 국부 종속성이 있는지 확인해야 한다. 국부 종속성을 줄이려면 출제 구상표에 중복되는 평가 항목이 없는지 확인해야 한다. 아래의 예에서 보듯이 6번과 13번은 '-(으)면'으로 문법적 형태가 같으므로 국부종속성을 가진다고 볼 수 있다.

⟨예⟩

> 6. 다음 (　　)에 알맞은 말을 쓰십시오.
>   가: 지금 가도 돼요?
>   나: 아니요. (　　　　　).
>
> 13. 가: 수업을 할 때 전화를 (　　　).
>   나: 미안해요. 중요한 전화가 와서 받았어요.
>   ① 받고 있어요　② 받으면 돼요　③ 받아야겠어요　④ 받으면 안 돼요

5) 문항에 대한 정보 제공

출제 문항에 관한 정보를 제공하고 그것을 연습할 기회를 학습자에게 제공해야 한다. 출제 문항의 유형이 학습자에게 낯설다면 문항이 요구하는 답이 무엇인지를 이해하지 못 해서 문제를 풀지 못하는 일이 생길 수도 있다. 그러므로 〈보기〉 문항을 제시한다든지 시험 전 문항의 유형과 형태를 미리 제시해서 학습자가 이에 익숙해 질 수 있도록 해야 한다(이완기, 2007:107). 초급 학습자의 평가지에는 아래의 예와 같이 〈보기〉를 넣어서 문항이 요구하는 답이 무엇인지를 알려주는 것이 필요하다.

⟨예⟩

> ※ 【14~15】〈보기〉와 같이 빈칸에 들어갈 가장 알맞은 것을 고르십시오.
>
> 〈보기〉 저는 (　　)에 가요. 옷을 사요.
>   ① 은행　　② 식당
>   ❸ 백화점　④ 화장실

4.4. 문항 검토 및 평가지 제작

평가 문항의 작성이 끝난 후에 평가자 외의 다른 동료 교사가 검토 작업에 참여하도록 한다. 이완기(2007:95)는 평가 도구의 개발 과정은 순환적이고 반복적이라고 하였다. 문항이 개발되었더라도 검토 과정에서 문제점이 발견되거나 개선점이 필요

하다고 판단되면 문항을 수정하여야 한다. 이 과정은 여러 번 반복될 수도 있다. 문항 검토와 수정 작업이 끝나면 난이도에 따라 문항을 배열하고 배점을 정한다.

Brown(2004:83~85)은 선다형 문항의 선택과 배열은 문항 난이도, 문항 변별도, 오답 분석 등을 측정함으로써 잘 이루어질 수 있다고 하였다. 문항 난이도(item facility)란 평가를 받는 학습자에게 문항이 얼마나 어려운지를 판단하는 정도를 말한다[12]. 문항의 답이 너무 쉽거나 어려우면 그 문항은 능력이 뛰어난 학습자와 능력이 떨어지는 학습자를 구분하는 역할을 하지 못한다. 문항 변별도(item discrimination)란 능력이 뛰어난 학습자와 능력이 떨어지는 학습자를 구별하는 정도이다. 능력에 차이가 나는 학습자 모두 답을 맞혔다면 그 문항은 변별도가 약하다고 볼 수 있다[13]. 오답 효율성(distractor efficiency)은 문항 변별도와 관계가 있는 것으로 학습 능력이 떨어지는 학습자들이 오답을 선택하는 정도를 말한다(Brown, 2004:84). 학습자들이 모두 정답을 선택하고 오답을 선택하지 않았다면 이 문항은 유용성이 없는 것이다. 오답은 평가에 임하는 학습자들 중 몇 명을 끌어당길 수 있을 정도로 매력적이어야 한다.

문항 배열이 끝나면 정답 번호를 확인하여 어느 한 번호에 편중되지 않도록 조정을 한다. 그리고 그림과 도표는 결과가 명확하게 드러난 것을 선택했는지 확인한다. 모든 과정을 걸쳐 문제점이 없다고 판단되면 평가지 제작에 들어간다.

---

[12] 문항 난이도(IF)의 공식은 다음과 같다(Brown, 2004:83).

$$\text{문항 난이도} = \frac{\text{정답을 맞힌 학생 수}}{\text{문항에 응답한 전체 학생 수}}$$

[13] 문항 변별도(ID)의 공식은 다음과 같다(앞의 책:84).

$$\text{문항 변별도} = \frac{\text{상위 집단의 정답자 수 - 하위 집단의 정답자 수}}{1/2 \times \text{두 집단의 총 인원수}}$$

5. 한국어 기능별 평가

한국어는 이해 영역과 표현 영역으로 나누어 평가가 이루어지는데 이해 영역은 듣기와 읽기, 표현 영역은 말하기와 쓰기 능력을 측정한다. 어휘와 문법 능력 평가는 따로 분리하기도 하지만 듣기, 말하기, 읽기, 쓰기 평가에 포함하기도 한다.

5.1. 듣기 평가

5.1.1. 듣기 평가 목표와 내용

듣기 평가는 어휘, 문법뿐만 아니라 담화에 대한 이해, 들은 내용을 바탕으로 담화를 하는 목적, 담화가 이루어지는 상황, 화자들 간의 관계, 화자의 의도 및 태도 등을 파악할 수 있는지를 평가한다.

〈표 2〉는 학습자 수준을 초, 중, 고급으로 나누어 듣기 숙달도 평가 목표와 내용을 정리한 것이다[14]. 평가의 과제는 〈표 2〉에서 제시한 것과 같이 초급에서 고급으로 갈수록 대화의 길이가 길어지고 단순하고 자주 접하는 일상적 주제에서 사회적이고 복잡한 과제가 제시된다. 초급에서는 비교적 짧고 친숙한 소재의 담화 내용을 듣고 대화 주제, 화자와 청자와의 관계 등을 파악할 수 있는 능력을 측정하며, 중급에서는 하나의 주제가 일관성 있게 이어지는 담화 내용을 파악할 수 있는 능력

---

[14] 강명순 외(1990), 김왕규 외(2001:110~112), 이희경 외(2002:381~382), 강승혜 외(2006:109~112) 등을 참고하여 평가 목표와 내용을 정리하였다.

을 측정한다. 고급에서는 전문적이고 사회적인 주제를 다룬 글을 듣고 내용을 파악할 수 있는 능력을 측정한다.

〈표 2〉 듣기 평가의 목표와 내용

	평가 목표	평가 내용
초급	-발음을 듣고 어휘를 구별할 수 있다. -억양 차이를 알 수 있다. -일상생활 주제의 짧은 대화를 이해하고 등장 인물의 관계, 상황 등을 파악할 수 있다. -개인적 이야기, 자주 접하는 친숙한 소재를 다룬 생활문, 공공시설에서 나누는 실용적인 담화 등을 듣고 내용을 이해할 수 있으며, 필요한 정보를 찾을 수 있다.	-음운 식별하기 -대화 내용, 상황 파악하기 -대화에 맞는 대답, 이어질 상황 예측하기 -담화의 주제, 소재 찾기
중급	-친숙한 사회적 소재의 비교적 긴 대화를 이해하고 내용을 파악할 수 있다. -생활과 밀접한 사회적 주제의 뉴스, 잡담, 발표, 인터뷰, 토론 등을 듣고 내용을 이해하고 상황 파악을 할 수 있다. -비교적 자주 접하는 공식적 내용의 담화를 듣고 대략적인 내용을 파악할 수 있다.	-대화 내용, 의도, 상황 등을 이해하기 -담화 주제, 입장 등을 파악하기 -담화 내용의 함축된 의미 파악하기
고급	-전문 분야와 관련된 대화, 강연, 토론 등을 이해하고 내용을 파악할 수 있다. -전문가들의 담화를 듣고 비판적으로 이해할 수 있다. -공식적 입장의 담화를 상황과 연관하여 이해할 수 있다.	-담화 내용, 상황 파악하기 -화자의 의도, 태도, 입장 파악하기 -담화를 듣고 공감 또는 비판하기

5.1.2. 듣기 평가 문항

듣기 평가 문항은 평가 자료, 반응 유형, 평가 범주에 따라 다양하게 나눌 수 있다(강승혜 외, 2006:113). 이완기(2007:235)는 들려준 내용을 그대로 들었는지를 확인하는 사실적 이해 확인 문항, 들은 내용을 이해하고 추론하는 추론적 이해 확인 문항, 그리고 화자의 태도, 분위기 등을 청자가 판단하는 평가적 이해 문항으로 제시하였다. 강현화 외(2009)는 음운 듣기 능력을 강조하여 음운 듣기 능력 평가, 사실적 정보 듣기 능력 평가, 듣고 적용하는 능력 평가, 듣고 추론하는 능력 평가로 평가 유형으로 나누어 제시하였다. 듣기 평가 문항은 언어 지식적 능력을 의사소통적 능력과 함께 평가해야 할 것이다. 강승혜 외(2006:114)는 듣기 평가 문항을 언어 요소의 분석을 통한 기초적인 듣기 능력 평가와 의사소통을 위한 듣기 능력 평가로 나누었다. 기초적인 듣기 능력 평가는 발음, 어휘, 문법적 요소를 평가 대상으로 하였으며, 의사소통을 위한 듣기 평가는 전체 내용 파악하기, 세부 내용 파악하기, 특정 정보 찾기, 논리적으로 추론하기, 화자의 어조 및 태도 파악하기 등이 있다.

듣기 평가 문항은 앞의 연구 논문들을 참고로 하여 문항의 평가 유형을 나누었으며 유형별로 지시문[15]을 예로 제시하였다. 유형별 문항은 강승혜 외(2006)와 최은규(2010)를 참고하여 정리하였다.

1) 발음, 어휘, 문법적 요소 평가

빈 괄호 안에 들어갈 어휘나 문법 요소를 선택하는 문항이다. 어휘의 발음 식별 능력을 측정할 수도 있다. 이때 제시문은 어떤 어휘를 넣어도 의미가 전달되는 문장이 제시된다. 사지선다형이나 서술형 모두 활용이 가능하다.

예
- 다음을 듣고 (   )안에 들어갈 말을 고르십시오.
- 다음을 듣고 (   )안에 들어갈 말을 쓰십시오.

2) 전체 내용을 파악할 수 있는 능력 평가

초급에서는 '네/아니오'로 대답하기, 대화를 듣고 상황에 맞는 그림을 선택하기, 들은 내용과 같은 답 찾기 등 짧은 담화 내용의 이해 능력을 측정한다. 중급 이상에서는 담화 길이가 길어지며, 전체적인 내용 이해 능력을 측정한다.

예
- 다음을 듣고 〈보기〉와 같이 물음에 맞는 답을 고르십시오.
- 다음을/다음 대화를 듣고 알맞은 그림을 고르십시오.
- 다음은 무엇에 대해 말하고 있습니까? 〈보기〉와 같이 알맞은 것을 고르십시오.
- 다음은 무엇에 대한 내용인지 맞는 것을 고르십시오.
- 무엇에 대한 내용입니까? 두 사람은 무엇에 대해 이야기하고 있는지 맞는 것을 고르십시오.

---

15 지시문의 일부는 41회 TOPIK I, II 듣기 영역을 참고하였다.

3) 세부 내용을 파악할 수 있는 능력 평가

들은 내용을 구체적으로 파악했는지를 묻는 문항이다. 담화 내용 중 세부적인 내용의 일치성 여부를 묻거나 이야기의 소재에 대한 설명이 맞는지 혹은 다른지를 묻는다.

예

- 다음을 듣고 〈보기〉와 같이 대화 내용과 같은 것을 고르십시오.
- 다음을 듣고 들은 내용과 맞는 것을 고르십시오.
- 다음을 듣고 내용이 일치하는 것을 고르십시오.
- 들은 내용과 같은 것을 고르십시오.
- ○○에 대한 설명으로 맞는 것을 고르십시오.

4) 특정 정보 파악 능력 평가

들은 내용에서 필요한 정보를 정확하게 찾았는지를 묻는 문항이다. 문장 듣고 비어있는 칸을 채워 완성하거나, 내용에 맞는 그림 찾기, 듣고 질문에 맞는 답을 찾기 등이 있다.

예

- 장소는 어디입니까?
- 여기는 어디입니까? 〈보기〉와 같이 알맞은 것을 고르십시오.
- 몇 시까지 가야 합니까?
- 필요한 준비물은 무엇입니까?
- 여자는/남자는 누구인지 맞는 것을 고르십시오.
- 여자는/남자는 무엇을 하고 있는지 맞는 것을 고르십시오.

5) 상황 이해 및 내용 추론 능력 평가

들은 내용의 앞뒤 상황을 추론하거나, 담화의 중심 소재나 기능 파악을 묻는 문항이다. 대화 듣고 이어지는 말 찾기, 중심 요지 파악하기, 내용 요약하기, 담화 듣고 추론하기 등이 있다.

㉠
- 다음 대화를 잘 듣고 이어질 수 있는 말을 고르십시오.
- 앞의 내용으로 알맞은 것을 고르십시오.
- 다음을 듣고 〈보기〉와 같이 이어지는 말을 고르십시오.
- 다음 대화를 잘 듣고 여자가/남자가 이어서 할 행동으로 알맞은 것을 고르십시오.
- 대화가 끝난 후에 여자가/남자가 할 행동으로 알맞은 것을 고르십시오.

6) 논리적 추론 능력 평가

담화의 주제, 목적, 핵심 요지 파악을 묻는 문항이다. 들은 내용의 대화가 일어나게 된 이유나 원인을 파악한다.

㉠
- 여자가/남자가 왜 이 이야기를 하고 있는지 맞는 것을 고르십시오.
- 여자가/남자가 이렇게 말을 하는 이유는 무엇입니까?

7) 중심 내용 파악 능력 평가

담화의 중심 내용을 파악했는지를 묻는 문항이다. 주로 대화에 참여하는 여자 또는 남자의 생각이 어떤지를 묻는다.

㉠
- 다음을 듣고 여자의/남자의 중심 생각을 고르십시오.
- 다음을 듣고 여자가/남자가 어떤 생각을 하고 있는지 맞는 것을 고르십시오.
- 여자/남자의 생각으로 맞는 것을 고르십시오.

8) 화자의 감정 및 태도 파악 능력 평가

대화에 참여하는 화자의 태도, 감정, 의도 등이 어떤지를 묻는다.

㉠
- 여자가/남자가 여자에게/남자에게 말하는 의도를 고르십시오.
- 여자의/남자의 생각/태도/의도로 맞는 것을 고르십시오.

5.2. 말하기 평가

5.2.1. 말하기 평가 목표와 내용

말하기 평가에 있어서의 수준별 말하기 평가 내용과 목표는 〈표 3〉과 같다[16]. 표를 보면 초급 수준의 말하기에서는 비교적 정확하게 발음한 발음과 자연스러운 억양으로 말할 수 있는지를 평가한다. 그리고 일상적이고 흔히 접할 수 있는 상황에 맞게 응답할 수 있는지를 평가한다. 중급 수준에서는 사회적 주제의 대화가 끊어지지 않게 끌고 갈 수 있는 유창성에 중점을 두며, 전략을 어느 정도 활용할 수 있는지도 평가의 대상이 된다. 대화 상태, 상황, 주제에 맞는 어휘와 표현을 선택할 수 있는 능력이 필요하다. 고급 수준에서는 전문 분야의 말하기 목적에 맞는 어휘와 표현을 구사할 수 있는지를 본다. 여기에서는 상대방의 의견을 듣고 자신의 견해를 밝힐 수 있는 능력까지 평가한다.

〈표 3〉 말하기 평가의 목표와 내용

	평가 목표	평가 내용
초급	-정확한 발음을 할 수 있다. -자연스러운 억양으로 말할 수 있다. -구어체에서 자주 사용하는 표현을 쓸 수 있다. -일상생활과 관련하여 간단한 대화를 할 수 있다. -개인적 이야기, 자주 접하는 친숙한 소재의 대화가 가능하다. -자주 접하는 공공시설에서 필요한 대화를 할 수 있다.	-자연스러운 억양과 발음으로 말하기 -일상생활 주제의 대화 나누기 -관계를 파악하여 반말 또는 경어 사용하기 -상황에 맞게 자신의 의도, 입장 등을 표현하기
중급	-친숙한 사회적 주제의 대화를 나눌 수 있다. -생활과 밀접한 사회적 주제와 관련하여 자신의 생각을 표현할 수 있다. -비교적 자주 접하는 공식적 상황에서 대화에 참여할 수 있다.	-의견 제시, 찬성, 반대하기 -사회적 주제 토론에 참여하기 -공식적 표현을 사용하여 발표하기
고급	-전문 분야와 관련된 대화, 토론 등에 참여하여 의견을 나눌 수 있다. -전문적으로 필요한 표현으로 업무 수행이 가능하다. -전문 분야와 관련된 어휘와 표현을 공식적 상황에 활용할 수 있다.	-전문 분야와 관련하여 대화하기 -논리적으로 내용이 긴밀한 발표하기 -공식적 상황에서 대화, 토론하기

[16] 이희경 외(2000:379~381)와 강승혜 외(2006:167~171) 등의 말하기 평가 목표와 내용을 참고하였다.

5.2.2. 말하기 평가 문항

말하기 평가 문항은 학습자에게 과제를 제시하여 말을 할 수 있도록 이끈다. 말하기 평가에 있어 과제는 평가 문항이 되는 것이다. Luoma(2001:91)는 "말하기 과제는 특정한 말하기 상황에서 특정 목적이나 목표를 성취하려는 의도로, 화자가 언어를 사용하는 활동"이라고 하였다.

말하기 평가는 상대방의 말을 알아듣고 자신이 전달하고자 하는 바를 표현할 수 있는 의사소통 능력을 측정한다. 말하기 평가는 과제 수행에 집중하여 유창성을 강조하지만 실제 원활한 의사소통을 위해서는 정확한 발음과 적절한 어휘, 문법의 선택, 그리고 문맥에 맞는 문법을 사용할 줄 아는 능력이 필요하다. 최은규(2016)는 말하기 평가에 있어 유창성 못지않게 상황과 맥락에 맞는 어휘와 문법 사용 능력도 중요하게 평가되어야 한다고 하였다. 전은주(1997)는 말하기 능력에서 발음 능력, 어휘 능력, 문법 능력은 정확성과 관계된다고 하였다[17].

김선정 외(2010:52)는 말하기 활동 유형[18]을 제시하였는데 이 중에 인위적 의사소통 활동, 기능적 의사소통 활동, 사회적 상호작용 활동 등은 평가에서도 활용이 가능하다. 여기에서 인위적 의사소통 활동은 정확성과 관계되는 활동이 될 것이다. 이 절에서는 강승혜 외(2006), 최은규(2016)의 말하기 평가 문항 유형을 김선정 외(2010)의 말하기 활동에 적용하여 나누어 보았다.

1) 인위적 의사소통 활동(quasi-communicative activies)

인위적 의사소통 활동은 실제 의사소통 활동을 위해 의도적으로 만든 활동으로 정확한 어휘나 문법 사용 능력을 측정한다. 보통 전형적으로 짠 짧은 대화로 이루어진다. 질문 듣고 대답하기, 그림, 사진, 도표 등을 설명하기 등이 있다.

---

17 전은주(1997)는 말하기 능력 평가범주로 문법 능력, 어휘 능력, 발음 능력, 구성력, 사회언어학적 능력, 의사소통적 전략과 상호작용, 과제수행력 등을 제시하였다.

18 김선정 외(2010:52)는 Littlewood(1981)의 의사소통 학습 과정을 토대로 말하기 활동 유형을 구조적 활동(structural activities), 인위적 의사소통 활동(quasi-communicative activies), 기능적 의사소통 활동(functional communicative activities), 사회적 상호작용 활동(social interaction activities) 등으로 나누었다. 평가에 있어 구조적 활동은 쓰임이 적다고 판단하여 제외하였다.

🅔
- 마트는 어떻게 갑니까? (약도 제시)
- 오늘은 몇 월 며칠입니까? (달력 제시)
- 여자는/남자는 무엇을 하고 있습니까? (그림 제시)
- 이 여자는/남자는 어떻게 생겼습니까? (그림 제시)

2) 기능적 의사소통 활동(functional communicative activities)

기능적 의사소통 활동은 언어적 지식과 기술 능력을 측정한다. 이 평가는 인위적인 의사소통과는 두 사람이 짝을 이루어 의사소통 활동을 한다[19]. 하지만 이 의사소통은 필요한 정보를 얻기 위한 활동으로 제한된다. 인터뷰, 정보 결함 활동 등이 있다.

🅔
- 다음 주에 친구를 만나려고 합니다. 다음 주 친구의 일정을 알아보고 약속을 정하십시오.
- 마트에 갔습니다. 집에 있는 친구에게 전화를 해서 필요한 물건을 사십시오.
- 지갑을 잃어버렸습니다. 유실물센터에서 자신의 지갑을 찾아보십시오.
- 여행사에 전화를 해서 여행 상품을 예약하십시오.
- 해외여행을 가려고 합니다. 여행에 필요한 물건을 친구와 서로 빠진 물건이 없는지 확인해 보십시오.

3) 사회적 상호작용 활동(social interaction activities)

사회적 상호작용 활동은 사회적 맥락이 추가된 실제 의사소통 활동이다. 역할극, 토론하기, 발표하기 등이 있다.

🅔
- 백화점에 가서 어제 교환하려는 이유를 말하고 옷을 교환하십시오.
- 홈쇼핑에 전화를 해서 구입한 물건의 문제점을 말하고 환불을 받으십시오.

---

19 Nunan(1999)은 짝 활동을 할 때 대화 상대자가 영향을 미친다고 하였다. 때문에 짝 활동을 할 때는 불이익을 당하는 학생이 없도록 주의해야 한다.

- '대학생 아르바이트'를 주제로 발표해 보십시오.
- '다이어트'에 대한 자신의 생각을 말해 보십시오.
- '저출산 대책'에 대해 의견을 말해 보십시오.

5.3. 읽기 평가

5.3.1. 읽기 평가 목표와 내용

학습자의 읽기 능력을 평가한다는 것은 글 속의 어휘나 문법을 아는 지식뿐만 아니라 글을 읽고 글쓴이가 전달하고자하는 내용을 파악하고 이해할 수 있는 능력을 측정하는 것이다. 또한 글 자체의 의미를 파악하는 능력부터 글 속에 숨어 있는 함축적 의미를 파악할 수 있는 능력도 측정 대상이 된다. 뿐만 아니라 글의 전체적인 내용 파악과 함께 문맥의 흐름을 파악하여 내용을 추론하는 능력을 측정하는 것도 빼놓을 수 없다. 〈표 4〉는 초급, 중급, 고급 수준의 읽기 평가에서 활용되는 읽기 자료를 바탕으로 숙달도 평가 목표와 내용을 제시하였다[20]. 글의 종류를 보면 초급 수준에서는 주로 일상생활 주제와 연관 있는 생활문, 실용문이 제시되며 글 자체의 내용 파악 능력을 평가한다. 중급 수준에서는 사회 문화에서 자주 다뤄지는 주제의 설명문, 논설문 등의 글을 접하며 필자가 글을 쓴 목적, 의도 등을 추론할 수 있는 능력을 평가한다. 그리고 고급 수준에서는 전문적 분야를 주제로 깊이 있는 글을 접하는데 글 속의 함축된 의미, 배경, 상황 등을 추론할 수 있는 능력을 평가한다.

〈표 4〉 읽기 평가의 목표와 내용

	평가 목표	평가 내용
초급	-자주 접하는 표지어를 이해할 수 있다. -개인적이고 친숙한 내용의 글을 읽고 이해할 수 있다. -일상생활 주제의 글을 읽고 내용을 파악할 수 있다. -생활에 필요한 실용문을 읽고, 정보를 찾을 수 있다.	-표지어 읽기 -글의 주제, 소재, 목적, 내용 파악하기 -앞 뒤 문맥에 맞는 내용 파악하기 -글의 흐름 파악하기

[20] 김왕규(2001:113~115), 이희경 외(2002:384~385), 강승혜 외(2006:225~227) 등을 참고로 하여 정리하였다.

중급	-친숙한 사회, 문화와 관련된 글을 읽고 이해할 수 있다. -논설문, 설명문에서 나타나는 특징적인 표현을 알고 내용을 파악할 수 있다. -공적인 목적으로 쓴 글의 양식을 알고 내용을 파악할 수 있다. -가벼운 문학 작품을 읽고 이해할 수 있다.	-글의 제목, 주제, 목적, 내용 파악하기 -필자의 의도, 태도 추론하기 -등장인물 관계, 사건 파악하기
고급	-전문적인 분야의 글을 읽고 이해할 수 있다. -사회적 문제를 심도 있게 다룬 글을 이해할 수 있다. -문학 작품을 감상하고 비평할 수 있다. -공적인 목적으로 쓴 글을 읽고 내용을 파악할 수 있다.	-글의 주제, 내용 파악하기 -글 속에 함축된 의미 파악하기 -필자의 의도, 글을 쓴 목적과 배경 추론하기 -등장인물 심리, 상황 파악하기

5.3.2. 읽기 평가 문항

강현화 외(2009)는 읽기에서의 평가 범주를 어휘 능력, 사실적 이해 능력, 구조적 이해 능력, 추론적 이해 능력, 논리적 이해 능력으로 나누고 평가 유형으로 정하였다. 여기에서의 평가 유형은 이를 따랐다.

1) 어휘 능력 평가

어휘 능력 평가는 어휘가 가진 본래의 의미를 이해하고 사용할 수 있는 능력을 측정한다. 또한 글의 맥락 속에서 어휘가 가지는 의미를 알고 있는지를 평가하기도 한다.

⑩
- 다음 밑줄 친 부분과 같은 말을 글 속에서 찾으십시오.
- 다음 글의 내용과 같은 뜻의 사자성어를 고르십시오.
- (   ) 안에 들어갈 알맞은 말을 고르십시오.
- ㉠과 같은 의미를 가진 말/반대말을 고르십시오.

2) 사실적 이해 능력 평가

사실적 이해 능력 평가는 글 속의 내용을 사실 그대로 이해하는지를 평가한다. 글의 중심 내용, 주제, 제목 등을 정확하게 이해하는지를 묻는다.

⟨예⟩
- 다음은 무엇에 대한 글입니까?
- 다음을 읽고 글의 중심 생각을 고르십시오.
- 글의 주제로 알맞은 것을 고르십시오.
- 글의 제목으로 알맞은 것을 고르십시오.

3) 구조적 이해 능력 평가

구조적 이해 능력 평가는 글의 전개 방식, 구조, 문장과 문장 간의 관계, 문단과 문단 간의 관계 파악 등을 할 수 있는 능력을 측정한다.

⟨예⟩
- 글을 순서대로 배열한 것을 고르십시오.
- 다음 문장이 들어갈 곳을 고르십시오.
- 다음 글과 맞지 않는 문장을 고르십시오.

4) 추론적 이해 능력 평가

추론적 이해 능력 평가는 글 속에서 나타나지 않는 내용을 글 속의 어휘나 표현 등을 통해 추측할 수 있는지를 평가한다.

⟨예⟩
- 글의 내용과 같은/다른 것을 고르십시오.
- 여자/남자의 기분으로 알맞은 것을 고르십시오.
- 여자/남자의 태도로 알맞은 것을 고르십시오.

5) 논리적 이해 능력 평가

논리적 이해 능력 평가는 글의 논리적 구성을 이해할 수 있는지를 평가한다. 글 속에서 이유, 원인을 찾거나 글 내용의 앞뒤 관계 등을 파악한다.

⟨예⟩
- 밑줄 친 부분과 같이 생각하는 이유는 무엇입니까?

- 이 글의 앞에 올 내용으로 알맞은 것을 고르십시오.
- (   ) 속에 들어갈 내용으로 알맞은 것을 고르십시오.

5.4. 쓰기 평가

5.4.1. 쓰기 평가 목표와 내용

쓰기 평가의 목표는 글을 통해서 학습자가 자신이 표현하고자 하는 내용을 전달할 수 있는 능력을 측정하는 것이다. 〈표 5〉를 보면 초급에서 고급으로 갈수록 문장에서 문단으로, 개인적인 글에서 공식적인 글로, 일상생활 주제 글에서 전문적 분야의 글의 수준이 깊어지는 것을 알 수 있다[21].

〈표 5〉 쓰기 평가의 목표와 내용

	평가 목표	평가 내용
초급	-맞춤법에 맞는 철자를 쓸 수 있다. -의미가 통하는 문장을 쓸 수 있다. -주제가 통일된 단락을 완성할 수 있다. -일상생활 주제의 글을 쓸 수 있다. -생활과 관련된 개인적인 글을 쓸 수 있다.	-단어 쓰기 -문장 만들기 -문장 연결하기 -단락 완성하기
중급	-친숙한 사회적 소재의 글을 쓸 수 있다. -논리적으로 구성된 글을 쓸 수 있다. -같은 의미를 다양하게 표현할 수 있다. -몇 개의 문단으로 이루어진 글을 쓸 수 있다.	-문장 확장하기 -주제가 통일된 글쓰기 -글의 구성 양식에 맞게 쓰기 -논리에 맞게 글쓰기
고급	-전문적인 글을 쓸 수 있다. -논리적인 글을 쓸 수 있다. -격식에 맞는 문체를 사용해서 글을 쓸 수 있다. -특정 분야와 관련된 어휘와 표현을 사용해서 기능적인 글을 쓸 수 있다.	-문단 완성하기 -주제에 맞는 글쓰기 -논리적 구성에 맞는 글쓰기 -공적인 글쓰기

---

21 이희경 외(2000:382~383), 김왕규(2001:107~109), 강승혜 외(2006:288~290) 등의 쓰기 평가 목표와 내용을 참고하여 정리하였다.

5.4.2. 쓰기 평가의 문항

쓰기 평가는 학습자로 하여금 글을 쓰게 하여 쓰기 능력을 측정해야 한다. 평가 문항은 학습자가 답을 직접 쓰게 하는 단답형, 빈칸 채우기형, 그리고 논술형 등의 유형[22]으로 출제된다.

한재영 외(2005)는 숙련도에 따라 쓰기 유형을 나누었다. 쓰기는 평가자가 요구하는 대로 답을 써야 하는 통제적 쓰기(controlled writing)와 어느 정도의 통제를 받아서 답을 써야 하는 유도적 쓰기(guided writing), 그리고 자신의 의지대로 답을 쓸 수 있는 자유 작문(free writing)이 있다.[23] 통제적 쓰기와 유도적 쓰기는 평가자가 원하는 답을 끌어낼 수 있지만 자유 작문은 평가자의 의도와 다르게 학습자가 글을 쓸 수 있다.[24] 따라서 자유 작문이더라도 글쓰기의 주제, 방향 등을 지시해야 채점 기준을 명료하게 세울 수 있다. 이 절에서는 통제적 쓰기, 유도적 쓰기, 자유 작문으로 나누어 쓰기 평가 유형을 제시하였다.

1) 통제적 쓰기 평가

통제적 쓰기 평가는 맞춤법에 맞게 정확히 쓸 수 있는 능력, 의미가 전달될 수 있도록 어휘와 문법을 선택해서 사용할 수 있는 능력, 문장 구조에 맞게 문장을 만들 수 있는 능력, 그리고 일관성 있는 주제의 글을 완성할 수 있는지 등을 측정한다.

예
- 〈보기〉에서 알맞은 것을 골라서 문장을 완성하십시오.
- 다음 두 문장을 한 문장으로 만드십시오.
- 제시된 표현을 사용하여 순서대로 한 문장을 만드십시오.

---

[22] 앞의 각주 9 참조.

[23] Brown(2001:418)은 글쓰기 활동을 1) 모방하기 또는 적어두기, 2) 집중형이거나 통제된 글쓰기, 3) 스스로 글쓰기, 4) 전시적인 글쓰기, 5) 실제적인 글쓰기로 나누었다. 한국어교육사전(2014:1155)은 Brown(2001)의 활동 유형에 구체적인 쓰기 활동의 예를 제시하고 있다. 쓰기 평가에서는 학습자의 글쓰기에 평가자의 통제 유무가 채점과 관련이 되기 때문에 본 절에서는 통제된 쓰기와 유도된 쓰기, 그리고 자유 작문으로 유형을 나누어 제시하였다.

[24] Raimes(1983)은 교사의 수업 방식과 학습자의 학습 방식에 따라 쓰기 활동을 교사의 통제를 받는 통제 작문, 교사의 통제보다는 학습자의 자율성을 부분적으로 보장하는 유도 작문, 교사로부터 완전히 독립된 자유 작문으로 나누었다(한국어교육사전, 2014:1155).

- 제시된 표현을 순서대로 사용하여 주제에 맞게 문장을 만드십시오.

2) 유도적 쓰기 평가

유도적 쓰기 평가는 주로 글의 내용 중 일부만을 제시하고 나머지 부분을 학습자가 채워 넣는 방식이 대부분이다. 초급에서는 문장 단위에서 어휘를 넣거나 문법을 활용해서 넣을 수 있도록 하며, 중급 이상에서는 문단 단위의 담화 텍스트의 맥락에 맞게 글을 완성할 수 있는 능력을 측정한다. 비어진 곳에 들어 갈 내용은 글 속에서 유추할 수 있도록 한다.

예
- 다음 글을 읽고 ( )안에/ 빈 곳에 알맞은 말을 쓰십시오.
- 다음을 읽고 ㉠에 들어갈 말을 고르십시오/쓰십시오.
- 다음을 읽고 ㉠과 ㉡에 들어갈 말을 쓰십시오.

또, 도표나 그림을 제시하여 평가자가 원하는 글을 쓰도록 유도할 수 있다. 아래 한국어 능력시험(TOPIK) II의 쓰기 문항 지시문은 제시된 그래프를 보고 글을 쓰도록 지시하고 있다.

예
- 다음 도표를/그림을 보고 글을 쓰십시오.
- 다음을 참고하여 글을 쓰십시오.
- 그래프를 보고 조사결과를 비교하여 200~300자로 쓰십시오(41회 한국어능력시험(TOIPIK) II 53번).

3) 자유 작문

자유 작문이라도 어느 정도의 기본적인 통제는 있어야 한다. 이것은 채점자에게 있어 채점의 기준이 될 수 있으며 학습자에게는 글을 쓰는 방향을 제시할 수 있기 때문이다. 따라서 글의 길이, 글에 포함되어야 할 내용 등에 대해 분명히 제시해야 한다.

- 다음을 잘 읽고 150~300자로 글을 쓰십시오. 여러분은 봄, 여름, 가을, 겨울 중에 어느 계절을 좋아합니까? 그 이유는 무엇입니까? 그 계절에 하는 일은 무엇입니까?
- 다음을 잘 읽고 300~400자로 글을 쓰십시오. '가장 기억에 남는 일'이라는 제목으로 글을 쓰십시오. 단, 아래의 내용이 모두 포함되어야 합니다.
  (1) 어떤 일이 있었습니까?
  (2) 기억에 남는 이유는 무엇입니까?
  (3) 다시 그 시간으로 돌아간다면 무엇을 하고 싶습니까?

6. 채점

6.1. 채점 방법

채점 방법이란 평가 도구로 나타난 학습자의 결과물에 점수를 부여하는 방식 혹은 방안을 말한다(한국어교육학 사전, 2014:1038). 채점 방법에는 총체적 채점과 분석적 채점이 있다[25].

1) 총체적 채점(holistic scoring)

총체적 채점은 학습자의 평가 결과물을 전체적인 인상에 근거하여 단일 점수를 부여하는 채점 방법이다(한국어 교육학 사전, 2014:1039; 이영식, 2005:336). 총체적 채점을 위해서는 여러 명의 채점자가 필요하다. 학습자의 개인별 점수는 여러 평가자가 부여한 점수를 합산한 후에 평균을 내어 산출한다. 아래의 예는 작문의 총체적 채점을 위한 채점지이다. 총체적 채점은 분석적 채점에 비해 시간과 노력이 절약되고 전체적인 측면에서 작문의 질을 평가할 수 있다는 장점이 있다. 반면에 총체적 채점은 전체적인 총평을 단일 점수로 부여하기 때문에 작문의 하부 기술 영역에 대한 정보를 얻을 수 없다. Brown(2004:300)은 총체적 채점이 교실 수업 목적을 위한 유익한 정보를 제공하지 못한다고 하였다. 이는 학습자의 글에 대한 평가가 단일 점

---

[25] 박영목(2008)은 쓰기를 예로 들어 총체적 채점과 분석적 채점을 설명하고 있다. 총체적 방법은 표집된 글에 대한 총체적인 인상에 의존하는 것으로 쓰기를 하나의 통일되고 일관성을 갖는 전체로서 인식한다고 하였다. 또 분석적 방법은 글의 내용, 조직, 문체, 어법 등 쓰기 능력을 구성하는 각각의 요소별로 채점이 이루어진다고 하였다.

수로 부여되기 때문에 언어 능력에 대한 진단 정보가 없기 때문이다.

예

※ 다음을 읽고 글의 내용과 구성에 대해 전체적으로 평가하십시오.

작문 번호	채점 점수
1	점
2	점
3	점

채점 점수) 매우 우수함: 91~100점, 우수함: 81~90점, 보통: 61~80점, 약간 부족함: 41~60점, 매우 부족함: 0~40점

2) 분석적 채점(analytic scoring)

분석적 채점은 학습자의 평가 결과물을 각각 다른 준거로 언어 수행의 여러 영역에 점수를 부여하고 각 영역의 점수를 합하여 총점을 산출하는 채점 방법이다(한국어 교육학 사전, 2014:1039, 이영식, 2005:336). 이 방법에서는 채점자들이 평가 목표를 고려하여 분석적 평가의 항목과 평가 척도를 결정한다. 채점자들은 서로 합의를 하여 평가 항목별 평가 기준을 결정한다. 쓰기에 있어 평가 항목으로 맞춤법, 내용, 문법과 어휘 수준, 글의 구성 등을 정하고 세부적으로 점수를 부여할 수 있다. 채점자는 평가 항목별로 채점한 후 각각의 점수를 합산하여 개인별 점수를 산출한다. 분석적 평가는 학습자의 언어 수행에 있어서의 여러 요소를 평가할 수 있기 때문에 채점에 있어 총체적 평가에 비해 신뢰할 수 있다[26]. 김정숙(2010:98)은 분석적 채점이 총체적 채점에 비하여 객관적이고 신뢰도 있는 평가 결과를 이끌어낼 수 있으며, 총체적 채점보다 분석적 채점이 쓰기 능력을 차별화하고 서열화하기에 적합하다고 하였다. 또 분석적 채점을 통해 쓰기 능력 중 부족한 부분을 가시화할 수 있다고 하였다. Brown(2004:304)은 분석적 채점의 장점으로 다양한 교육과정과 학습자의 필요에 따라 채점 방식을 적절하게 변경할 수 있는 점을 들었다. 예를 들어 중급 수준에서는 문법과 기계적 부분에 더 많은 중점을 두고, 고급 수준에서는 구성

---

[26] 분석적 채점의 예는 말하기와 쓰기의 채점 기준표를 참조할 것.

과 내용 전개에 주의를 기울여야 한다고 하였다.

분석적 채점은 각 평가 항목에 점수를 부여함으로 학습자는 자신의 글에 대한 정보를 총체적 채점보다 더 많이 얻을 수 있다. 반면에 분석적 채점은 시간이 오래 걸리고 세부 평가 항목에 집중하여 점수를 부여함으로써 글을 전체적으로 보지 않고 평가한다는 단점이 있다. 따라서 한국어 교육 기관에서는 총체적 채점과 분석적 채점 방식을 절충한 방식을 사용하기도 한다.

6.2. 말하기 채점과 쓰기 채점

채점 기준표는 말하기와 쓰기 평가와 같은 주관적 견해가 높은 채점에 있어서 채점자간의 차이를 줄이기 위한 목적으로 작성한다. 채점의 일관성과 신뢰성을 어느 정도 확보할 수 있기 때문에 채점 기준표를 작성할 필요가 있다. 채점 기준표는 평가 기준, 감점 기준, 점수 부과 기준 등에 대해 세부적인 사항을 명시하여 제시한다.

6.2.1. 말하기 평가의 채점

이완기(2007:319)는 말하기 능력의 구성 요소로 정확성, 범위, 적절성, 유창성, 상호작용, 발음, 그리고 이 요소들의 통합적인 상호작용으로 나타나는 전체적 인상을 들었다. 이영식(2004:225)은 채점등급을 개발함에 있어 의사소통능력, 과제실현성, 대화의 적절성, 언어적 풍부함, 유창성, 정확성 등의 기준을 수용해야 한다고 하였다[27]. 두 연구를 비교해 보면 정확성, 적절성, 유창성이 공통적으로 언급되고 있음을 알 수 있다. 앞에서 언급한 의사소통 능력은 상호작용으로 볼 수 있을 것이다. 앞의 평가 범주를 정리하면 말하기 평가의 범주로 〈표 6〉과 같이 정확성, 적절

---

27 이영식(2004:225)은 각각의 기준에 대해 다음과 같이 설명하고 있다.
  의사소통능력(community ability): 의미를 전달하거나 소통하는 능력.
  과제실현성(task achievement): 주어진 대화과제에 응답하고 실현하는 능력.
  대화의 적절성(appropriateness of interaction): 평가자나 다른 대화자에게 적절하게 응답하는 능력.
  언어의 풍부함(linguistic resources): 의미를 전달하기 위하여 어휘, 문법 및 말하기 전략 등을 구사하는 능력.
  유창성(fluency): 주저함이 없고 말의 속도와 리듬이 적절한 것.
  정확성(accuracy): 발음과 문법에 관계되는 것으로 말과 문법에 틀림이 없는 것.

성, 유창성, 상호작용, 범위, 과제실현성, 언어적 풍부함 등을 들 수 있을 것이다[28].

<표 6> 말하기 평가 범주와 내용

평가 범주	평가 내용
정확성	발음이 정확하고 문법에 맞는 말을 할 수 있다.
적절성	상황과 목적에 적절한 말을 할 수 있다.
유창성	자신이 표현하고자 하는 바를 주저하지 않고 전달할 수 있다.
상호작용	상대방의 반응에 맞추어 자신의 의사를 표현할 수 있다.
범위	의사소통 목적에 맞게 다양한 어휘와 문법을 사용할 수 있다.
과제 실현성	대화 과제에 맞게 응답하고 실현할 수 있다.
언어적 풍부함	의사 전달을 위해 말하기 전략을 사용할 수 있다.

초급 말하기 평가의 채점 기준표의 예는 <표 7>과 같이 제시해 보았다[29]. 초급은 평가 항목으로 정확성, 적절성, 상호작용, 과제실현성, 유창성을 두었다. 정확한 발음, 어휘와 문법에 사용, 적절성, 상호작용에 각각 5점씩 배정하였으며, 상대적으로 과제 실현성과 유창성의 점수는 낮은 편이다.

<표 7> 초급 말하기 평가의 채점 기준표

평가 범주	평가 내용	점수 배분					
정확성	발음이 정확하고 어휘와 문법의 사용이 분명하다.	5	4	3	2	1	0
적절성	상황과 목적에 적절한 말을 할 수 있다.	5	4	3	2	1	0
상호작용 및 내용	상대방의 말을 알아듣고 응답할 수 있다.	5	4	3	2	1	0
과제 실현성	과제에 맞게 대화를 구사할 수 있다.	·	·	3	2	1	0
유창성	적당한 속도와 끊어짐이 없는 진행, 적절한 내용으로 발화가 자연스럽고 유창하다.	·	·	·	2	1	0

고급 말하기 평가의 채점기준표의 예는 <표 8>로 범위, 언어적 풍부함 항목이 평가 범주에 들어있는 점이 초급 채점기준표와 차이가 난다. 또한 정확성과 적절성의 점수 배분이 다른 항목에 비해 상대적으로 낮다.

---

[28] 김유정 외(1998)는 한국어 능력 평가의 범주를 어휘력, 문법력, 사회언어학적 능력, 담화적 능력, 전략적 능력, 정확성, 유창성으로 설정하였다. 말하기 평가의 범주에서 정확성과 범위는 어휘력과 문법, 적절성과 상호작용은 사회언어학적 능력과 담화적 능력, 언어적 풍부함은 전략적 능력으로 볼 수 있을 것이다.

[29] 단계별 능력 수준은 필요에 따라 점수를 다르게 구성할 수 있다.

<표 8> 고급 말하기 평가의 채점 기준표

평가 범주	평가 내용	점수 배분					
범위	수준에 맞는 다양한 어휘와 문법을 사용할 수 있다.	5	4	3	2	1	0
상호작용	상대방의 말에 응답하고 자신이 표현하고자 하는 바를 전달할 수 있다.	5	4	3	2	1	0
과제 실현성	과제를 충분히 이해하고 수행할 수 있다.	5	4	3	2	1	0
언어적 풍부함	언어적 전략을 사용하여 수준있는 대화를 끌어갈 수 있다.	5	4	3	2	1	0
정확성	발음, 억양이 정확하고 어휘와 문법 오류가 나타나지 않는다.	·	·	3	2	1	0
적절성	상황과 목적에 적절한 격식 있는 말을 사용할 수 있다.	·	·	·	2	1	0

채점 기준표는 학습자 수준, 평가 과제, 평가 목적에 따라 평가 범주와 점수의 배분을 유동적으로 구성할 수 있다.

6.2.2. 쓰기 평가의 채점

1) 단답형 쓰기 평가의 채점

단답형 쓰기 평가는 문장 또는 문단에서 글의 맥락에 맞는 내용을 쓸 수 있는 능력을 측정한다. 채점은 보통 만점을 기준으로 하여 감점을 하는 방법을 사용한다. 감점의 예는 다음과 같다.

> **예**
> 목표 문법을 사용하였으며 오류가 나타나지 않아 의미가 잘 통하는 경우: **3점 만점**
> 목표 문법을 사용하지 못 했으나 다른 문법을 사용하여 의미가 통하는 경우: **1점 감점**
> 목표 문법을 사용하였으나 오류가 나타난 경우: **2점 감점**
> 목표 문법을 사용하지 못 하였고 의미가 통하지 않는 경우: **점수 없음**

2) 작문형 쓰기 평가의 채점

쓰기 평가의 채점에 있어 어려운 점은 학습자로부터 산출되는 다양한 답을 객관적으로 타당하게 점수를 부여하는 일이다. 교육 현장에 있어 쓰기 평가의 범주는 한국어 능력시험(TOPIK)을 참고로 하는 경우가 대부분이다. 한국어 능력시험(TOPIK) 쓰기 영역의 작문은 〈표 9〉와 같이 어휘와 문법의 정확성, 내용 및 과제 수행, 글의 전개 구조 등을 평가 범주로 하고 있다.

〈표 9〉 한국어 쓰기영역 작문 문항 평가의 범주

평가 범주	평가 내용
내용 및 과제 수행	-과제에 적절한 내용 -충실한 과제 수행 -주제 관련 내용 -다양하고 풍부한 내용
글의 전개 구조	-명확하고 논리적인 구성 -내용에 따른 단락 구성 -담화 표지를 사용한 조직적인 연결
언어 사용	-다양하고 풍부한 문법과 어휘의 사용 -적절한 문법과 어휘의 선택 -정확한 맞춤법, 문법, 어휘의 사용 -글의 목적과 기능에 맞는 격식 사용

(http://www.topik.go.kr)

김정숙(2010:84)의 분석적 평가 범주를 참고로 하여 초급과 고급의 작문 채점 기준표를 작성해 보았다. 초급 작문의 채점 기준표의 예는 〈표 10〉으로 맥락에 맞는 문법과 어휘의 사용, 문장의 의미 전달, 문장 간의 긴밀한 연결성을 평가 내용으로 하였다. 이 채점 기준표에서는 어휘/문법과 내용 및 과제 수행이 같은 점수가 배분되었으나 평가 목적에 따라 평가 내용에 따른 점수의 배분은 유동적으로 바꿀 수 있다.

〈표 10〉 초급 쓰기 평가의 작문 채점 기준표

평가 범주		평가 내용	점수 배분					
언어 사용	맞춤법	맞춤법이 정확하며 철자 오류가 없다.	5	4	3	2	1	0
	어휘/문법	맥락에 맞는 어휘와 문법이 적절하게 사용되었으며 정확하다.	10	8	6	4	2	0
내용 및 과제 수행		문장의 의미가 무리 없이 잘 전달된다.	10	8	6	4	2	0
전개 구조		문장들이 긴밀하게 연결되어 있다.	5	4	3	2	1	0

고급 작문의 채점 기준표 예는 〈표 11〉과 같다. 표에서 주요 평가 범주에 높은 점수가 배분되었음을 알 수 있다. 채점 기준표는 작문의 과제 수준, 성격, 장르적 특징 등에 따라 평가 범주를 달리하여 점수를 배분할 수 있다.

〈표 11〉 고급 쓰기 평가의 작문 채점 기준표

평가 범주		평가 내용	점수 배분					
언어 사용	맞춤법	맞춤법이 정확하며 철자 오류가 없다.	5	4	3	2	1	0
	어휘/문법	수준에 맞는 어휘와 문법을 사용할 수 있으며, 글의 목적과 기능에 알맞다.	5	4	3	2	1	0
	격식	격식의 사용이 쓰기의 목적과 기능에 적절하다.	10	8	6	4	2	0
내용 및 과제 수행		내용이 풍부하고 다양하며 과제를 충실하게 수행하고 있다.	10	8	6	4	2	0
전개 구조		글의 구성이 긴밀하고 논리적으로 연결되어 있다.	10	8	6	4	2	0

◎ 생각해 봅시다

1. 평가의 요건 중에서 타당도를 구분하여 설명하시오.
2. 총체적 채점과 분석적 채점을 비교하여 설명하시오.

◎ 풀이

1. 타당도는 내용 타당도, 구인 타당도, 준거 관련 타당도, 그리고 안면 타당도 등이 있다.
   1) 내용 타당도는 언어 능력을 측정하는 평가 도구의 내용적 측면을 보는 것이다. 평가 도구가 평가 목적에 맞는 내용으로 되어 있는가를 따진다.
   2) 구인 타당도는 평가 도구가 측정하고자 하는 언어 능력의 구성 요인을 제대로 측정하고 있는가를 따진다. 측정 내용과 방법에 있어서의 타당성 여부를 밝히는 것이다.
   3) 준거 관련 타당도는 평가 자체가 어느 정도 공신력을 가지고 있는가를 따지는 것이다. 준거 관련 타당도는 동일한 능력을 측정하는 다른 평가 도구의 결과와 비교하여 그 결과가 비슷하게 나오면 타당도가 있다고 본다. 준거 관련 타당도에는 공인 타당도와 예측 타당도가 있다. 공인 타당도는 어떤 평가 도구와 다른 평가 도구의 결과를 비교했을 때 어느 정도 차이가 있는가를 보는 것이다. 다른 평가 도구와 결과를 비교했을 때 정도 차이가 크지 않으면 타당도가 높은 평가도구로 인정을 받는다. 예측 타당도는 평가 결과로 학습자의 능력이나 앞으로의 일에 대해 예측을 하는 것으로 평가 도구로 예측한 결과가 나오면 그 평가도구는 타당도가 높은 것으로 인정을 받는다.
   4) 안면 타당도는 평가 도구를 외형적으로 봤을 때 평가 도구로서의 적절성 유무를 따지는 것이다.
2. 총체적 채점은 학습자의 평가 결과물을 전체적인 인상에 근거하여 단일 점수를 부여하는 채점 방법이다. 분석적 채점은 평가도구로 산출된 학습자의 결과물을 각각 다른 준거로 언어 수행의 여러 영역에 각각 점수를 부여하고 각 영

역의 점수를 합하여 총점을 산출하는 채점 방법이다. 총체적 채점은 시간을 절약할 수 있는 장점이 있는 반면에 학습자의 글에 대해서 전체적인 인상으로 평가하기 때문에 쓰기의 하부 기술 영역에 대한 정보를 얻을 수 없다는 단점이 있다. 분석적 채점은 채점에 시간이 오래 걸리고 세부 평가 항목에 치중한 나머지 글을 전체적으로 보지 않고 평가한다는 단점이 있다.

참고문헌

강명순·이미혜·이정희·정희정(1999), 「한국어 듣기 능력 평가 방안: 숙달도 평가를 중심으로」, 한국어교육, 10(2). 국제한국어교육학회. 47~94.

강승혜·강명순·이영식·이원경·장은아(2006), 『한국어 평가론』, 태학사.

강현화·김미옥·김제열·우인혜·이숙(2009), 『한국어 이해교육론』, 형설출판사.

김선정·김용경·박석준·이동은·이미혜(2010), 『한국어 표현 교육론』, 형설출판사.

김왕규·김정숙·조항록·정구향·조지민·김수정(2001), 「한국어능력시험의 평가 기준 개발 연구」, 교육인적자원부.

김유정·방성원·이미혜·조현선·최은규(1998), 「한국어 능력 평가 방안 연구: 성취도 평가를 중심으로」, 한국어교육9(1), 국제한국어교육학회. 37~94.

김정숙(2010), 「한국어 쓰기 능력 평가 방안 - 종합적 채점과 분석적 채점 결과를 중심으로-」, 이중언어학43. 이중언어학회. 81~99.

박영목(2008), 「쓰기 평가 연구의 주요 과제」, 작문연구 6, 한국작문학회. 9~37.

서울대학교 국어교육연구소(편)(2014), 『한국어 교육학 사전』, 하우.

이영식(2004), 「한국어 말하기 시험의 유형 및 채점 기준 설정을 위한 연구」, 한국어교육 15(3). 국제한국어교육학회. 209~230.

이영식·이완기·신동일·최인철(2005), 「외국어로서의 영어작문 평가지침 개발을 위한 기초 연구」, 『언어평가의 이해』, 서울대학교 출판부. 333~356.

이완기(2007), 『영어 평가방법론』(2판), 문진미디어.

이희경·강승혜·김미옥·김제열·정희정·한상미·황인교(2002), 「한국어 성취도 평가 문항 개발 연구: 연세대학교 한국어학당의 사례를 중심으로」, 외국어로서의 한국어교육 27, 연세대학교 한국어학당. 341~416.

전은주(1997), 「한국어 능력 평가 -말하기 능력 평가범주 설정을 위하여-」, 한국어학 6, 한국어학회. 153~173.

조항록(2006), 「한국어 능력 평가 체제의 현황과 과제」, 한국어 교육 17(1). 국제한국어교육학회. 333~363.

최은규(2016), 「한국어 평가론」, 강현화·김선정 외, 『한국어 교원을 위한 한국어교육학』, 한국방송통신대학교출판문화원.

한재영·박지영·현윤호·권순희·박기영·이선웅(2005), 『한국어교수법』, 태학원.

Brown, H. D.(2007), *Principles of Language Learning and Teaching*(5th ed.), 이흥수·박주경·이병민·이소영·최연희·차경환·이성희(공역), 『외국어 학습·교수의 원리』, 피어슨 에듀케이션 코리아, 2008.

Brown, H. D.(2001), *Teaching by Principles* (2nd ed.), 권오량·김영숙·한문섭(공역), 『원리에 의한 교수』, 피어슨 에듀케이션 코리아. 2005.

Brown, H. D.(2004), *Language Assessment: Principles and classroom practies*, 이영식·안병규·오준일(공역), 『외국어 평가: 원리 및 교실에서의 적용』, 피어슨에듀케이션코리아, 2006.

Canale M. & Swain M.(1980), Theoretical bases of communicative approaches to second language teaching and testing, *Applied Linguistics 1*, 1-47.

Council of Europe.(2001), *Common European Framework of Reference for Language: learning, teaching, assessment.* Cambridge University Press. 유럽 평의회(편)/김한란 외(공역), 『언어 학습, 교수, 평가를 위한 유럽공통참조기준』, 한국문화사, 2007.

Luoma S.(2001), *Assessing Speaking*, Cambridge Univeraity Press. 김지홍(역), 『말하기 평가』, 글로벌콘텐츠, 2013.

Nunan, D.(1992), *Research Methods in Language Learning.* 안미란·이정민(공역), 『외국어 학습 연구 방법론』, 한국문화사, 2009.

Nunan, D.(1999), *Second Language Teaching & Learning.* 임영빈·한혜령·송해성·김지선(공역), 『제2언어 교수 학습』, 한국문화사. 2003.